DR. JULIAN HOSP

Die Wertformel

DR. JULIAN HOSP

Die Wertformel

Richtig angewandtes Wissen für außergewöhnliche Resultate beim Investieren, in der Karriere und im Privaten

FBV

Bibliografische Information der Deutschen Nationalbibliothek:
Die Deutsche Nationalbibliothek verzeichnet diese Publikation in der Deutschen Nationalbibliografie. Detaillierte bibliografische Daten sind im Internet über http://dnb.d-nb.de abrufbar.

Für Fragen und Anregungen:
info@m-vg.de

Wichtiger Hinweis
Ausschließlich zum Zweck der besseren Lesbarkeit wurde auf eine genderspezifische Schreibweise sowie eine Mehrfachbezeichnung verzichtet. Alle personenbezogenen Bezeichnungen sind somit geschlechtsneutral zu verstehen.

Originalausgabe
1. Auflage 2024

Türkenstraße 89
80799 München
Tel.: 089 651285-0

Redaktion: Christine Rechberger
Umschlaggestaltung: Pamela Machleidt, München
Umschlagabbildung: Adobe Stock/lulya
Satz: Zerosoft, Timisoara
Druck: CPI Books GmbH, Leck
Printed in the EU

ISBN Print 978-3-95972-799-0
ISBN E-Book (PDF) 978-3-98609-559-8
ISBN E-Book (EPUB, Mobi) 978-3-98609-560-4

Weitere Informationen zum Verlag finden Sie unter

www.finanzbuchverlag.de

Beachten Sie auch unsere weiteren Verlage unter www.m-vg.de.

Dieses Buch widme ich Ewald Serafini, einem wahren Freund und Wegbegleiter, dessen Unterstützung und Weisheit in allen Lebensphasen unersetzlich sind. Ewald ist in Zeiten der Ruhe mein Anker und in den Stürmen des Lebens mein Kompass. Er hat mir die wahre Natur der Freundschaft gezeigt: Sie besteht nicht nur im Teilen gemeinsamer Erfolge, sondern auch im gemeinsamen Überwinden von Herausforderungen, welche das Leben zu unvergesslichen Erlebnissen machen.

INHALT

Danksagung 9

TEIL I: DIE WERTFORMEL 11

Kapitel 1: 10 Millionen Dollar in 30 Minuten 13
Kapitel 2: Preis 21
Kapitel 3: Wert 31
Kapitel 4: Nutzen 41
Kapitel 5: Menschen und Skalierung 55
Kapitel 6: Seltenheit 69

TEIL II: ANWENDUNG DER WERTFORMEL 81

Kapitel 7: Investieren und Finanzen 83
Kapitel 8: Business und Unternehmertum 119
Kapitel 9: Leidenschaft in der Karriere 149
Kapitel 10: Hobbys, Freizeit, Wachstum 175
Kapitel 11: Liebe und erfüllende Beziehungen 185
Kapitel 12: Kinder und Erziehung 199
Kapitel 13: Familie, Freundschaften, Networking 217
Kapitel 14: Fitness und Gesundheit 239
Kapitel 15: Unvergessliche Erlebnisse 253
Kapitel 16: Wohltätigkeit und Spenden 265
Kapitel 17: Grenzenloser Erfolg, ultimative Freude, maximale Zufriedenheit 273

Anmerkungen 281
Über den Autor 283
Weitere Literatur 285

DANKSAGUNG

Für Bettina, mein Fels in der Brandung, die mich in die höchsten Höhen begleitet und durch die tiefsten Täler geführt hat. Deine bedingungslose Unterstützung ist mein unerschütterliches Fundament, auf dem ich aufbaue und wodurch ich jeden Tag Energie bekomme. Deine Liebe ist das Licht, das in meiner Dunkelheit leuchtet und mich immer nach Hause führt.

Für meine Kinder, meine täglichen Lehrer in Geduld und Demut, die mich mit jeder Umarmung, jeder Frage und jedem Lachen daran erinnern, dass meine größte Herausforderung und zugleich meine größte Freude darin besteht, der beste Vater zu sein, der ich sein kann.

Für Ewald, den ich nicht nur einen Freund nennen darf. Dieses Buch mag dir gewidmet sein, doch es sind deine unerschütterliche Freundschaft und dein Rat, die es mit echtem Wert gefüllt haben.

Für Fabrizio, dessen scharfsinnige Einblicke und wertvoller Input dieses Buch von einer Idee zu einer Mission gemacht haben. Dein Beitrag ist auf jeder Seite zu spüren und hat dieses Werk im Kern gestärkt.

Für das gesamte Cake-Team, das mit Hingabe und Leidenschaft nicht nur meine Visionen teilt, sondern sie auch jeden Tag mit Leben erfüllt.

Und nicht zuletzt für die vielen Testleser und die Menschen, die mir auf diesem Weg Feedback gegeben haben. Ihr habt aus diesem Buch nicht nur ein Produkt meiner Gedanken, sondern ein Mosaik vieler Perspektiven gemacht.

TEIL I
DIE WERTFORMEL

KAPITEL 1
10 MILLIONEN DOLLAR IN 30 MINUTEN

»Geld macht nicht glücklich!«

1 Prozent der Menschen

»100.000 Euro würden alle meine Probleme lösen!«

99 Prozent der Menschen

Ich starre wie gebannt auf den Bildschirm meines Laptops und warte, bis die Kryptotransaktion von der Tauschbörse bestätigt wird. Dann erhalte ich die Benachrichtigung, dass mir gerade 170 Bitcoins gutgeschrieben wurden. Bei einem Bitcoin-Preis von circa 62.000 Dollar sind das knapp 10 Millionen Dollar. 10 Millionen Dollar – das ist nicht nur eine Zahl, sondern der Schlüssel zu unzähligen Träumen. Mit einem Bruchteil dieser Summe könnte man das neue Traumauto kaufen. Weniger als 10 Millionen Dollar würden schon reichen für eine Villa am Meer oder ein Penthouse in der Stadt der Träume. Mit dieser Summe könnte man theoretisch den Rest seines Lebens mit der Familie ohne finanzielle Sorgen leben. Losgelöst vom Druck der Arbeit wäre man selbst zusammen mit seinen Liebsten wohlversorgt.

Bitcoin, die erste und bekannteste Kryptowährung, wurde 2009 geschaffen als Reaktion auf die globale Finanzkrise. Es ist eine digitale Währung, die unabhängig von zentralen Banken oder Regierungen funktioniert. Über eine Technologie namens Blockchain ist es möglich, Geld zu senden und zu empfangen. Diese Technologie ist vorstellbar als eine Art digitales Buch, in dem alle Transaktionen aufgezeichnet werden, die für alle sichtbar sind, was für Transparenz und Sicherheit sorgt.

Anders als bei traditionellen Währungen gibt es bei Bitcoin eine Obergrenze von 21 Millionen Coins, was bedeutet, dass es nie mehr als diese Menge an Bitcoins geben wird. Dieses limitierte Angebot hat dazu beigetragen, dass viele Menschen Bitcoin als digitales Gold betrachten, als eine Absicherung gegen Inflation und Währungsabwertung. Im Laufe der Jahre haben sowohl die Popularität als auch der Wert von Bitcoin und anderen Kryptowährungen stark zugenommen, was teilweise an ihrer dezentralen Natur liegt, aber auch an ihrem Potenzial für schnelle Gewinne und ihrer Rolle als alternative Investitionsmöglichkeit.

Aber die Welt der Kryptowährungen ist nicht ohne Risiken. Starke Preisschwankungen, regulatorische Unsicherheiten und technische Hürden können für Anleger eine Herausforderung darstellen. Trotzdem haben diese digitalen Assets die Finanzwelt auf den Kopf gestellt. Sie bieten nicht nur Potenzial, sondern auch spannende neue Möglichkeiten – wie meine eigene Geschichte zeigt.

Im Oktober 2021 befindet sich Bitcoin auf einer Achterbahnfahrt, die die Welt in Atem hält. Gerade haben Kryptowährungen neue Höchststände erreicht, getrieben von einer Flut von Spekulationen, institutionellen Investitionen und einer wachsenden Akzeptanz in der Mainstream-Finanzwelt. Der Preis, der nur ein Jahr zuvor noch bei etwa 10.000 Dollar gelegen hatte, hat sich nun verzehnfacht, was zu einer Mischung aus Euphorie und Angst unter Anlegern führte. Einerseits ist die Versuchung groß, auf weitere Preissteigerungen zu setzen, inspiriert von Prognosen, die aussagen, dass ein Bitcoin bald die 100.000-Dollar-Marke knacken könne. Andererseits ist das Risiko eines plötzlichen Absturzes, wie wir ihn in der Vergangenheit bereits erlebt haben, nicht zu unterschätzen. Die Erinnerungen an den spektakulären Anstieg und den darauffolgenden Fall im Jahr 2017 sind noch frisch; eine Zeit, in der viele Investoren ihr Vermögen vervielfacht, aber auch verloren haben.

In diesem historischen Moment sitze ich also vor meinem Laptop, nur einen Klick entfernt von einer Entscheidung, die entweder als kluge Voraussicht oder als verpasste Gelegenheit in meine persönlichen Annalen eingehen könnte. Doch ich zeige keine Nervosität, kein Zögern. Das gleiche Prozedere habe ich ja bereits mehrmals durchlaufen und ich weiß, was mir bevorsteht: Ich muss die Coins durch Limit-Order so vorsichtig wie nur möglich in Euro oder Dollar tauschen, ohne den Bitcoin-Preis zu stark unter Druck zu setzen. So bekomme ich das meiste für meine Bitcoins.

Doch heute, am 19. Oktober 2021, ist etwas anders: Eine gelassene Bewegung, ein Wisch auf dem Touchpad, und mein Cursor schwebt über dem »Jetzt live gehen«-Button auf YouTube. »Ich verkaufe 10 Millionen Dollar Bitcoin! Kein Clickbait!«, kündigt der Titel meines Streams an.[1] Die Spannung ist nicht nur eine Reaktion auf die hohen finanziellen Einsätze, sondern speist sich auch aus der Tatsache, dass ich im Begriff bin, meine eigene kleine Geschichte in einem Kapitel der Wirtschaftsgeschichte zu schreiben, das noch lange diskutiert werden würde. Live vor einem riesigen Publikum. Mit allen Fehlern und Erfolgen.

Die Zahl der Zuschauer im Chat nimmt von Sekunde zu Sekunde rasant zu. Viele von ihnen gehören zu den 200.000 Abonnenten meines YouTube-Kanals, die alarmiert sind durch die Benachrichtigung meines Livestreams mit einem riskanten Titel. Sie sind vertraut mit meiner Reise durch die Welt der Kryptowährungen, Aktien und Investitionen – ein treues Publikum, das meine Höhen und Tiefen miterlebt hat. Sie wissen um meine Bitcoin-Käufe in den Tagen, als der Preis noch in den Tausenden lag, und sind sich bewusst, dass diese 170 Bitcoins nur ein Teil meines Kryptovermögens darstellen.

Doch der Anblick von 10 Millionen Dollar auf einem Konto verursacht ein Wirrwarr an Emotionen bei meinen Zuschauern. Spekulationen und Zweifel fluten in den Chat: »Das ist Fake!«, schreiben manche aufgebracht. »Nie und nimmer verkauft er jetzt, der Preis geht doch auf 100.000 Dollar!«, versuchen andere zu beruhigen. »Clickbait!«, echauffieren sich einige, obwohl im Titel »kein Clickbait« steht. »Alter, ich glaub, ich seh einen Film«, schreibt einer, als er die 10 Millionen Dollar auf dem Bildschirm sieht.

Die Verwirrung ist groß. Die Fragen sind zahlreich. Viele der Zuseher können ihre eigenen Emotionen nicht einordnen. Ist das ein Fake? Oder tausche ich wirklich gerade eine lebensverändernde Summe an Bitcoin in »Geld«?

Ich lasse mich nicht aus dem Konzept bringen, starte den Stream und erkläre:

> »Leute, ich habe euch gesagt, dass ich immer ehrlich zu euch bin. Ich habe euch gesagt, als ich Bitcoins gekauft habe, und ich sage euch, wenn ich sie wieder verkaufe. Heute ist dieser Tag gekommen. Ich will dazusagen, dass ich nicht verkaufe, weil ich glaube, dass der Bitcoin-Preis jetzt crasht, und ich will auch, dass ihr wisst, dass dies nur ein Teil meiner gesamten Investition ist. Ich verkaufe, weil meine Bitcoin-Position mittlerweile einen zu großen Prozentsatz in meinem Portfolio eingenommen hat und ich nicht ganz verstehe, warum der Preis gerade so extrem angestiegen ist in den vergangenen Tagen und Wochen. Da will ich lieber ein paar Chips vom Tisch nehmen, so wie ich das auch vier Jahre zuvor, 2017, bereits gemacht habe. Lieber hab ich dieses ›Fuck You Money‹ für meine Familie und mich. Und ich mach' das live, damit ihr das mal selbst mitverfolgen könnt und auch wisst, dass ich das ernst meine.«

Damit wechsle ich auf »Bildschirm teilen« und beginne das Spektakel. Ich biete am Markt immer zehn Bitcoins gleichzeitig an, also knapp 600.000 Dollar am Stück. Vor kurzer Zeit noch waren das nicht einmal

40.000 Dollar, ein gutes Jahresgehalt … Doch 600.000 Dollar sind natürlich eine ganz andere Hausnummer. Beflügelt durch das »Gelddrucken« während der Covid-19-Pandemie, welches durch künstlichen Wirtschaftsstimulus eine Geldentwertung beziehungsweise Inflation erzeugt hat, und das starke Aufkommen von Trading und Glücksspiel bei vielen jungen Erwachsenen, haben gerade Kryptowährungen in den Jahren 2020 und 2021 einen wahrhaft kometenhaften Aufstieg erlebt. Ich bin seit 2014 in der Kryptowelt aktiv, doch solch einen Hype habe ich in all den Jahren nicht gesehen.

Jeder Klick ist eine Mischung aus Furcht und Stolz. Furcht, dass ich einen Fehler mache; Stolz, dass ich den Mut habe, ihn zu machen. Es ist ein nervenaufreibendes Spiel, bei dem ich sowohl Spieler als auch Einsatz bin. Die Summe wächst und mit ihr wächst die Last meiner Entscheidungen. Es ist ein Tanz auf dem Seil, ein Balanceakt zwischen Gier und Vernunft, zwischen Hoffnung und Realität.

Nach wenigen Minuten ist die erste Tranche getauscht. Bamm. Weiter geht's mit den nächsten zehn Bitcoins. Limit Order. Und durch. Die nächsten zehn. Und immer weiter. Nach knapp 100 Bitcoins mache ich eine kurze Pause. Mit jedem verkauften Bitcoin fühle ich eine Mischung aus Erleichterung und Angst. Erleichterung, weil ich mein Portfolio diversifiziere und damit Sicherheit schaffe. Angst, weil ich mich frage: »Verpasse ich eine noch größere Chance? Was, wenn der Preis weiter steigt?« Diese Gedanken wirbeln wie ein Sturm in meinem Kopf. Ich erinnere mich an die Nächte, in denen ich wach lag und den Markt beobachtete, an die Diskussionen und Prognosen, die mich hierhergeführt haben. Es ist ein Gewirr aus Logik und Emotionen, aus strategischer Berechnung und tief verwurzelter Unsicherheit.

Im Chat machen sich mittlerweile Staunen, Schock oder Belustigung breit. Einige können das Geschehen nicht glauben. Andere haben Panik, dass ich etwas weiß, was sie nicht wissen, und fürchten, dass der Markt bald crashen wird. Andere wiederum versuchen zu beruhigen; sie meinen, dass der Preis noch viel weiter raufgehen und mein Verkauf sich als ein großer Fehler erweisen wird. Es gibt auch welche, die sich darüber lustig machen, dass ich durch mein Live auf YouTube extrem ineffizient traden und Tausende an Dollar verlieren würde.

Doch ich versuche all das zu ignorieren und mache mit meinem Plan weiter. Nach knapp 30 Minuten ist das Spektakel vorbei. Ich stoppe das YouTube-Live, atme kurz durch und starre auf mein Konto: Knapp über 9 Millionen Euro, umgerechnet 10 Millionen Dollar, sind zu sehen. Ich halte inne, noch nicht ganz realisierend, was gerade vorgefallen ist. Hast du jemals darüber nachgedacht, was du mit 10 Millionen Dollar machen würdest? Würdest du der Versuchung erliegen, alles auf eine Karte zu setzen, oder würdest du kühlen Kopf bewahren? Würdest du weitertraden für noch mehr Gewinn … Nur um dabei vielleicht alles zu verlieren und bei null starten zu müssen?

Ich für mich habe meine Entscheidung getroffen. Meiner Bank habe ich bereits Bescheid gegeben, dass eine ähnliche Überweisung wie in den vergangenen Tagen bevorstehen würde. Alle Dokumente bezüglich der Herkünfte der Ursprungsgelder habe ich im Vorhinein eingereicht, um alles reibungslos abwickeln zu können. Ich klicke auf »Abheben«, sende das Geld und der Kontostand im Tradingkonto springt auf null. Es ist ein Moment des Triumphs, aber auch einer der Reflexion: Habe ich das Richtige getan? Werde ich es bereuen? Diese Fragen werden mich noch lange begleiten, eigentlich sind sie ein ständiger Begleiter auf meinem Weg durch die Welt des Investierens.

Ein Klopfen an der Tür reißt mich aus meinen Gedanken: »Papa!«, schallt es herein. Viel mehr Wörter kann mein einjähriger Sohn noch nicht. In diesem Moment, als ich den Laptop schließe und aufstehe, scheint die Welt um mich herum stillzustehen. Die Zahlen auf dem Bildschirm, die Stimmen im Chat, das ständige Summen meines Handys – all das rückt in den Hintergrund. Ich eile also zur Tür und reiße sie auf. »Was gibt's?« Da steht er, mein kleiner Racker, die Augen weit und erwartungsvoll, ein unschuldiges Lachen auf seinen Lippen.

In diesem Augenblick wird mir bewusst, wie sehr sich meine Prioritäten über die letzten Monate verschoben haben. Es scheint, als wäre es gestern gewesen, als sich mein Leben nur um Kurse, Märkte und Investitionen drehte. Doch jetzt, mit diesem kleinen Menschen vor mir, verstehe ich, dass der finanzielle Erfolg, die klugen Investitionen und strategischen Entscheidungen nicht im Entferntesten die Freude, die Liebe und die Verantwortung widerspiegeln, die ich fühle, wenn ich meinen Sohn anschaue. Es geht nicht nur darum, ein Vermögen aufzubauen, sondern darum, eine Welt zu schaffen, in der mein Sohn sicher, glücklich und erfüllt aufwachsen kann. Jede Entscheidung, jeder Schritt, den ich mache, ist nun durch die Linse dieser neuen Priorität gefärbt. Es ist ein tiefgreifendes Verständnis, dass Geld zwar Freiheit und Sicherheit bringen kann, der wahre Wert im Leben aber aus den Beziehungen kommt, die wir pflegen, und den Momenten, die wir teilen.

Ich nehme ihn bei den Hüften und werfe ihn in die Luft. Er quiekt und kichert, sein Lachen füllt den ganzen Raum – es ist ein Klang, der mir mehr Freude und Stolz bringt als jeder erfolgreiche Deal oder Gewinn. In seinen strahlenden Augen sehe ich nicht nur die Unschuld und das Wunder der Kindheit, sondern auch die Zukunft – eine Erinnerung daran, warum ich tue, was ich tue. Warum ich mich während des letzten Jahrzehnts so intensiv mit dem Investieren auseinandergesetzt habe. Warum ich mehrere Unternehmen aufgebaut habe. Warum ich unpopuläre, jedoch richtige Entscheidungen getroffen habe. Warum ich all mein aufgebautes Wissen anwendete, um außergewöhnliche Resultate zu erzielen. Warum der Stress der letzten Jahre seinen Preis wert war.

Preis und Wert … Diese zwei Begriffe, die ich jahrelang zu verstehen und zu meistern versucht habe, bekommen eine ganz neue Dimension, wenn ich meinen Sohn ansehe. Ja, ich habe den Preis des Risikos, der harten Arbeit und der ständigen Unsicherheit bezahlt, aber der Wert, den ich nun in meinem Leben habe, ist unermesslich und unvergleichlich. In seinem Lachen, in seiner Neugier, in seiner Liebe finde ich die ultimative Bestätigung, dass der wahre Reichtum im Leben aus viel mehr besteht als nur aus Zahlen auf einem Bildschirm. Sie sind ein Spiegelbild meiner Entscheidungen, Ängste, Hoffnungen und Träume. Sie repräsentieren die ständige Balance zwischen Preis und Wert, zwischen materiellem Erfolg und emotionalem Wohlbefinden.

Im Laufe der folgenden Kapitel werden wir tiefer in diese Überlegungen eintauchen und einerseits erforschen, wie Konzepte rund um den Begriff *Wert* unser Leben formen, und andererseits lernen, wie wir dies nutzen können, um ein Leben aus grenzenlosem Erfolg, ultimativer Freude und absoluter Zufriedenheit zu führen. Dieses erste Kapitel war nur der Anfang einer Reise, die uns herausfordern, inspirieren und uns zeigen wird, wie wir das Beste aus dem machen können, was wir haben und wer wir sind … Die Formel über Wert wird uns den Weg weisen, wie richtig angewandtes Wissen zu außergewöhnlichen Resultaten führt, egal ob im Finanziellen, Unternehmerischen oder im Privaten.

KAPITEL 2
PREIS

»Heute kennt man den Preis von allem, doch den Wert von nichts.«

OSCAR WILDE

Ich erinnere mich noch genau an einen meiner ersten »Aktien-Tipps« eines guten Kitesurf-Kumpels vor knapp 15 Jahren. Nach einer intensiven Kitesession auf der paradiesischen Insel El Coche in Venezuela lagen wir beide erschöpft, aber aufgekratzt am Strand, tranken einen Cocktail und unser Gespräch wechselte von den Wellen des Meeres zu den Wellenbewegungen des Marktes. Er war damals schon tiefer in die Welt der Investments eingetaucht als ich und sprach mit Begeisterung von einer Gelegenheit, die ich »nicht verpassen« sollte.

»Julian, du musst dir das anschauen«, sagte er, während er seinen Laptop herausholte, sich an einen Tisch der Strandbar setzte und mir den Chart einer Firma namens Kal Energy zeigte. »Ihre Aktien sind in den letzten Monaten um 50 Prozent gefallen. Das ist *die* Kaufgelegenheit!« Ich schaute auf den Bildschirm und sah die drastische Entwicklung. Der Preis war tatsächlich um die Hälfte gefallen. »Wow, halber Preis!«, sagte ich. »Das klingt wie ein Schnäppchen.« – »Genau«, stimmte er zu, »du bekommst die Aktien jetzt für einen Spottpreis. Der Preis kann von hier aus nur bergauf gehen!«

Angetrieben von der Vorstellung eines großen Coups und der scheinbaren Einfachheit des Deals, ließ ich mich überzeugen. »Okay, ich bin dabei«, sagte ich, ohne viel nachzudenken und ohne auch nur einen Schimmer Ahnung zu haben, wer oder was Kal Energy war, worin ich da investieren und auf welche Risiken ich mich einlassen würde. Da ich generell wenig über Aktieninvestments wusste und nicht einmal ein Aktienkonto hatte, schrieb ich meinem Bankberater, ob ich die Aktie über die lokale Hausbank kaufen könnte. Der Bankberater riet mir dringend davon ab: »Julian, die Aktie ist reine Spekulation, wenn du das wirklich machen willst, investiere vielleicht 1000 Euro – maximal.« Angespornt durch den niedrigen Preis sagte ich zu und investierte 1000 Euro mit der Traumvorstellung, Millionen damit zu verdienen.

Drei Monate später hatte ich gelernt, dass der Wert einer Aktie, obgleich er schon 50 Prozent gefallen war, trotzdem noch mal um 100 Prozent fallen konnte. Kal Energy war pleite und der Preis der Aktien war auf null gefallen.[2] Mein investiertes Geld? Weg. Glücklicherweise »nur« 1000 Euro; mein Kumpel jedoch hatte all sein Geld durch »das Schnäppchen« verloren. Die Lektion daraus? Fehlanzeige. Leider verstand ich damals noch zu wenig, denn nur kurze Zeit später verlor auch ich mein gesamtes Geld – mit Immobilien in Brasilien und binären Optionen am Aktienmarkt.

Die Lektion aus heutiger Sicht? Nur weil der Preis fällt, heißt das nicht, dass das Produkt billiger geworden ist. Ein niedrigerer Preis bedeutet nicht automatisch einen besseren Kauf. Ich hatte damals noch nicht das richtige Wissen rund um Investitionen angewendet, um außergewöhnliche Resultate zu erlangen, denn ich verstand vor 15 Jahren die Wertformel noch nicht. Es sollte noch ein paar Jahre dauern, bis ich tatsächlich den Grundstein dafür legen konnte, dass ich knapp zwei Jahrzehnte später mehrere Millionen in 30 Minuten machen würde.

IM SUPERMARKT

Hast du jemals eine Investition getätigt oder einen Kauf gemacht, nur weil der Preis niedrig war? Wenn du zum Beispiel in den Supermarkt gehst, wie ist dort dein Einkaufsverhalten? Greifst du instinktiv zum günstigsten Produkt oder beeinflusst das Preisschild deine Entscheidung kaum? Ist für dich das billigste Angebot gleichbedeutend mit einem klugen Kauf oder bist du der Überzeugung, dass ein höherer Preis auch höhere Qualität bedeutet?

Im Supermarkt funktioniert das größtenteils instinktiv und nur bei einigen wenigen Produkten denkst du länger nach. Aus deinen Erfahrungen hast du gelernt, bei manchen Produkten auf den Preis zu achten, während bei anderen der Wert im Vordergrund steht. Meist weißt du bereits, welchen Joghurt du willst, ob Bio-Obst oder nicht, ob Fleisch vom Metzger oder nicht usw. Produkte mit höherer Qualität oder höherem Nährwert können einen höheren Preis haben, aber auch einen größeren Wert bieten. Sonderangebote oder Eigenmarken können günstiger sein, aber ähnlichen Wert bieten. Es geht darum, das Gleichgewicht zwischen dem, was du ausgibst, und dem, was du dafür erhältst, zu finden. Die Preis- versus Wertfrage hast du dir selbst längst über all die Jahre Schritt für Schritt beantwortet, sodass das Einkaufen heute vornehmlich ohne viel Nachdenken klappt. Doch bei größeren Anschaffungen wie etwa Küchengeräten, die du nicht regelmäßig tätigst, wird die Wahl komplexer. Hier wird jeder Schritt sorgfältig überlegt, denn die Auswirkungen sind langfristig spürbar. Und noch schwieriger wird es bei Investments. Egal, ob es um Aktien geht, wie in der Geschichte zuvor, oder um Immobilien.

PREISMENSCHEN UND WERTMENSCHEN

Ein paar Jahre nach der Kal-Energy-Misere begann im Alter von 22 Jahren meine Reise in die Welt der Immobilien. In Innsbruck, der

Stadt, in der ich aufgewachsen bin, lockten Einzimmerwohnungen mit 30.000 bis 40.000 Euro Kaufpreis, eine ideale Gelegenheit für einen jungen Investor. Doch die Banken sahen in mir, dem Medizinstudenten und selbstständigen Profikitesurfer, ein Risiko. Sie zögerten, mir zu vertrauen, und forderten 50 Prozent Eigenkapital – eine enorme Hürde. Der Rest des Darlehens kam mit hohen Zinsen, sodass die Mieteinnahmen kaum die Kosten decken konnten. Das klassische Dilemma eines jungen Investors, konfrontiert mit den strengen Regeln der Finanzwelt.

Mehr als 20.000 Euro Eigenkapital aufzutreiben war für mich eine beachtliche Herausforderung. Ich stand kurz davor, die Immobilien-Investition aufzugeben und mich stattdessen wieder auf Aktien zu fokussieren. Doch dann öffnete ein Gespräch mit meinem Mentor Paul, den du vielleicht aus *25 Geschichten für mein jüngeres Ich* kennst, mir die Augen. Er war ein extrem erfolgreicher Unternehmer kurz vor der Rente, welcher mir durch all sein Wissen und seine Erfahrung aufzeigte, dass ich nicht am Wert, sondern am Preis meiner potenziellen Investments festhing. Diese Erkenntnis war ein Wendepunkt, der mich dazu anregte, meine Strategie neu zu überdenken und nach wertvolleren Möglichkeiten Ausschau zu halten.

Paul meinte damals: »Der Grund, warum du von niemandem den Kredit bekommst, ist, weil dein Investment zu wenig Wert liefert. Du suchst aber erst gar nicht nach Investments mit mehr Wert, weil du ein Preismensch bist und nicht zuerst auf den Wert schaust.« Meine Antwort darauf: »Was hilft es mir, nach teureren Immobilien Ausschau zu halten, wenn ich mir diese gar nicht leisten kann?« Doch Paul ließ diesen Einwand nicht gelten: »Teuer und billig ist nicht der Preis allein. Es ist das Verhältnis von Preis und Wert. Wenn der Preis über dem Wert liegt, ist es teuer. Liegt der Preis unter dem Wert, ist es günstig.«

Pauls Ratschlag war klar: Suche nach Immobilien, die Wert bieten, nicht nur nach dem niedrigsten Preis. Genau das war Jahre zuvor mein Problem beim Kauf von Kal-Energy-Aktien gewesen, wo ich rein in einen Preis-Chart investiert hatte. Bei meiner bisherigen Immobilien-Strategie stand ebenfalls der Preis im Fokus, genauer gesagt das, was mein Budget zuließ: kleinere Wohnungen mit wenig Potenzial. Banken zögerten bei solchen Objekten, da das Risiko für sie und für mich hoch war. Kreditnehmer wie ich waren meist selbst nicht recht finanzstark und schwache Mieter verursachten oft Zahlungsausfälle. Ein finanzieller Sicherheitspuffer war praktisch nicht vorhanden.

Pauls Weisheit lehrte mich, über den Horizont meiner bisherigen Grenzen hinauszublicken und nach wertvolleren, lohnenderen Investitionsmöglichkeiten zu suchen. Also begann ich, gezielt nach Immobilien Ausschau zu halten, die nicht nur interessante Mietrenditen versprachen, sondern auch durch Renovierungen oder Umbauten an Wert gewinnen konnten. Als ich die ersten Objekte in der 100.000-Euro-Kategorie inspizierte, war mein Blick noch immer stark preiszentriert und ich hatte erneut Zweifel, ob ich mir diese würde leisten können. Doch bei einer Wohnung bot sich eine außergewöhnliche Chance: die Teilung in zwei Einheiten mit einer potenziellen Mietrendite von fast 15 Prozent pro Jahr. Dazu kam ein separater Parkplatz, der verkauft werden konnte. Zu meiner Verblüffung zeigte sich die Bank bei dieser Konstellation viel offener und verlangte nur 20 Prozent Eigenkapital, solange ich den Parkplatz veräußerte. Plötzlich waren die benötigten 20.000 Euro Eigenmittel für ein vielversprechendes 100.000-Euro-Objekt ausreichend. Ursprünglich außerhalb meiner Vorstellungswelt, offenbarte sich diese Wohnung als ein verborgener Schatz. Durch die Fokussierung auf den Wert, nicht auf den Preis, konnte ich die Bank überzeugen, da auch sie nun ihre notwendigen Sicherheiten hatte.

Mein Mentor Paul unterscheidet Preismenschen und Wertmenschen. Viele Menschen sind Preismenschen, da der Preis ein offensichtliches, unmittelbares Maß ist. Preisschilder in Geschäften, Aktienkurse an der Börse, Kryptopreise auf dem Markt – sie alle bieten eine klare, schnelle Orientierung. Oft ist das Budget das limitierende Element im Leben der Menschen, wodurch der Fokus zwangsläufig auf dem Preis liegt. Preismenschen sind oft risikoavers. Sie neigen dazu, sich auf den sofort sichtbaren Preis zu konzentrieren, weil sie Angst haben, zu viel für etwas zu bezahlen, das ihren Bedürfnissen nicht entspricht oder das sie woanders günstiger finden könnten. Sie sind besorgt über mögliche Verluste und ziehen es daher vor, die sicherere, kurzfristig kostengünstigere Option zu wählen. Dieser einfache, sichtbare Indikator wird somit zur ersten und manchmal einzigen Überlegung. Doch der ständige Fokus auf den Preis kann dazu führen, dass der tiefere Wert eines Produkts oder einer Investition übersehen wird, was langfristig nicht vorteilhaft ist.

Wertmensch zu sein ist zwar anspruchsvoller, aber letztlich lohnender. Sich auf den Wert zu konzentrieren, erfordert intensive Überlegungen und ein Verständnis dafür, was langfristig wirklich wichtig ist. Es geht darum, über den momentanen Preis hinauszusehen und zu erkennen, was ein Produkt oder eine Dienstleistung wirklich zum Leben beiträgt, und sich erst danach zu überlegen, welchen Preis man bereit wäre, dafür zu bezahlen. Wertorientierte Menschen denken oft weiter voraus. Sie sind bereit, jetzt mehr zu investieren, weil sie an die langfristigen Vorteile glauben. Ihre Kaufentscheidungen sind häufig in einer langfristigen Perspektive verwurzelt, in der Überzeugung, dass die anfangs höheren Kosten durch die Langlebigkeit, die verbesserte Leistung oder den größeren Genuss, den das Produkt oder die Dienstleistung bietet, mehr als wettgemacht werden. Dies führt zu bewussteren, nachhaltigeren Entscheidungen, die auf lange Sicht zu größerer Zufriedenheit und Erfolg führen.

Verstehen wir diese psychologischen Antriebe, können wir besser nachvollziehen, warum Menschen unterschiedliche Entscheidungen treffen, wenn es um Preis und Wert geht, und warum die meisten Menschen, so wie ich damals auch, eher Preismenschen und nicht Wertmenschen sind. Denk einmal selbst darüber nach: In welchen Bereichen deines Lebens bist du eher ein Preismensch und in welchen eher ein Wertmensch? Wie würdest du deine eigene Balance zwischen Preisbewusstsein und Wertschätzung beschreiben? Glaubst du, dass sich das im Laufe der Zeit bei dir verändert hat oder in Zukunft verändern sollte?

Öl als Investment bei Preis- und Wertmenschen

Betrachten wir beispielsweise eine Investition in Öl: Als Preismensch fokussierst du dich auf den Chart, um den Preis vorauszusagen. Steigt der Trend, jubelst du; fällt er, kommt die Panik. Nun stell dir vor, du willst dein Auto betanken und der Spritpreis sinkt. Deine Reaktion? Freude über günstigeres Tanken. Warum? Weil du genau weißt, welchen Wert 1 Liter Sprit für dich hat. Du weißt, wie weit das Auto damit fährt und welchen Wert du durch die zurückgelegte Distanz oder den Zeitgewinn bekommst. Du achtest hier klar zuerst auf den Wert und danach auf den Preis. Ganz anders beim Investieren in Öl: Hier hoffst du wahrscheinlich nur, dass der Preis steigt, ohne den tatsächlichen Wert zu kennen.

Vielleicht denkst du, dass der Vergleich von Öl als Investment und Sprit als Konsumgut hinkt. Doch ich sehe das anders. Du könntest nämlich das Gedankenexperiment vom Tanken zu einer Investition machen. Stell dir vor, du kaufst Sprit für 2 Euro pro Liter. Auf dem Heimweg triffst du jemanden, der dir 10 Euro pro Liter bietet, weil er dringend Sprit benötigt. Ursprünglich hattest du nicht vorgehabt, den Sprit zu verkaufen, sondern seinen Wert für dich zum Fahren zu nutzen. Aber bei einer solchen Preissteigerung von 500 Prozent in so kurzer Zeit ergreifst du die Gelegenheit und verkaufst.

Beim reinen Spekulieren auf den Ölpreis hast du den Wert des Öls nie bedacht, du hast lediglich den Chart vor Augen gehabt. Beim Tanken hast du jedoch zuerst den Wert ins Auge gefasst, und als der Preis in kurzer Zeit um das Fünffache gestiegen ist, hast du die Preissteigerung zum Verkaufen genutzt. Wie du in den nächsten Kapiteln bald lernen wirst, muss das auch beim Investieren das Ziel sein: zuerst den Wert zu verstehen und dann auf den Preis zu schauen. Eigentlich gilt das nicht nur beim Investieren, sondern in allen Lebensbereichen: Wert zuerst, Preis danach.

WARREN BUFFETT

Jemand, der das besser macht als viele andere, ist Warren Buffett, das Orakel von Omaha. Er ist ein Meister des Verständnisses von Wert. Er lehrt nicht nur, dass der wahre Wert eines Unternehmens oder einer Anlage oft weit über den aktuellen Preis hinausgeht, vielmehr zeigt seine gesamte Lebensphilosophie, dass es weitaus befriedigender ist, in Qualität zu investieren, selbst zu einem fairen Preis, als kurzfristigen Schnäppchenpreisen nachzujagen.

Nehmen wir ein konkretes Beispiel aus Buffetts Karriere, das diese Philosophie veranschaulicht: seine Investition in Coca-Cola Mitte der 1980er-Jahre. Zu der damaligen Zeit war Coca-Cola bereits eine gut etablierte und erfolgreiche Marke, aber Buffett sah etwas, das andere übersahen: den unglaublichen langfristigen Wert des Unternehmens. Obwohl die Aktie nicht gerade billig war und andere Investoren möglicherweise nach »besseren Deals« suchten, erkannte Buffett, dass der wahre Wert von Coca-Cola in seiner Markendominanz, seinem loyalen Kundenstamm und seinem Potenzial für anhaltendes Wachstum lag.

Buffett erwarb etwa 6,2 Prozent des Unternehmens für rund 1,3 Milliarden Dollar. Obwohl einige Marktkommentatoren Buffett damals für verrückt hielten, einen so »teuren« Preis zu bezahlen, erwies sich sein Investment in Wert über die Jahre hinweg als eines der profitabelsten in der Geschichte von Berkshire Hathaway, der Firma von Buffett. Im Jahr 2023 entsprach allein die von Coca-Cola an Berkshire Hathaway ausgeschüttete Dividende circa 700 Millionen Dollar.[3] Dies sind knapp 50 Prozent Rendite für Buffett in nur einem einzigen Jahr. Nicht schlecht für ein »teures Investment«.

Ein Verständnis über den Unterschied zwischen Preis und Wert ist mehr als nur eine finanzielle Lektion; es ist eine Lebensphilosophie, die das Potenzial hat, jede Entscheidung zu beeinflussen, die wir treffen. Wir leben in einer Welt, die uns ständig mit Preisschildern konfrontiert, die unsere Aufmerksamkeit auf das sofort Sichtbare lenken. Doch hinter jedem Preis verbirgt sich eine Geschichte, ein Wert, der nicht immer gleich ersichtlich ist; und dieser Preis kann uns leicht in die Irre führen, wenn wir nicht ein tieferes Verständnis für den dahinterliegenden Wert besitzen. Hast du einmal etwas gekauft, nur weil es »billig« war, und hast später festgestellt, dass es nicht den gewünschten Wert hatte? Oder kannst du dich an ein gegenteiliges Ereignis in deinem Leben erinnern, wo du wissentlich in »Wert« investiert hast und es sich dann doppelt gelohnt hat?

Wie wir noch besprechen werden, kann die Philosophie des Wertes auf viele Lebensbereiche übertragen werden, nicht nur auf Aktien oder Immobilien. Es geht darum, bewusste und wohlüberlegte Entscheidungen zu treffen, die auf einer gründlichen Bewertung des Wertes basieren und nicht nur auf dem momentanen Preis. Es geht darum, das richtige Wissen anzuwenden, um außergewöhnliche Resultate zu erhalten. So können wir sicherstellen, dass unsere Investitionen – egal ob in Aktien, Immobilien oder das eigene Leben – uns langfristig die größtmögliche Zufriedenheit und Rendite bringen.

Im nächsten Kapitel bauen wir auf diesem Verständnis auf und erkunden die Wertformel – ein Konzept, das uns hilft, den Wert in verschiedenen Aspekten unseres Lebens präziser zu bewerten und zu maximieren. Wir lernen, wie wir unsere Entscheidungen, von Investitionen bis hin zu persönlichen Beziehungen, durch eine klare und strukturierte Herangehensweise verbessern können.

KAPITEL 3
WERT

»Ein jeder ist so viel wert, wie die Dinge wert sind, um die es ihm ernst ist.«

MARC AUREL

Wie wir im vorherigen Kapitel gesehen haben, ist die Berechnung von Wert eine extrem wichtige, jedoch hochkomplexe Aufgabe. Wie misst man den Wert von Wasser, das lebensnotwendig, aber oft kostenlos ist? Oder den Wert des Lebens selbst, eine ethisch schwierige Frage. Was ist ein Gemälde von unschätzbarem emotionalen Wert? Wie bewertet man Liebe, Freundschaft oder Gesundheit? 1 Million Euro zu besitzen klingt verlockend, doch wenn tägliche Kopfschmerzen den Preis darstellen, müssen wir uns fragen, was echter Wohlstand ist. Ist es das Geld auf unserem Konto oder die Freiheit von Schmerzen? Ähnlich verhält es sich mit dem Dilemma eines Milliardärs, wenn er dafür nie wahre Liebe finden wird. Wiegen Milliarden die Einsamkeit auf? Diese Fragen laden uns ein, über die Bedeutung und den Wert von Gesundheit, Liebe und Wohlstand in unserem Leben zu reflektieren.

WERTVOLLER ALS GOLD

Als ich 15 Jahre alt war, stand ein bedeutender Wendepunkt in meinem Leben bevor: Ich zog nach Amerika, weit weg von zu Hause, von meiner Familie und allem Vertrauten. Es war eine aufregende, aber auch einschüchternde Zeit voller Unsicherheit und Vorfreude auf das, was kommen würde. Bevor ich aufbrach, gab mir meine Oma ein Geschenk, das bis heute einen unbezahlbaren Wert für mich hat: eine Goldkette.

Ich erinnere mich noch genau an den Moment: Meine Oma rief mich zu sich, ihre Hände zitterten leicht vor Alter und Aufregung, als sie eine kleine, sorgfältig verpackte Schachtel öffnete. Darin lag eine zarte Goldkette, schlicht, aber schön. Ihr Blick traf den meinen und sie sagte mit einer Stimme, die Wärme und Hoffnung trug: »Dieses Stück war immer bei mir, Julian. Nun möchte ich, dass es dich auf deinem Weg begleitet und dir Glück bringt. Solltest du einmal Probleme in Amerika haben, kannst du das Gold jederzeit verkaufen und wieder zurück nach Österreich kommen.«

Die Kette war somit nicht nur ein Stück Schmuck; sie war ein Symbol für Liebe, Erinnerung und Zugehörigkeit. Sie erzählte von der Geschichte meiner Familie, von der Stärke und dem Überlebenswillen meiner Oma, von den Träumen und Hoffnungen, die sie für mich hatte. In diesem Moment wurde mir bewusst, dass der wahre Wert dieser Kette nicht in ihrem Gewicht in Unzen oder ihrem Marktpreis zu messen war. Ihr Wert lag in der emotionalen Verbindung, in den Erinnerungen und Bedeutungen, die sie in sich trug.

Als ich in Amerika ankam, fühlte ich mich hin und wieder verloren und allein, getrennt von allem, was mir vertraut gewesen war. In diesen Momenten der Einsamkeit und des Zweifels griff ich nach der Kette, spürte ihr kühles Gold an meiner Haut und erinnerte mich an die Worte meiner Oma. Sie gab mir Trost und Kraft, erinnerte mich daran, woher ich kam und wer mich immer unterstützen würde, egal, wie weit ich von zu Hause entfernt war.

Ich besitze diese Kette heute noch und sie ist wahrscheinlich das Älteste, was ich besitze. Sie begleitet mich durch Höhen und Tiefen, durch Erfolge und Misserfolge. Sie ist mehr als ein Schmuckstück; sie ist ein Stück Heimat, das ich immer bei mir trage, wo auch immer auf der Welt ich bin. Wenn ich die Kette ansehe, sehe ich nicht nur das Gold; ich sehe die Hoffnungen und Träume meiner Familie und die vielen Wege, die ich seitdem beschritten habe.

Meine emotionale Verbundenheit mit der Goldkette zeigt, dass der wahre Wert eines Objekts oft weit über seinen materiellen Wert hinausgeht. Es geht um die Geschichten, die Erinnerungen und die Gefühle, die damit verbunden sind. Meine Goldkette ist für mich unbezahlbar, weil sie nicht in Unzen Gold zu berechnen ist, sondern in den unzähligen Momenten der Liebe, Ermutigung und Zugehörigkeit, die sie repräsentiert.

DIE WERTFORMEL

Warren Buffett, stark beeinflusst von seinem Mentor Benjamin Graham, betrachtet den Wert eines Investments durch die Linse des Discounted Cash Flow (DCF). Mit dieser Bewertungsmethode wird die Summe zukünftiger Cashflows berechnet, die dann auf den heutigen Wert abgezinst werden. Hierbei wird der Zinseszinseffekt berücksichtigt, wodurch der Wert eines Unternehmens als der gegenwärtige Wert aller zukünftigen Cashflows definiert wird. Dieser Ansatz ermöglicht es, den Wert eines Unternehmens zu ermitteln, unabhängig von aktuellen Marktschwankungen.

Die Discounted-Cashflow-Formel ist ein mächtiges Werkzeug für finanzielle Bewertungen, doch sie stößt an ihre Grenzen, wenn es um einen Wert geht, der keinen direkten Cashflow erzeugt. Wie bewertet man zum Beispiel meine Goldkette, welche nicht in monetären Flüssen ausgedrückt werden kann? Hier fordert uns das Leben auf, über den monetären Horizont hinauszublicken und Werte zu erkennen, die nicht in Bilanzen erscheinen, aber dennoch das Fundament unseres Daseins bilden.

Vor etwa zehn Jahren, im Jahr 2014, betrat ich die Welt der Kryptowährungen – nicht mit dem Ziel der Preis-Spekulation, sondern um in Wert zu investieren. Diesen Ansatz hatte mein Mentor Paul mir mitgegeben und ich hatte sowohl beim Kitesurfen als auch als Arzt versucht, ihn umzusetzen. Ich hatte begonnen, darüber nachzudenken, wie man nicht nur Cashflow-generierende Investments wie Aktien, Anleihen und Immobilien, sondern eigentlich alles im Leben bewerten könnte.

Es war ein tropischer, regnerischer Nachmittag, als ich mich in einem kleinen, versteckten Café inmitten der belebten Straßen von Bangkok niederließ. Die Wände waren mit Büchern vollgestellt und das gedämpfte Licht schuf eine Atmosphäre, die zum Nachdenken einlud. Einige Tage zuvor hatte ich seit langer Zeit wieder einmal von Kryptowährungen gehört und mein Kopf war voller Fragen und Ideen, die ich aus meinen bisherigen Erlebnissen und Fehlschlägen gesammelt hatte. Ich wusste, dass ich auf der Suche nach etwas war, nach einer Formel oder einem Konzept, das mir helfen würde, die Welt um mich herum besser zu verstehen. Ich wollte den Wert begreifen, den echten, tiefgründigen Wert von allem, was wichtig ist. In diesem Fall ging es mir darum, wie man Bitcoin bewerten könnte; etwas, das man nicht anfassen konnte, das keinen Cashflow abwarf und von vielen als reines Spekulationsobjekt abgegolten wurde.

Ich bestellte einen Kaffee und schlug mein Notizbuch auf, das schon viele meiner Gedanken und Skizzen enthielt. Ich begann mit einer Frage, die mich seit Langem beschäftigte: »Was macht etwas wirklich wertvoll?« Meine Gedanken schweiften zurück zu den Geschichten meiner Mentoren, zu den Investments in Immobilien und Aktien, den vielen Gesprächen mit anderen Investoren. All diese Erfahrungen hatten etwas gemeinsam: Sie offenbarten, dass Wert so viel mehr ist als ein Preisschild.

Ich griff nach dem Stift und begann meine Gedanken zu ordnen. *Nutzen*, schrieb ich zuerst. Was macht etwas nützlich? Ist es die Fähigkeit, ein Bedürfnis zu erfüllen, ein Problem zu lösen, Freude oder

Sicherheit zu bringen? Der Nutzen schien der Kern von allem zu sein, der Anfangspunkt, der bestimmt, ob etwas überhaupt in Betracht gezogen wird.

Mein Blick fiel auf die vorbeilaufenden Menschen draußen. Jeder von ihnen hatte unterschiedliche Bedürfnisse und Wünsche. *Menschen*, schrieb ich als nächsten Punkt auf. Der Wert eines Objekts oder Konzepts hängt von der Anzahl der Menschen ab, die diesen Nutzen benötigen oder wünschen. Je mehr Menschen einen bestimmten Nutzen suchen, desto wertvoller könnte das Objekt oder Konzept sein. Also kritzelte ich in mein Notizbuch: Wert = Nutzen × Menschen.

Aber irgendwie fehlte etwas in dieser Formel für Wert. Der Gedanke ließ mir keine Ruhe, und plötzlich erinnerte ich mich an meine Goldkette. Trotz ihres emotionalen Wertes für mich wäre sie für jemand anderen nicht von gleichem Wert. Für mich war sie deshalb wertvoll, weil es nur eine einzige Version von ihr gab. Würde ich die Kette verlieren, würde selbst ein Replikat nicht den gleichen Wert besitzen. *Seltenheit*, schrieb ich als drittes Wort auf. Die Seltenheit eines Nutzens, seine Einzigartigkeit und Exklusivität, schien ein entscheidender Faktor zu sein.

Ich starrte auf die drei Wörter vor mir: *Nutzen*, *Menschen*, *Seltenheit*. Ich begann sie in verschiedenen Kombinationen zu betrachten, versuchte, sie in eine Formel zu bringen, die Sinn ergab. Meine Gedanken rasten, als ich Verbindungen und Muster zu erkennen begann. Was, wenn der Wert tatsächlich aus der Kombination dieser drei Elemente entstand? Was, wenn man sie multiplizieren könnte, um eine Art Wertmaßstab zu schaffen?

Ich spürte eine aufregende Mischung aus Nervosität und Euphorie, als ich anfing, die Formel aufzuschreiben:

Wert = Nutzen × Menschen × Seltenheit

Diese Formel beinhaltet ein paar interessante Erkenntnisse: Erstens, dass inhärenter Wert nicht existiert. Wert ist mehr als nur eine Zahl – er ist eine Reflexion unserer tiefsten Überzeugungen und Bedürfnisse. Zweitens, wenn auch nur einer der drei Faktoren – Nutzen, Nachfrage oder Seltenheit – gleich null ist, wird der Wert ebenso null. Diese Dynamik beleuchtet die Subjektivität von Wert: Er liegt wahrlich im Auge des Betrachters. Was für den einen wertvoll ist, kann für den anderen bedeutungslos sein. Diese Perspektive lädt uns ein, über den individuellen Charakter von Wert nachzudenken, und unterstreicht, warum so wenige Menschen sich die Arbeit antun, Wertmenschen zu werden.

In den kommenden Kapiteln werden wir zwar absolute Zahlen zu den einzelnen Faktoren betrachten, um den absoluten Wert eines Objekts oder Konzepts zu bestimmen. Dabei ist jedoch zu beachten, dass viel mehr als das eigentliche Resultat die Gewichtung innerhalb der Formel entscheidend ist. Wenn für dich der Wert von Investments, einem Unternehmen, einer Berühmtheit oder Legacy, zählt, dann musst du vorwiegend auf den zweiten Faktor achten: die Reichweite des Nutzens. Denn je mehr Menschen erreicht werden, desto besser für finanzielle Aspekte. Für persönliche Aspekte wie Beziehungen, Familie und Glücksgefühl muss der Fokus jedoch auf der Höhe des unmittelbaren Nutzens liegen. Wenn du als Sänger oder Autor Millionen Menschen einen kleinen Nutzen bringst, kannst du Berühmtheit und finanziellen Erfolg erlangen. Bringst du jedoch einer Handvoll Menschen großen Nutzen, etwa indem du ihnen am Krankenbett beistehst oder Zeit mit deinen Kindern verbringst, magst du nicht reich werden, dafür aber tiefgründige Beziehungen und Glück erfahren. Beide Wege sind legitim – es kommt darauf an, was du im Leben gerade suchst und wertschätzt.

Der Faktor Seltenheit spielt eher eine untergeordnete Rolle, beeinflusst aber das Potenzial und die Exklusivität dessen, was bewertet wird. Ein Song, der nur einer unter vielen ist, hat geringen Wert aufgrund niedriger Seltenheit. Doch generell wird Wert hauptsächlich durch Nutzen und die Anzahl der Menschen, die diesen Nutzen schätzen, bestimmt. Denk vielleicht einmal an ein paar Dinge in deinem Leben, welche du als wertvoll erachtest. Erkennst du die Faktoren Nutzen, Menschen und Seltenheit darin? Hat sich deine Sicht auf Wert im Laufe der Jahre verändert? Wenn ja, warum?

DER KOSTENFAKTOR

Viele Menschen träumen von großen Dingen, möchten aber nicht den nötigen Einsatz bringen. Doch ohne Fleiß kein Preis – eine Wahrheit, die durch die Eiscreme-Geschichte in *25 Geschichten für mein jüngeres Ich* illustriert wird. In dieser Geschichte geht es darum, dass ich als kleines Kind schwimmen musste, um mein Eis zu bekommen. Ein perfektes Beispiel dafür, dass Belohnungen oft erst nach der Überwindung von Herausforderungen kommen.

Das Konzept, dass echter Wert immer Kosten verlangt, ist so alt wie die Menschheit selbst. Das Erreichen bedeutender Ziele erfordert Opfer; eine Investition, die oft weit über finanzielle Mittel hinausgeht. Nehmen wir das Beispiel von Elon Musk: Sein beispielloser Erfolg ist nicht nur das Resultat von Genialität, sondern auch von ungezählten Stunden der Hingabe und des Verzichts. Er hat persönlichen Komfort, Freizeit und soziale Normen geopfert, um seine Visionen zu verfolgen, oft zulasten seiner Familie und Gesundheit. Er arbeitet bis zu 100 Stunden pro Woche, teilt seine Zeit zwischen mehreren hochkomplexen Projekten auf und schläft sogar im Büro. Diese intensive Hingabe hat es ihm ermöglicht, Unternehmen wie SpaceX und Tesla zu revolutionären Erfolgen zu führen.

Würdest du den gleichen Preis wie Elon Musk zahlen, indem du Familie und Gesundheit opferst, um revolutionäre Ergebnisse in deinen Unternehmen zu erzielen? Jeder will Milliarden haben, aber niemand die signifikanten Opfer bringen. Du kannst jedoch nicht nur eine kleine Scheibe von etwas haben, du musst das gesamte Paket nehmen. Dieses Opfer, diese stetige Bereitschaft, »Nein« zu sagen zu kurzfristigen Freuden oder Ablenkungen, ist der Preis, den wir für das Potenzial eines größeren Wertes zahlen.

In meinem eigenen Leben bringe ich oft bewusst kleine Opfer, weil ich weiß, dass ich so langfristig noch mehr Wert erhalte. In meinem Wohnzimmer, wo normalerweise ein Fernseher thronen würde, steht ein Bücherregal. Freunde blicken beim ersten Besuch oft überrascht auf den leeren Platz. »Kein Fernseher?«, fragen sie. Ich nicke und erkläre: »Das ist mein Preis für einen größeren Wert.« Die Zeit, die andere vor dem Bildschirm verbringen, nutze ich zum Lesen, Lernen und für tiefgründige Gespräche. Auch als Inspiration für meine Kinder, weniger »Screentime« zu haben. Manche nicken nachdenklich, andere bleiben skeptisch, aber alle spüren, dass dieser Verzicht für mich ein Baustein meines Erfolges ist. Dieses Opfer mag für Außenstehende eigenartig erscheinen, aber es symbolisiert meine Entschlossenheit, den Weg zu wählen, der zum größten Wert führt – nicht nur für mich, sondern auch für meine Familie und Kinder, die ich positiv beeinflussen möchte.

Für jeden von uns hat *Wert* eine einzigartige Bedeutung. Während der eine den Wert im materiellen Wohlstand sieht und Geld als Maßstab für Erfolg betrachtet, findet ein anderer seinen wertvollsten Schatz in der Familie und den gemeinsamen Momenten. Wieder andere sehen Freiheit als ihr höchstes Gut, das Streben nach Unabhängigkeit und Selbstbestimmung. Einige verfolgen Karriere und Status, investieren unzählige Stunden in den Aufbau eines Unternehmens oder den Erwerb von Reichtum. Andere wiederum finden ihren Wert in der Stille der Natur, in den Stunden, die sie mit ihren Kindern verbringen, oder in der Kunst, die ihre Seele nährt. Jeder Pfad ist geprägt von persönlichen Erfahrungen und Überzeugungen. Es ist nicht an uns, zu urteilen oder zu vergleichen, denn was für den einen das Ziel ist, mag für den anderen nur der Anfang sein. Es erinnert uns daran, dass das Streben nach Wert ein zutiefst persönliches Unterfangen ist, einzigartig für jeden von uns.

Eine Geschichte, die mich noch heute oft zum Nachdenken bringt, stammt aus meiner Zeit in der Unfallchirurgie. Eine ältere Dame war gestürzt und musste am Oberschenkelknochen operiert werden. Bei der Nachbetreuung hatten wir oft einen regen Austausch und sie erzählte mir, dass sie ihr Leben ihrer Passion gewidmet hatte – der Kunst – und dafür finanzielle Sicherheit, Familienleben und manchmal sogar ihre Gesundheit geopfert hatte. Ich erwartete, dass sie mir erzählen würde, wie sie das jetzt im hohen Alter bereute, doch zu meiner Überraschung beschrieb sie die Freude und Zufriedenheit, die sie empfand, als sie von den Menschen erzählte, die durch ihre Kunst inspiriert worden waren. So erfordert jeder Schritt in Richtung Wert eine Entscheidung, ein Opfer, eine bewusste Ablehnung von etwas anderem. Doch wenn wir bereit sind, diesen Preis zu zahlen, öffnen sich uns Türen zu ungeahntem Potenzial und zur Erfüllung.

WERT BEI BITCOIN

Was wurde aus meinem Versuch, Bitcoin zu bewerten? Es ist kein einfacher, wie du im Investmentkapitel noch erfahren wirst – selbst heute, nach vielen Jahren im Space. Gerade kürzlich stand ich wieder auf einem Krypto-Event inmitten einer lebhaften Menge. Es war ein Raum voller enthusiastischer Investoren, deren Gesichter vom blauen Schein ihrer Smartphones beleuchtet wurden. Sie alle diskutierten aufgeregt über den neuesten Preisanstieg von Bitcoin im Jahr 2023, getrieben durch institutionelle Investoren. Sie analysierten Charts und tauschten Vorhersagen aus. Ich fühlte die elektrische Energie im Raum, das Summen der Spekulation und Hoffnung.

Ich eröffnete meine Keynote mit der Theorie, Kryptowährungen nach ihrem Wert zu beurteilen, nicht nur nach ihrem Preis. »Wert? Bei

Krypto? Aber ist der Preis nicht der Wert?«, murmelten die Zuhörer. Ich erklärte weiter, vertiefte mich in die Konzepte von Nutzen und Nachfrage, sprach von langfristigen Auswirkungen und realen Anwendungen. Ich beschrieb, wie Wert über den momentanen Preis hinausgeht, wie er die tiefere Bedeutung und den Einfluss eines Assets reflektiert. Aber je mehr ich sprach, desto mehr skeptische Blicke erhielt ich. Meine Worte über *Wert* statt *Preis* schienen selbst nach Jahren auf YouTube wie in einer exotischen Sprache formuliert; eine Philosophie, die in dieser Welt der schnellen Gewinne fremd wirkte.

Im persönlichen Gespräch danach argumentieren einige, dass in der Kryptowelt nur der Preis zähle, der schnelle Anstieg und Abfall, das Adrenalin des Handels. »Wert ist das, was jemand bereit ist, im Moment zu zahlen«, sagte einer mit einem selbstgefälligen Grinsen. Ein anderer fügte hinzu: »Du sprichst, als ob du von Aktien oder Immobilien redest, nicht von Kryptos. Hier geht es um Geschwindigkeit, nicht um Substanz.«

Ich verstehe, dass die meisten Investoren im Kryptobereich reine Spekulanten sind. Doch trotz der skeptischen Kommentare bleibe ich standhaft. Ich weiß, dass meine Ideen nicht einfach nur Wunschdenken sind. Sie sind das Ergebnis jahrelanger Beobachtungen, Erfahrungen und der Erkenntnis, dass echter Wert oft erst mit der Zeit sichtbar wird. So wie bei allem. Doch mehr dazu in den kommenden Kapiteln.

Zunächst tauchen wir tief in die drei Faktoren Nutzen, Menschen und Seltenheit unserer Wertformel ein und beleuchten sie ausführlich. Anschließend wenden wir uns einer breiten Palette von Lebensbereichen zu, darunter Business, Investitionen und Finanzen, aber auch persönlicheren Themen wie Liebe und Beziehungen. Wir erforschen, wie die Wertformel in all diesen Aspekten Anwendung finden und wie sie dir helfen kann, fundiertere, wertbasierte Entscheidungen zu treffen, damit du durch das richtig angewandte Wissen noch mehr außergewöhnliche Resultate erreichst.

KAPITEL 4
NUTZEN

»Sei nützlich!«

ARNOLD SCHWARZENEGGER

Nutzen ist das Herzstück von Wert, das Fundament, auf dem alles andere aufbaut. Er ist der erste Faktor der Wertformel. In unserer heutigen Welt bemisst sich dieser Nutzen danach, wie er das Leben von Menschen beeinflusst und verbessert. Ohne einen klar definierten Nutzen kann kein Wert entstehen. In einer Zukunft, in der Maschinen und künstliche Intelligenz eine immer größere Rolle spielen, könnte sich der Fokus des Nutzens verschieben – vielleicht hin zu dem, was für Maschinen nützlich ist, nicht nur für Menschen.

Das emotional Schwierige dabei ist, dass Nutzen nicht von dir, sondern von anderen Menschen bestimmt wird. In der heutigen »entitled« Welt kann es besonders herausfordernd sein, dies zu akzeptieren. So viele arbeiten hart an einem Projekt, das ihnen am Herzen liegt, nur um festzustellen, dass es von anderen nicht wertgeschätzt wird, weil sie es nicht nützlich finden. Diese Diskrepanz zwischen der Überzeugung von einem Nutzen und dem eigentlichen Resultat kann zutiefst frustrierend sein. Am Ende bestimmt der Markt über den Nutzen – nicht du selbst.

Während meiner Kitesurfzeit zum Beispiel dachte ich, dass ein Top-10-Platz in der Weltrangliste »nützlich« und damit ein Garant für höheres Einkommen sei. Doch zu meiner Überraschung interessierte das kaum jemanden. Was die Leute wirklich wollten, war, selbst besser zu kiten. Ob ich nun Top-10 war oder nicht, war ziemlich irrelevant dafür. Als ich jedoch anfing, Kitecamps zu veranstalten, und meinen Partnerfirmen mit Kiteverkäufen half, wurde ich extrem nützlich. Ich fand nicht nur eine größere Wertschätzung meiner Arbeit, sondern verdiente plötzlich auch das Fünffache. Dies lehrte mich, dass Nutzen dort liegt, wo man direkten Mehrwert für andere schafft; nur zu denken, dass man das tut, hilft nicht weiter.

Das bedeutet nicht, dass eine Top-Platzierung in der Weltrangliste irrelevant ist. Top-Tennisspieler beispielsweise sind als Marken-Idole sehr nützlich und helfen Firmen wie Nike oder Adidas dabei, mehr zu verkaufen. Ihr Nutzen liegt in ihrer Fähigkeit, Menschen zu inspirieren und Produkte zu bewerben. Beim Kitesurfen war in meinem Fall diese Verbindung zwischen Weltrangliste und Nutzen eben nicht so effektiv.

NUTZEN VON ARBEIT

Marxistisches Denken geht fälschlicherweise davon aus, dass Arbeit immer nützlich und daher wertvoll ist. Doch dies stimmt nicht. Betrachten wir folgendes Beispiel: Du gräbst ein Loch und schüttest es anschließend wieder zu. Du hast hart gearbeitet, doch was war der Nutzen? Es gab keinen Mehrwert für andere, keine Verbesserung oder Veränderung. Deine Arbeit, obwohl anstrengend, war im Endeffekt nutzlos und somit nicht wertvoll. Es wird dir wahrscheinlich niemand Geld dafür bezahlt haben, dass du diese Arbeit verrichtet hast. Wenn du jedoch ein Loch gräbst, um beispielsweise eine defekte Leitung zu reparieren, ist deine Arbeit extrem nützlich und wertvoll. Hier schaffst du einen klaren Nutzen, indem du ein Problem löst und die Funktionalität wiederherstellst. In diesem Fall spiegelt der Wert deiner Arbeit die positive Veränderung wider, die du bewirkt hast, und Menschen bezahlen dir gerne sehr viel Geld dafür. Dieses Beispiel zeigt, dass nicht die Menge der Arbeit ihren Wert bestimmt, sondern der durch sie geschaffene Nutzen.

Dies erinnert mich an die Anekdote aus einer Fabrik mit einer unglaublich komplizierten Maschine, die eines Tages streikte. Keiner der Ingenieure konnte selbst nach tagelangem Probieren das Problem lösen. Also riefen sie einen berühmten Experten von weit her, welcher bekannterweise viel Geld kosten würde. Als er kam, erwartete jeder eine stundenlange Prozedur. Er aber betrachtete die Maschine kurz, klopfte einmal leicht an eine ganz bestimmte Stelle und die Maschine sprang sofort wieder an. Als er seine Rechnung über 100.000 Euro vorlegte, protestierten die Manager: »100.000 Euro für nur einen einzigen Schlag?« Der Experte lächelte, strich den Betrag durch und schrieb: »1 Euro für das Klopfen, 99.999 Euro für das Wissen, wo zu klopfen war.« So wurde allen klar, dass wahres Können und Wissen ihren Preis haben, selbst wenn die Leistung selbst so einfach aussieht wie ein leichtes Klopfen.

Nicht nur Arbeit und Leistung bieten hier gute Beispiele. Auch etwas so Alltägliches wie Metall zeigt uns eine faszinierende Veränderung des Wertes durch verschiedene Verarbeitungsstufen, basierend auf ihrem Nutzen. Angefangen beim Rohmaterial ist ein einfaches Stück Eisen, aus der Erde gewonnen, noch nicht sehr wertvoll, da der Nutzen beschränkt ist. Es ist Potenzial in seiner reinsten Form, bereit, umgeformt zu werden. Wenn das Eisen zu Stahl verarbeitet wird, verwandelt sich dieses Potenzial in etwas Greifbares. Stahl, nun ein Symbol für Stärke und Haltbarkeit, wird zum Skelett moderner Zivilisation – es trägt die Last unserer Gebäude, formt die Struktur unserer Fahrzeuge und wird zum treibenden Rad in unseren Maschinen. Mit jedem Schritt der Verarbeitung erhöht sich sein Wert exponentiell durch den erhöhten Nutzen.

Die wahre Bedeutung des Werts manifestiert sich jedoch bei der Verwandlung des Metalls in spezialisierte Produkte. Wenn Stahl weiter zu chirurgischen Instrumenten verarbeitet wird, erreicht sein Wert eine neue, fast unermessliche Dimension. Diese Instrumente sind das Ergebnis jahrzehntelanger Innovation und Präzisionsarbeit, die den Stahl von einer bloßen Konstruktionsstütze in ein lebensrettendes Werkzeug verwandeln. Durch ihre Spezialisierung werden diese Instrumente zu einem unersetzlichen Element in der Welt der Medizin, und ihr Wert reflektiert den immensen Nutzen, Menschenleben zu retten. Hier, weit entfernt von seiner bescheidenen Herkunft als Rohmaterial, wird das Metall zu einem Symbol für Fortschritt und menschliches Wissen – ein leuchtendes Beispiel dafür, wie die Verarbeitung und der beabsichtigte Nutzen den Wert eines einfachen Materials dramatisch verändern können.

BEDÜRFNISPYRAMIDE

Will man diesen Nutzen für die Wertformel quantifizieren, so hilft die Maslowsche Bedürfnishierarchie basierend auf der erweiterten Pyramide mit acht Ebenen[4]:

Abbildung 1: Maslowsche Bedürfnispyramide

Sie teilt menschliche Bedürfnisse in acht Stufen ein, die eine Reise von den grundlegendsten physischen Anforderungen bis hin zu den höchsten Formen der Selbstverwirklichung und Transzendenz beschreiben. Diese Hierarchie hilft, den Nutzen zu verstehen, den Produkte oder Dienstleistungen den Menschen bieten können, indem sie zeigt, auf welcher Ebene sie die Bedürfnisse ansprechen. Je weiter unten in Maslows Bedürfnishierarchie, desto grundlegender und dringlicher sind die Bedürfnisse, und damit ist der Nutzen von Produkten oder Dienstleistungen, die diese befriedigen, klarer und stärker.

1. PHYSIOLOGISCHE BEDÜRFNISSE:

Physiologische Bedürfnisse sind die fundamentalen Anforderungen für menschliches Überleben. Atmung ist essenziell für jede Zelle im Körper, Wasser ist für alle Lebensprozesse notwendig und Nahrung liefert die Energie und Nährstoffe, die wir brauchen. Schlaf ermöglicht Erholung und Regeneration, Fortpflanzung sichert das Überleben der Art und physiologische Homöostase hält unseren inneren Zustand im Gleichgewicht, sodass alle Systeme optimal funktionieren können.

Produkte und Dienstleistungen, die physiologische Bedürfnisse ansprechen, sind beispielsweise Lebensmittelgeschäfte, Wasserfilter, Restaurants, Betten und Schlafprodukte, medizinische Versorgung und Klimaanlagen. Diese sind darauf ausgerichtet, grundlegende Anforderungen wie Hunger, Durst, Schlaf und Wohlbefinden zu erfüllen, und sind damit essenziell für unser tägliches Leben.

Der Nutzen von Produkten und Dienstleistungen, die physiologische Bedürfnisse erfüllen, ist so grundlegend, dass dieser von jedem leicht verstanden wird. Die Notwendigkeit und der Wert von Lebensmitteln etwa sollte allen Menschen klar sein. Wenn du hungrig bist und ein Restaurant besuchst, ist der unmittelbare Nutzen der Nahrung offensichtlich und zwingend – du stillst deinen Hunger und versorgst deinen Körper mit Energie. Solche Grundbedürfnisse sind universell und intuitiv, was ihren Nutzen leicht verständlich macht.

2. SICHERHEITSBEDÜRFNISSE:

Sicherheitsbedürfnisse sind die nächste Ebene in Maslows Hierarchie, sie umfassen das Streben nach körperlicher und seelischer Sicherheit, materieller Grundsicherung, Arbeit, Wohnung, Familie und Gesundheit. Diese Bedürfnisse sind grundlegend für ein Gefühl der Stabilität im Leben. Sie beinhalten auch den Wunsch nach Schutz vor Gefahren, nach einem stabilen Einkommen, einer sicheren Unterkunft, einem unterstützenden Familienumfeld und einem guten Gesundheitszustand.

Beispiele für Produkte und Dienstleistungen, die Sicherheitsbedürfnisse ansprechen, sind Versicherungen, Sicherheitssysteme, stabile Arbeitsverträge, Immobilien und Gesundheitsdienste. Diese Angebote zielen darauf ab, Schutz, Stabilität und ein Sicherheitsgefühl zu geben, indem sie finanzielle Absicherung, Schutz vor physischen Gefahren, eine sichere Umgebung zum Leben und Arbeiten sowie die Erhaltung der Gesundheit gewährleisten.

Der Nutzen von Produkten und Dienstleistungen, die Sicherheitsbedürfnisse befriedigen, ist ebenfalls leicht verständlich. Ein Beispiel dafür ist ein Haus oder eine Wohnung. Jeder erkennt den Nutzen eines sicheren Zuhauses, das Schutz vor Witterung und Gefahren bietet und einen privaten Rückzugsort darstellt. Ebenso ist die Bedeutung von Gesundheitsdiensten offensichtlich, da sie direkt zur körperlichen Sicherheit und zum Wohlbefinden beitragen.

3. SOZIALE BEDÜRFNISSE:

Soziale Bedürfnisse als nächste Ebene beziehen sich auf den Bedarf nach Anschluss und Zugehörigkeit in einer Gesellschaft. Sie umfassen das Streben nach Freundschaften, Liebe, sozialer Akzeptanz und Gruppenzugehörigkeit. Diese Bedürfnisse spiegeln unsere tief verwurzelte Natur als soziale Wesen wider, die Schutz, Unterstützung und Bestätigung durch Gemeinschaft und zwischenmenschliche Beziehungen suchen.

Beispiele für Produkte und Dienstleistungen, die soziale Bedürfnisse ansprechen, sind soziale Netzwerke, Vereinsmitgliedschaften, Veranstaltungstickets und Gruppenreisen. Diese Angebote fördern die soziale Interaktion und bieten Plattformen für Gemeinschaft, Austausch und Zugehörigkeitsgefühl. Sie helfen Menschen dabei, sich zu verbinden, gemeinsame Interessen zu teilen und Teil einer Gruppe zu sein.

Soziale Bedürfnisse sind schon weniger greifbar und können vager sein als die Ebenen zuvor, da sie stark von individuellen und kulturellen Faktoren abhängen. Ein Beispiel ist Freundschaft: Der Nutzen einer Freundschaft ist subjektiv und kann von Gefühlen der Zugehörigkeit und Unterstützung bis hin zu gemeinsamen Interessen reichen. Für manche ist der Nutzen klar und konkret, für andere ist er diffuser und emotionaler.

4. INDIVIDUALBEDÜRFNISSE:

Die Ebene der Individualbedürfnisse in Maslows Hierarchie umfasst das Streben danach, besonders zu sein und herauszustechen. Individualbedürfnisse zeigen sich im Verlangen nach Anerkennung, Status und individueller Leistung. Manchmal kann dieses Streben toxisch werden, wenn es sich in einem übermäßigen Bedarf nach Aufmerksamkeit und Anerkennung äußert.

Produkte und Dienstleistungen, die Individualbedürfnisse ansprechen, sind oft auf Personalisierung und Exklusivität ausgerichtet. Beispiele sind Luxusgüter, die Status und Individualität betonen, oder Social-Media-Plattformen, die Nutzern ermöglichen, sich zu präsentieren und Anerkennung zu erhalten. Diese Angebote fördern das Bedürfnis, sich abzuheben und wahrgenommen zu werden.

Die Wahrnehmung von Individualbedürfnissen und Status ist stark subjektiv und variiert von Person zu Person. Während für den einen ein Luxusauto ein Statussymbol und ein Zeichen des Erfolgs ist, mag ein anderer in einem seltenen Buch oder einer einmaligen künstlerischen Erfahrung seinen Status sehen. Jeder legt unterschiedlichen Wert auf bestimmte Symbole und Dienstleistungen, was den Nutzen und das Streben nach Individualität stark individuell und subjektiv macht.

5. KOGNITIVE BEDÜRFNISSE:

Kognitive Bedürfnisse umfassen das Streben nach Wissen, Verstehen, Lernen und Kreativität. Sie spiegeln das Verlangen des Menschen wider, die Welt zu entdecken, neue Dinge zu lernen und kreative Ausdrucksformen zu finden.

Beispiele für Produkte und Dienstleistungen, die kognitive Bedürfnisse ansprechen, sind Bildungsplattformen, Kunstgalerien und Kreativ-Workshops. Diese Angebote fördern das Lernen, Verständnis und die kreative Entfaltung.

Die Wahrnehmung kognitiver Bedürfnisse ist zunehmend subjektiv. Einige Menschen finden großen Nutzen in einem Abonnement für eine Bildungsplattform, das kontinuierliches Lernen ermöglicht, während andere in künstlerischen Workshops eine Quelle für persönliche Bereicherung und Kreativität sehen. Da dieser Nutzen weit oben in der Pyramide steht, engagieren sich deutlich weniger Menschen aktiv dafür, und es kann für Unternehmen herausfordernd sein, den Nutzen dieser Angebote klar zu kommunizieren, um Kunden zu akquirieren.

6. ÄSTHETISCHE BEDÜRFNISSE:

Ästhetische Bedürfnisse stellen die nächste Ebene dar und beziehen sich auf das Verlangen nach Schönheit, Harmonie und künstlerischem Ausdruck. Sie reflektieren das menschliche Bedürfnis, sich mit schönen Dingen zu umgeben und ästhetische Erfahrungen zu machen.

Beispiele für Dienstleistungen und Produkte, die ästhetische Bedürfnisse ansprechen, sind Kunstgalerien, Museen, Landschaftsarchitektur oder Musik. Sie bieten zwar Schönheit und Harmonie, doch viele Menschen empfinden sie teils als eher absurd und abgehoben, da sie keinen direkten praktischen Nutzen bieten wie Dinge der unteren Ebenen.

Ein Museumsbesuch zum Beispiel kann ästhetische Bedürfnisse ansprechen, indem er die Schönheit und Vielfalt der Kunst und Kultur präsentiert. Für einige Menschen ist dies äußerst befriedigend, da sie jedes kleine Detail bewundern und schätzen. Sie genießen es, in die Welt der Kunst einzutauchen und die kreativen Ausdrucksformen vergangener Epochen zu erkunden. Anderen erscheint ein Museumsbesuch jedoch als Zeitverschwendung, da sie diese Form der Ästhetik möglicherweise nicht schätzen oder priorisieren. Die Wahrnehmung des Nutzens hängt also extrem stark von den individuellen Vorlieben und Werten ab.

7. BEDÜRFNIS NACH SELBSTVERWIRKLICHUNG:

Die vorletzte Ebene der Bedürfnishierarchie ist die Selbstverwirklichung. Hier geht es darum, seine Talente, Potenziale und Kreativität zu entfalten, sich persönlich weiterzuentwickeln und seinem Leben einen Sinn zu geben. Menschen auf dieser Stufe suchen nach einer bedeutungsvollen Aufgabe, die ihre Fähigkeiten und Interessen widerspiegelt. Selbstverwirklichung bedeutet, die höchsten Ziele und Träume zu verfolgen und ein erfülltes Leben zu gestalten. Dies kann durch kreative Projekte, persönliche Entwicklung und das Ausleben von Leidenschaften erreicht werden. Es ist eine Ebene, die oft erst erreicht wird, wenn grundlegendere Bedürfnisse erfüllt sind.

Dienstleistungen und Produkte, die die Ebene der Selbstverwirklichung ansprechen, sind unter anderem Life-Coaching und Personalentwicklungs-Workshops. Diese Angebote helfen Einzelpersonen dabei, ihre Lebensziele zu identifizieren, ihr verborgenes Potenzial freizusetzen und im persönlichen Wachstum voranzukommen. Für manch andere Menschen beinhaltet Selbstverwirklichung das Bereisen der Welt, die Auseinandersetzung mit verschiedenen Kulturen und das Überschreiten persönlicher Grenzen durch abenteuerliche Erfahrungen.

Während solche Dienstleistungen und Produkte für einige überflüssig erscheinen mögen, spielen sie für diejenigen, die sie annehmen und als nützlich ansehen, eine entscheidende Rolle dabei, ein sinnerfülltes und bedeutungsvolles Leben zu führen und ein Gefühl der Selbstverwirklichung zu erleben, das materielle Gewinne übertrifft.

8. TRANSZENDENZ:

Die oberste Ebene der Pyramide repräsentiert eine Dimension, die das individuelle Selbst überschreitet und über das Beobachtbare hinausgeht. Es handelt sich um die Suche nach spiritueller Erfahrung oder Verbundenheit mit dem Universum; auch der Wunsch, einen Beitrag zu etwas Größerem zu leisten, spielt hier eine Rolle. Menschen streben nach einem umfassenden Verständnis von Existenz, innerem Frieden und einem Gefühl der Einheit mit der Welt. Dies kann durch Meditation, spirituelle Praktiken, altruistisches Handeln oder den Dienst an der Gemeinschaft erreicht werden. Die Transzendenz-Ebene zeigt, dass der Nutzen nicht nur auf persönlicher Erfüllung basiert, sondern auch auf dem Streben nach höheren spirituellen und moralischen Werten.

Dienstleistungen und Produkte, die die Ebene der Transzendenz ansprechen, sind oft eher spiritueller oder metaphysischer Natur. Zum Beispiel ermöglichen Retreats und spirituelle Workshops, tiefere Einsichten und persönliche Transformation zu erleben, aber viele Menschen empfinden dies als esoterisch oder unnötig. Ebenso können spezielle Gegenstände wie Kristalle, welche eine spirituelle Botschaft vermitteln, von einigen als überflüssige Ausgaben angesehen werden, während andere sie als Quelle der Inspiration und des spirituellen Wachstums betrachten. Diese Ebene des Nutzens ist subjektiver und weniger verbreitet, da sie sich mit der Suche nach einem höheren Sinn und einer transzendenten Erfahrung befasst.

ZUKUNFT VON NUTZEN

Künstliche Intelligenz (KI) hat das Potenzial, bestimmte menschliche Tätigkeiten und Aufgaben zu automatisieren und somit den Nutzen von Menschen in einigen Bereichen zu ersetzen. Dies kann beispielsweise in der Fertigungsindustrie oder bei datenbasierten Aufgaben der Fall sein. Es ist jedoch wichtig zu betonen, dass KI auch die Möglichkeit bietet, den Menschen in komplementären Bereichen zu unterstützen und neue Chancen zu schaffen. Die Herausforderung besteht darin, die Verschiebung des Nutzens von KI so zu gestalten, dass sie das Wohl der Gesellschaft fördert und sicherstellt, dass Menschen in Bereichen, die Empathie, Kreativität und Entscheidungsfähigkeit erfordern, unverzichtbar bleiben.

Im Leben gibt es oft Phasen, in denen wir uns fragen, was der Sinn unseres Tuns ist, besonders in Zeiten der Ungewissheit oder manchmal auch im fortgeschrittenen Alter. Das Gefühl der Nutzlosigkeit kann überwältigend sein. Doch gerade in diesen Momenten sollten wir daran erinnert werden, dass Nutzen nicht nur in der Produktivität liegt, sondern eben oft in einfachen Akten der Liebe und Fürsorge. Unsere Aufgabe kann darin bestehen, Zeit mit unseren Liebsten zu verbringen, ihnen zuzuhören und ihnen Trost zu spenden. Diese scheinbar »nutzlosen« Momente sind es, die unser Leben mit Bedeutung füllen und uns vor der Leere bewahren. Am Ende kann wirklich jeder Mensch für andere Menschen nützlich sein, solange er wirklich will.

In diesem Kapitel haben wir uns intensiv mit dem Konzept des Nutzens beschäftigt, dem Herzstück unseres Wertverständnisses und dem ersten Faktor der Wertformel Wert = *Nutzen* × Menschen × Seltenheit. Wir haben erkannt, dass Nutzen das Fundament ist, auf dem alle weiteren Werte aufbauen. Nutzen definiert sich durch seinen Einfluss auf das Leben von Menschen, sei es durch Produkte, Dienstleistungen oder persönliche Aktionen.

Wir haben gesehen, dass Nutzen aus der Perspektive des Empfängers bewertet wird und dass dieser nicht immer direkt mit der aufgewendeten Arbeit oder den eigenen Erwartungen übereinstimmt. Von meiner Kitesurf-Erfahrung bis zur Anekdote über den Experten, der genau wusste, wo er an der Maschine klopfen musste, haben wir gelernt, dass der wahre Nutzen oft im tieferen Verständnis und in der gezielten Aktion liegt, nicht in der bloßen Quantität der Anstrengung.

Darüber hinaus haben wir die Maslowsche Bedürfnishierarchie erkundet, die uns ein Rahmenwerk bietet, um zu verstehen, wie unterschiedlich Nutzen auf verschiedenen Ebenen der menschlichen Erfahrung wahrgenommen wird. Von den grundlegenden Bedürfnissen nach Nahrung und Sicherheit bis hin zu den höheren Anstrengungen nach Selbstverwirklichung und Transzendenz zeigt jedes Level, wie vielschichtig und komplex der Aspekt des Nutzens in unserem Leben verankert ist.

Reflektiere auch du, welche Fähigkeiten, Dienstleistungen oder Produkte du anderen anbietest und wie du den Nutzen dazu definierst, den du schaffst. Wie wird dieser Nutzen von anderen wahrgenommen? Gibt es Unterschiede zwischen deiner Wahrnehmung und der der Empfänger? Denke an die Dienstleistungen und Produkte, die du regelmäßig nutzt. Welchen Nutzen bieten sie dir? Gibt es Dinge, die du aus Gewohnheit oder Tradition verwendest, ohne dass sie einen wirklichen Nutzen für dich darstellen?

Während wir nun verstanden haben, was Nutzen bedeutet und wie er sich in unterschiedlichen Kontexten manifestiert, erkunden wir im nächsten Kapitel, wie wir diesen Nutzen maximieren können, indem wir ihn skalieren. Wir untersuchen, wie man Nutzen so erweitert, dass er so vielen Menschen wie möglich zugutekommt, ohne dabei seine Essenz zu verlieren.

KAPITEL 5
MENSCHEN UND SKALIERUNG

»Skalieren bedeutet, einen erfolgreichen Prozess zu vervielfältigen, nicht nur zu vergrößern.«

ELON MUSK

Menschen und deren Skalierung bilden den zweiten Faktor der Wertformel und sind absolut entscheidend, wenn dein Ziel objektiver Erfolg ist. Ob es um finanziellen Wohlstand, Berühmtheit oder den Aufbau eines erfolgreichen Unternehmens geht – all diese Aspekte benötigen Skalierung. Skalierung bedeutet nicht einfach nur Wachstum; es bedeutet, einen erfolgreichen Prozess so zu vervielfältigen, dass der Wert exponentiell zunimmt, indem der Nutzen so wenig wie möglich abnimmt und gleichzeitig eine immer größere Anzahl von Menschen erreicht wird. In diesem Kapitel gehen wir der Frage nach, wie du diesen Faktor strategisch nutzen kannst, um nicht nur deine Reichweite zu erweitern, sondern auch einen nachhaltigen und messbaren Erfolg in deinem gewählten Bereich zu erzielen. Hier lernst du, wie du durch die Vergrößerung deines Einflusses und deiner Wirkung die Welt um dich herum verändern und deine Ziele in greifbare Realität umsetzen kannst.

DER BESTE BURGER

Einmal saß ich mit einem guten Freund in unserem Lieblingscafé, um über die Feinheiten des Lebens zu philosophieren, als unser Gespräch sich unerwartet dem Thema der Skalierung zuwandte. Er lehnte sich zurück, sah mich mit einem schelmischen Lächeln an und fragte: »Was ist der beste Burger?« Sofort dachte ich an unser lokales Restaurant, einen kleinen, aber charmanten Laden, der für seine exquisiten handgemachten Burger bekannt war.

Bevor ich antworten konnte, lehnte er sich vor und sagte: »McDonald's.« Ich starrte ihn verdutzt an. »Was?!«, entfuhr es mir. Wie konnte er die industriell gefertigten Burger einer globalen Kette über die handwerkliche Qualität unseres heimischen Lokals stellen?

Er lachte und winkte ab. »Nicht der am besten schmeckende, mein Freund, sondern der, der sich am besten verkauft. Überall auf der Welt, in mehr als 100 Ländern.« Er machte eine Pause, um sicherzustellen, dass seine Worte Wirkung zeigten. »Das ist Skalierung! McDonald's erreicht Hunderte Millionen Menschen. Dein kleines Lieblingsrestaurant nicht mal 1000.«

Ich saß da, verblüfft über die Einfachheit und Tiefe seiner Aussage. Wenn es um den Nutzen eines Unternehmens geht, geht es nicht darum, was wir persönlich bevorzugen, sondern was global einen Nutzen bringt. McDonald's hat vielleicht nicht den geschmacklich besten Burger, aber sie hatten etwas erreicht, das weit über die Qualität eines einzelnen Produkts hinausgeht. Sie hatten eine Marke und ein System geschaffen, das weltweit anerkannt und zugänglich ist.

Diese Erkenntnis ließ mich über die wahre Natur von »objektivem Erfolg« nachdenken. Erfolg in der Geschäftswelt, und vielleicht auch im Leben, wird oft nicht durch individuelle Exzellenz, sondern durch die Fähigkeit zur Skalierung gemessen. Egal ob bei einem Unternehmen oder einem Superstar als Einzelperson: Es geht darum, ein Produkt oder eine Idee so anzupassen, dass sie überall akzeptiert und konsumiert werden kann, über kulturelle und geografische Grenzen hinweg. McDonald's repräsentiert nicht nur einen Burger; es repräsentiert ein Konzept von Universalität und Wiedererkennung, das zu globaler Präsenz führte. Es war eine Lektion in Sachen Skalierung, die mir zeigte, dass das »Beste« nicht immer das Leckerste ist, sondern oft einfach dasjenige, das die meisten Menschen erreicht.

Mir war zwar der Faktor »Skalierung von Menschen« in der Wertformel bewusst, doch nach diesem Gespräch ging ich mit einer noch höheren Wertschätzung für diesen Faktor nach Hause. Wenn man wirklich Einfluss nehmen und objektiven Erfolg haben will, muss man über den Tellerrand hinausschauen und Wege finden, Ideen, Produkte oder Dienstleistungen auf eine Weise zu skalieren, die die Welt berührt.

ZEHN EBENEN DER REICHWEITE

Wenn ich über die Skalierung und den Faktor »Anzahl der Menschen« in der Wertformel nachdenke, wird mir klar, dass es hierfür eine eigene Art von Hierarchie gibt, ähnlich der Maslowschen Bedürfnispyramide beim Nutzen. Diese Hierarchie der Skalierung teilt die Reichweite eines Produkts oder einer Idee in zehn exponentielle Ebenen ein:

1. 1 bis 10 Menschen
2. 11 bis 100 Menschen
3. 101 bis 1000 Menschen
4. 1000 bis 10.000 Menschen
5. 10.000 bis 100.000 Menschen
6. 100.000 bis 1 Million Menschen
7. 1 Million bis 10 Millionen Menschen
8. 10 Millionen bis 100 Millionen Menschen
9. 100 Millionen bis 1 Milliarde Menschen
10. 1 Milliarde bis 10 bzw. 8 Milliarden Menschen

Jede dieser Stufen stellt eine eigene Herausforderung und einen eigenen Meilenstein dar. Der Sprung von 1 zu 10 Nutzern mag einfach erscheinen, doch hinter dem Übergang von 100 Millionen zu 1 Milliarde stehen völlig andere Strategien, andere Ressourcen und Innovationen. Diese Skalierung ist nicht linear, sondern erfordert eine exponentielle Verstärkung von Anstrengungen, Anpassungen und Verständnis.

Wenn ich zum Beispiel an mein eigenes Leben denke, wie ich Nutzen auf bis zu zehn Menschen skaliere, so fallen mir sofort meine drei Kinder ein. Durch gemeinsames Spielen und Aktivitäten will ich voll fokussiert Nutzen und Freude in ihr Leben bringen – eine Art von Nutzen, der die emotionale Bindung stärkt und wichtige Entwicklungsschritte fördert. Etwas, das ich so nicht auf Hunderte oder gar Tausende Menschen skalieren könnte.

Zum Beispiel verwandle ich unser Wohnzimmer oft in eine bunte Spielwelt. Mit weichen Matten auf dem Boden, Kissenburgen und einer Auswahl an altersgerechten Spielsachen wird unser Wohnzimmer zu einem sicheren und einladenden Spielplatz. Wir beginnen mit einem einfachen Stapelspiel, bei dem mein Ältester mit Begeisterung bunte Blöcke aufeinandertürmt, während ich ihm helfe, die Balance zu halten und die Farben zu benennen.

Als Nächstes kommt das Versteckspiel an die Reihe, ein einfaches, aber aufregendes Spiel, das die räumliche Wahrnehmung und das Gedächtnis fördert. Ich verstecke mich irgendwo im Raum und ermutige die Kinder, mich zu finden, wobei ich immer wieder Hinweise gebe. Ihre Gesichter leuchten vor Freude auf, wenn sie das Versteck entdecken und mich finden.

Oder wir setzen uns alle für eine kurze Vorlesezeit zusammen. Ich wähle ein buntes Bilderbuch aus, dessen einfache Geschichte und leuchtende Illustrationen ihre Aufmerksamkeit fesseln. Sie kuscheln sich an mich, während ich lese, und der Älteste beginnt, auf die Bilder zu zeigen und Fragen zu stellen. Es ist ein Moment des ruhigen Lernens und der Verbindung, der zeigt, wie Geschichten die Fantasie anregen und die Sprachentwicklung fördern.

Diese einfachen, aber bedeutungsvollen Aktivitäten stellen nicht wirklich skalierten Nutzen dar, jedoch schaffe ich so ganz besondere Momente und Bindung. Es ist eine Erinnerung daran, dass der Nutzen, den wir als Eltern bringen, oft in den einfachen Momenten des Zusammenseins liegt. In der Welt der Skalierung und des Wachstums, zum Beispiel im Unternehmertum, gehe ich das jedoch anders an. Erstens weil ich mich hier nicht nur auf ein paar Wenige konzentrieren kann oder will, sondern auch weil andere Strategien deutlich mehr Wert und somit mehr Einkommen generieren – im großen Unterschied zur Wertgenerierung in der Beziehung mit meinen drei Kindern.

Ende 2017 zum Beispiel, als die Kryptowährungen im Rampenlicht standen und jeder von Bitcoins rasantem Aufstieg hörte, befand ich mich vor einer meiner größten Herausforderungen und zugleich Chancen: Ich sollte einen Vortrag vor 1000 Menschen im Audimax in Wien halten. Die Vorbereitungen waren intensiv. Social-Media-Kampagnen, E-Mail-Marketing und Kooperationen mit lokalen Kryptogruppen waren nur der Anfang. Ich nutzte jede Online-Marketing-Strategie, die ich kannte, um sicherzustellen, dass die Veranstaltung ein voller Erfolg werden würde. Die Resonanz war überwältigend und das Interesse wuchs von Tag zu Tag.

Als der Tag des Vortrags kam, war die Luft wie elektrisiert. Die Leute, die vor dem Audimax standen, waren Neugierige, Enthusiasten und Investoren, alle begierig darauf, mehr über die Zukunft der Kryptowährungen zu erfahren. Unter ihnen war auch Harald Mahrer, der damalige Wirtschaftsminister, dessen Anwesenheit die Bedeutung des Ereignisses unterstrich. Der Moment, als ich die Bühne betrat, war unvergesslich. Der ganze Saal richtete seine Aufmerksamkeit auf mich und die Zuhörer lauschten jedem meiner Worte. Ich sprach über die Potenziale der Blockchain-Technologie, über die Risiken und Chancen von Kryptowährungen und darüber, wie diese neue Welt das Verständnis von Geld und Transaktionen verändern könnte.

Dieser Moment des Teilens war kraftvoll und aufregend. Das Event brachte mir Anerkennung und erweiterte meinen Einfluss, machte mich bekannter in der Welt der Kryptoinvestoren und trug dazu bei, mein Netzwerk und meine Reputation zu stärken. Betrachtet man dieses Beispiel der Wertformel, so ist es von der Begeisterung und dem Rausch einer großen Menschenmenge geprägt. Viel Ruhm und Anerkennung. Die intensive Verbindung, die ich mit meinen Kindern habe, ist von anderer Natur als die Anerkennung, die ich von dieser Menschenmenge erhalten habe. Mit meinen Kindern teile ich nicht nur mein Wissen, sondern auch mein Herz und meine Seele. Sie kennen mich nicht als Redner oder Experten, sondern einfach als ihren Vater. Diese beiden Welten, die große Bühne und das familiäre Heim, repräsentieren die Vielfalt des Nutzens, den ich in meinem Leben bringe. Einerseits die Möglichkeit, Wissen und Einfluss in großem Maßstab zu teilen, andererseits die stille, aber tiefgreifende Freude, Liebe und Bindung zu fördern. Beide sind wertvoll, beide sind Teil dessen, wer ich bin, und beide zeigen auf ihre Weise, wie vielfältig und reichhaltig das Konzept des Nutzens sein kann.

Ziehe ich die Skalierung weiter, so kommt mir meine Firma Cake in den Sinn. Vor fünf Jahren setzten wir einen mutigen Traum in die Tat um: die komplexe Welt der Kryptowährungen für jeden zugänglich zu machen. Es war eine Reise voller Herausforderungen, Entdeckungen und Erfolge. Jetzt, nach einem halben Jahrzehnt, schaue ich zurück auf einen Weg, der uns zu über einer Million Kunden geführt hat. Unsere erste Aufgabe war es damals, unsere Zielgruppe zu verstehen. Wir tauchten in die Welt der Kryptoenthusiasten und Anfänger ein, führten Umfragen durch, besuchten Foren und studierten ihre Bedürfnisse. Wir machten Einfachheit zu unserem Kernprinzip. Jeder Aspekt von Cake, vom User-Interface bis hin zu den angebotenen Dienstleistungen, wurde mit dem Gedanken der einfachen Zugänglichkeit gestaltet.

Wir wussten, dass Bildung der Schlüssel ist. Also starteten wir eine Reihe von Webinaren, schrieben Blogs und erstellten Tutorials, die nicht nur die Funktionsweise von Cake erklärten, sondern auch die Grundlagen der Kryptowährungen. Unsere Plattform wurde schnell zu einem Ort des Lernens und des Wachstums. Unsere Marketingstrategie war vielschichtig. Wir nutzten Content-Marketing, um wertvolle Einsichten zu teilen, die uns als vertrauenswürdige Stimme in der Krypto-Community etablierten. Über Social Media verbanden wir uns mit unserer wachsenden Anhängerschaft, während gezieltes E-Mail-Marketing half, unsere Nutzerbasis aktiv und engagiert zu halten. Partnerschaften mit Schlüsselfiguren in der Kryptowelt verstärkten unsere Glaubwürdigkeit und Reichweite.

Jetzt, fünf Jahre später, hat über eine Million Menschen durch Cake den Sprung in die Welt der Kryptowährungen gewagt. Der Wert für sie liegt in einem kleinen bisschen Nutzen, welchen wir als Unternehmen extrem stark skaliert haben. Weniger Nutzen als beim Event in Wien, wo ich vor 1000 Menschen stand, und noch einmal deutlich weniger als die Momente mit meinen drei Kindern, doch die Skalierung des Nutzens ist bei meiner Firma um Potenzen höher.

Die Reise mit Cake und die Momente mit meinen Kindern zeigen, dass Erfolg und Wert viele Formen annehmen können. Die Skalierung repräsentiert verschiedene Reichweiten von Einfluss und Bindung, von den intimsten Momenten mit meinen Kindern über die direkte, aber flüchtigere Interaktion mit einem großen Publikum, bis hin zur weitreichenden indirekten Beziehung mit Millionen von Nutzern. Der wahre Sinn im Leben liegt darin, Leben zu berühren und zu verbessern, sei es im großen oder kleinen Maßstab, mit großem oder kleinem Nutzen. Von der Million Kunden, die durch unsere Plattform ermächtigt werden, bis zu den drei kleinen Herzen, die ich jeden Abend ins Bett bringe. In den Augen der drei kleinen Zwerge bin ich nicht der Gründer von Cake, sondern einfach Papa – ihr Held, Lehrer und Spielgefährte.

Bringen wir nun das Thema Skalierung auf eine noch höhere Ebene. In einer Welt, die durch die digitale Revolution geformt wurde, stehen wir an einem Punkt, an dem wir praktisch jeden Menschen mit dem richtigen Nutzen erreichen können. Lassen wir uns von der Geschichte eines Giganten inspirieren, welcher Nutzen auf Milliarden von Menschen skaliert hat: Facebook.

In den frühen Tagen von Facebook ging es um die Verbindung von College-Studenten. Doch bald wurde klar, dass das Potenzial weit darüber hinausging. Es war nicht nur die Anzahl der Nutzer, die zunahm, sondern auch die Tiefe und Breite der Verbindungen. Als die Nutzerzahl in die Millionen und dann in die Milliarden ging, wurde Facebook zu einem globalen Phänomen. Es war nicht nur ein Ort für Freunde, um in Kontakt zu bleiben, sondern auch eine Plattform für Unternehmen, um Kunden zu erreichen, für Aktivisten, um Bewegungen zu schaffen, und für Einzelpersonen, um ihre Stimme zu finden.

Mit jedem neuen Nutzer, jedem geteilten Beitrag und jeder erstellten Gruppe stieg der Wert von Facebook. Dieser Wert wurde nicht nur in der Anzahl der Nutzer gemessen, sondern auch in den Daten, die sie generierten, und den Verbindungen, die sie schufen. Die Geschichte von Facebook zeigt, dass Skalierung in verschiedenen Dimensionen stattfindet. Während ich mit Cake einen spezifischen Nutzen für eine deutlich kleinere Nutzergruppe skalierte, erreichte Facebook eine Skalierung auf Milliarden von Menschen, welche somit die Welt veränderte. Die Plattform wurde zu einem unverzichtbaren Teil des täglichen Lebens vieler Menschen und ist nun Hunderte Milliarden Euro wert. Zu Recht.

NUTZEN FÜR MASCHINEN

Bislang haben wir uns hauptsächlich auf Menschen als Empfänger und Treiber der Nachfrage konzentriert. Wir leben in einer Welt, in der menschliche Bedürfnisse, Wünsche und Interaktionen den Markt bestimmen. Doch was passiert, wenn wir in eine Zukunft blicken, in der Maschinen eine ebenso wichtige Rolle spielen könnten? In einer Welt, in der künstliche Intelligenz und maschinelles Lernen immer fortgeschrittener werden, könnte sich bald ein Szenario zeigen, in dem Maschinen nicht nur Werkzeuge sind, sondern aktive Teilnehmer am Markt. Sie könnten Entscheidungen treffen, Produkte kaufen und vielleicht sogar eigene Bedürfnisse entwickeln. Wie würde das unser Verständnis von Skalierung und Wert verändern?

Die Zukunft könnte eine erweiterte Wertformel erfordern, die nicht nur die menschliche Nachfrage, sondern auch die potenzielle »Nachfrage« durch Maschinen berücksichtigt. Wie würde sich unsere Strategie ändern, wenn wir Produkte oder Dienstleistungen nicht nur für Milliarden von Menschen, sondern auch für eine unbekannte Anzahl von Maschinen skalieren müssten? Was bedeutet es, in einer Welt erfolgreich zu sein, in der nicht nur die Anzahl der Menschen, sondern auch die Anzahl der Maschinen exponentiell wächst? Wie bereiten wir uns auf eine Zukunft vor, in der die Grenzen zwischen menschlicher und maschineller Nachfrage verschwimmen?

Wenn ich in diese Gedankenspiele eintauche, wird mir bewusst, dass wir alle die Reise des Verständnisses von Wert, Skalierung und Erfolg gerade erst begonnen haben. Wir stehen an der Schwelle zu einer neuen Ära, und es ist an uns, die Karten neu zu mischen und Wege zu finden, in dieser aufregenden, ungewissen Zukunft zu navigieren und zu gedeihen.

SKALIERUNG FÜR GENERATIONEN

In der facettenreichen Landschaft der Wirtschaft und des Konsums spielen die unterschiedlichen Positionen von Generationen wie den Babyboomern und den Millennials eine entscheidende Rolle. Ihre kollektiven Verhaltensweisen und Präferenzen sind wie Strömungen, die die Märkte prägen und lenken. Die Fähigkeit, das Verhalten und die Trends dieser Gruppen vorherzusagen, ist daher nicht nur faszinierend, sondern auch von enormer Bedeutung für Unternehmen, Marketer und Entscheidungsträger.

Nehmen wir zum Beispiel meine Eltern, welche zur Generation der Babyboomer gehören. Mein Vater hat sein Leben lang gearbeitet und steht nun vor einer neuen Lebensphase, dem Ruhestand. Für Unternehmen ist es von entscheidender Bedeutung vorherzusehen, was er als Nächstes benötigen könnte. Wird er sein Geld in Gesundheitsdienstleistungen investieren? Oder bevorzugt er es, seine Ersparnisse für luxuriöse Reisen auszugeben? Diejenigen, die die Bedürfnisse und Wünsche meines Vaters vorausahnen können, sind diejenigen, die erfolgreich sein werden, indem sie nützliche Produkte und Dienstleistungen für diese Generation skalieren können.

Meine eigene Generation ist die der Millennials, die in einer Welt des ständigen Wandels aufgewachsen ist. Unsere Leben waren immer schnelllebig und von einem starken Bewusstsein für globale Themen geprägt. Die Herausforderung besteht darin vorauszusehen, wie meine Generation, welche nun immer mehr zu Wohlstand kommt, die Welt sehen wird und was sie von den Marken erwartet, denen sie ihr Geld und ihr Vertrauen schenkt. Werden wir weiterhin Technologien favorisieren, die unsere Leben vereinfachen und verbinden? Wie stark werden hingegen ethische und ökologische Werte unsere Kaufentscheidungen beeinflussen? Das Verständnis und die Vorhersage des Verhaltens solcher demografischer Gruppen sind von unschätzbarem Wert. Sie ermöglichen es, Trends zu antizipieren, Innovationen voranzutreiben und Strategien zu entwickeln, die mit den sich verändernden Bedürfnissen und Werten der Menschen Schritt halten. Unternehmen, die in der Lage sind, die Zeichen der Zeit zu lesen und entsprechend zu handeln, können sich anpassen und gedeihen.

Als Vater dreier Kinder, welche zur Generation Alpha zählen, die Kinder des neuen Jahrtausends, blicke ich in eine Zukunft bahnbrechender technologischer und sozialer Veränderungen. Diese Generation wächst in einer Welt auf, in der die physischen Grenzen mit den digitalen verschwimmen; in der künstliche Intelligenz, Robotik und das Internet der Dinge nicht nur Konzepte, sondern alltägliche Realitäten sind. Die Frage des Nutzens für die Generation Alpha ist somit nicht nur, wie wir Dienstleistungen und Produkte skalieren, sondern auch, wie wir diese Technologien und das Wissen von heute so anpassen und verbessern können, dass sie den sich wandelnden Bedürfnissen und Werten dieser neuen Generation gerecht werden.

In einer Welt, die zunehmend vernetzt ist, wird die Skalierung von Nutzen für die Generation Alpha bedeuten, Bildungssysteme zu schaffen, die auf Kreativität, kritisches Denken und Anpassungsfähigkeit fokussieren. Es wird darum gehen, Plattformen und Räume zu schaffen, in denen diese jungen Menschen sich sicher ausdrücken und entdecken und mit Gleichaltrigen aus der ganzen Welt verbinden können. Wir werden sehen, wie personalisiertes Lernen nicht nur eine Option, sondern eine Notwendigkeit wird, angepasst an die individuellen Lernstile und Interessen jedes Kindes, unterstützt durch KI und maschinelles Lernen. In allem, was wir tun, um Nutzen für die Generation Alpha zu skalieren, müssen wir darauf achten, dass wir nicht nur eine Welt des technologischen Fortschritts, sondern auch eine der Menschlichkeit, des Mitgefühls und der Verbundenheit schaffen. Denn letztendlich wird der wahre Wert, den wir skalieren, nicht nur in den Produkten und Dienstleistungen liegen, die wir anbieten, sondern in der Art und Weise, wie wir diesen jungen Menschen ermöglichen, ihr volles Potenzial zu entfalten und die Welt zum Besseren zu verändern.

NICHT SKALIERBARER NUTZEN

Während wir in eine Zukunft blicken, in der die Skalierung des Nutzens maßgeblich den Wert definiert, müssen wir auch Wege finden, diejenigen zu würdigen und zu unterstützen, deren Arbeit unerlässlich, aber von Natur aus nur schwer skalierbar ist. Nehmen wir das Beispiel von Krankenpflegern: Sie leisten unermessliche Dienste, indem sie sich um die Gesundheit und das Wohlergehen der Menschen kümmern, oft unter stressigen und emotional belastenden Bedingungen. Trotz des hohen persönlichen und sozialen Nutzens, den sie liefern, können sie ihre Leistungen nicht wirklich skalieren. Ein Krankenpfleger kann immer nur eine bestimmte Anzahl von Patienten gleichzeitig betreuen. Diese fehlende Skalierbarkeit führt oft zu einer Unterbezahlung, die nicht der enormen Wichtigkeit ihrer Arbeit entspricht.

Anders als ein Software-Entwickler, dessen Programm von Millionen Menschen genutzt werden kann, oder ein Finanzberater, dessen Anlagestrategien über diverse Kanäle verbreitet und multipliziert werden können, ist die Arbeit eines Krankenpflegers intrinsisch nur schlecht skalierbar. Jede Patienten-Interaktion erfordert Zeit, Sorgfalt und persönliche Aufmerksamkeit. Diese Eins-zu-eins-Natur ihrer Arbeit begrenzt die Anzahl der Menschen, denen sie dienen können, und damit auch ihr Einkommenspotenzial.

Die Gesellschaft erkennt oft nicht den wahren Wert der Berufe an, die sie am dringendsten benötigt. Krankenpfleger sind essenziell für das Gesundheitssystem, und doch spiegelt ihr Gehalt nicht die Bedeutung ihrer Rolle wider. Ihre Arbeit ist emotional und physisch anstrengend, und sie sind oft mit Unterbesetzung und langen Arbeitszeiten konfrontiert. Diese Diskrepanz zwischen dem gelieferten Nutzen und der erhaltenen Entschädigung ist ein bedeutendes soziales Problem. In solchen Fällen, in denen der freie Markt derzeit nicht gewillt ist, angemessene Entschädigungen zu liefern, muss der Staat eine wichtige Rolle spielen. Ansonsten bewegen sich Arbeitnehmer weg von nicht skalierbaren Berufen hin zu skalierbaren Berufen, was am Ende zu einem großen Schaden in der Gesellschaft führt, wenn nicht vorab darauf reagiert wird. Durch Subventionen, verbesserte Arbeitsbedingungen, angemessene Entlohnung und Anerkennungsprogramme kann der Staat dazu beitragen, die Kluft zwischen dem Wert der geleisteten Dienste und der Entschädigung zu verringern. Diese Interventionen helfen nicht nur, die Lebensqualität der Beschäftigten zu verbessern, sondern sichern auch die Qualität und Verfügbarkeit dieser lebenswichtigen Dienste. Neue Roboter-Technologien etwa könnten ebenfalls eine Rolle spielen, indem einige Aspekte der Pflege automatisiert werden, was den Pflegern ermöglicht, sich auf die komplexeren und menschlicheren Aspekte ihrer Arbeit zu konzentrieren und somit ihren Nutzen doch irgendwie zu skalieren.

DIE DOSIS BESTIMMT DIE WIRKUNG

Während wir das Kapitel der Skalierung und der Ausweitung der Reichweite schließen, sollten wir kurz innehalten und über den Balanceakt dieses Wachstums nachdenken. Es geht nicht nur darum, wie weit du gehen kannst, sondern auch darum, wie du diese Reise beschreitest. Das Konzept der Skalierung ist im Kern ein Spiel zwischen Quantität und Qualität, zwischen der Ausweitung des Nutzens und der Aufrechterhaltung oder Verbesserung des Nutzens. Dieses Spannungsfeld ist der Dreh- und Angelpunkt vieler geschäftlicher Entscheidungen und führt oft zu einem Dilemma: Soll man den Nutzen reduzieren, um mehr Menschen zu erreichen, oder sollte man stattdessen den Nutzen steigern, selbst wenn das bedeutet, dass weniger Menschen davon profitieren? Wir werden noch ausführlich in Kapitel 8, »Business und Unternehmertum«, darüber diskutieren, denn eine Entscheidung zwischen den beiden Ansätzen ist nicht einfach.

Philosophisch gesehen wirft die Frage wichtige Überlegungen zum Wert und Zweck unseres Schaffens auf. Was ist unser oberstes Ziel? Geht es darum, so viele Menschen wie möglich zu erreichen und maximalen monetären Wert zu erlangen, oder wollen wir einen tiefgreifenden und qualitativen Nutzen bieten, auch wenn das bedeutet, dass weniger Menschen davon profitieren? Wie messen wir Erfolg und was sind unsere ethischen Verpflichtungen denen gegenüber, die wir bedienen? Letztlich gibt es keine universelle Antwort auf dieses Dilemma. Die Entscheidung hängt von den spezifischen Zielen, Werten und Umständen jedes Einzelnen oder jeder Organisation ab.

Was jedoch klar ist: Das Verständnis und die sorgfältige Abwägung solcher Fragen sind entscheidend, um bewusst und verantwortungsvoll Nutzen zu skalieren und sich auf den einen oder anderen Faktor der Wertformel eher zu konzentrieren. Will man Qualität und tiefgründige Beziehungen, fokussiert man sich auf Qualität und Nutzen. Will man lieber Quantität und Geld, fokussiert man sich auf Skalierung über Menschen: Wert = Nutzen × *Menschen* × Seltenheit.

Nachdem wir nun die vielschichtige Welt der Skalierung erkundet haben, die Balance zwischen der quantitativen Ausweitung unserer Nutzerbasis und der qualitativen Verbesserung unseres Angebots, stehen wir nun an der Schwelle zu einem weiteren faszinierenden Aspekt unserer Reise der Wertformel: Seltenheit. Seltenheit ist der Multiplikator von Nutzen und Menschen, eine Dimension, die das, was wir bieten, einzigartig und wertvoll macht.

KAPITEL 6
SELTENHEIT

»Wo Worte selten sind, haben sie Gewicht.«

WILLIAM SHAKESPEARE

Seltenheit ist ein oft missverstandenes, aber faszinierendes Konzept. Manchen mag Seltenheit als der absolut wichtigste Faktor in der Wertformel erscheinen, der eine extreme Anziehungskraft auf Menschen haben kann. Für andere ist Seltenheit relativ irrelevant und sie achten lediglich auf Nutzen.

In Wahrheit ist Seltenheit ein reiner Multiplikator, der die Wertschätzung für ein Objekt oder eine Idee und das Begehren daran exponentiell steigern kann. Voraussetzung ist, dass das Objekt oder die Idee bereits für viele Menschen nützlich ist. Etwas, das nicht nützlich ist, kann noch so rar sein, es wird deshalb nicht wertvoll. Um dies zu vertiefen, betrachten wir drei Beispiele. Zwei davon veranschaulichen, wie Seltenheit etwas extrem wertvoll macht; das dritte zeigt, wie etwas Seltenes eben nicht wertvoll wird, weil es nur wenig Nutzen hat.

VINCENT VAN GOGH

Widmen wir uns den Gemälden von Vincent van Gogh. Während seiner Lebenszeit weitgehend unbeachtet, gehören seine Werke heute zu den wertvollsten und verehrtesten Kunstwerken der Welt. Was macht sie so besonders? Es ist primär der unbestreitbare künstlerische Wert vieler Werke wie etwa der *Sternennacht* oder der *Sonnenblu-*

men. Die Emotionen und Gefühle, welche solche Bilder hervorrufen, verbunden mit der dramatischen Lebensgeschichte van Goghs, können von vielen Menschen ganz einfach nachempfunden werden. Es ist jedoch dann die Seltenheit dieser Kunstwerke, die sie so begehrenswert macht und die den Wert der Bilder auf mehrere Millionen Euro ansteigen ließ. Van Gogh malte in seinem kurzen Leben nur eine begrenzte Anzahl von Bildern und kein weiteres wird jemals wieder erschaffen werden. Diese Unwiederholbarkeit und Knappheit machen jedes seiner Werke zu einem unschätzbaren Schatz, dessen Wert durch seine Seltenheit multipliziert wird. Sammler und Museen weltweit konkurrieren um den Besitz dieser seltenen Stücke, was ihren Wert auf dem Markt in die Höhe treibt.

ROTE DIAMANTEN

Ein weiteres eindrucksvolles Beispiel für die Kraft der Seltenheit sind rote Diamanten. Diamanten an sich gelten schon als wertvoll. Sie wurden über die Jahrhunderte zu einem Symbol des Reichtums und Status. Sie zu besitzen oder zu verschenken ist oft ein Zeichen von Prestige und Macht. In vielen Kulturen symbolisiert der Besitz von Diamanten Erfolg und sozialen Status. Häufig sind sie mit emotional bedeutenden Ereignissen verbunden wie Verlobungen, Hochzeiten und Jubiläen. Diese Assoziationen verleihen ihnen einen Nutzen – und somit Wert –, der über das Materielle hinausgeht. Sie werden zu Symbolen der Liebe, der Hingabe und des persönlichen Gedenkens.

Rote Diamanten sind jedoch eine Klasse für sich. Sie gehören zu den weltweit seltensten Edelsteinen und nur eine Handvoll wird jedes Jahr gefunden. Diese extreme Seltenheit macht sie unglaublich wertvoll. Einen roten Diamanten zu besitzen bedeutet nicht nur, einen außergewöhnlichen Edelstein sein Eigen zu nennen, sondern auch ein Stück Seltenheit, das fast unmöglich zu replizieren ist. Der Wert eines roten Diamanten liegt somit nicht nur im Nutzen der anderen »normalen« Diamanten, sondern obendrauf in der Tatsache, dass es so wenige davon gibt. Diese Seltenheit verleiht ihm einen Prestigewert weit außerhalb des bereits beträchtlichen materiellen Werts, der dadurch den Wert der anderen Diamanten übertrumpft.

In beiden Beispielen sehen wir, wie Seltenheit als Multiplikator wirkt. Sie verwandelt bereits geschätzte Objekte in legendäre und begehrenswerte Schätze. Dies ist essenziell zu verstehen: Nur auf bereits nützliche Dinge kann der Faktor Seltenheit als Multiplikator wirken.

PAINIT

Ein interessantes Beispiel für etwas Seltenes, das nicht wirklich wertvoll ist, weil es keinen nützlichen Zweck erfüllt, ist der Fall eines Minerals namens Painit. Es galt einst als eines der seltensten Minerale auf der Erde. Entdeckt in den 1950er-Jahren in Myanmar gab es über mehrere Jahrzehnte hinweg nur wenige bekannte Exemplare. Durch diese extreme Seltenheit glaubten Mineraliensammler und Geologen, dass es sehr wertvoll sei.

Trotz seiner Seltenheit blieb der Wert von Painit jedoch relativ begrenzt. Während einige Sammler und Naturwissenschaftler vielleicht bereit wären, für ein Exemplar einen höheren Betrag zu zahlen, so erreicht der Marktwert nicht annähernd den anderer seltener, aber nützlicher Gegenstände oder Materialien. Painit bietet über seine Seltenheit hinaus keinen wirklichen Nutzen. Es wird nicht wie Kupfer in der Elektronik verwendet. Es hat keine besonderen chemischen Eigenschaften, die es für industrielle Prozesse nützlich machen könnten. Obwohl Painit in verschiedenen Farben, meist bräunlich oder rot, vorkommen kann und für einige Sammler ästhetisch ansprechend sein mag, fehlt ihm auffallende Schönheit oder ein einzigartiger Glanz, wodurch sich Edelsteine wie Diamanten oder Rubine auszeichnen. Für die Schmuckherstellung ist Painit daher so gut wie unbrauchbar.

Painit ist ein perfektes Beispiel dafür, dass Seltenheit allein nicht ausreicht, um Wert zu generieren. Ohne einen praktischen, ästhetischen oder emotionalen Nutzen bleibt selbst das Seltenste oft nur eine Kuriosität. Dies unterstreicht die Tatsache, dass Seltenheit eben ein potenzieller Multiplikator von »Nutzen für Menschen« ist, aber nicht allein für Wert ausreicht. Dieser entsteht lediglich aus der Kombination aller drei Faktoren der Wertformel.

SELTENHEIT MACHT WERT DYNAMISCH

Wert ist nicht inhärent oder statisch, sondern wird durch Umstände und Kontext stark beeinflusst – vor allem, wenn etwas seltener oder häufiger wird. Das einfache Beispiel von trinkbarem Wasser, das in der Wüste wertvoller ist als auf einem Berg an einer frischen Quelle, illustriert eindrucksvoll, wie Wert durch den Faktor Seltenheit dynamisch geformt wird, solange Nutzen und Menschen in der Wertformel annähernd gleich bleiben.

Wasser, das reichlich aus einer frischen Bergquelle fließt, wird als wenig wertvoll wahrgenommen. Das liegt nicht am fehlenden Nutzen des Wassers, denn dieser ist immens: H_2O ist für jeden Menschen absolut lebensnotwendig und gesund. Der »Nutzen für viele Menschen« wäre also extrem hoch in der Wertformel. Doch es ist die fehlende Seltenheit am Berg, die dazu führt, dass Wasser fast seinen gesamten Wert verliert. Wasser ist dort leicht zugänglich und reichlich vorhanden und so würde niemand in diesem Kontext 100 Euro für 1 Liter Wasser bezahlen.

Vergleicht man die Situation mit der erbarmungslosen Hitze und Trockenheit in einer Wüste, wird Wasser dort plötzlich zu einem kostbaren Gut. Der Nutzen von Wasser ist weitgehend unverändert – es ist lebensnotwendig, weiterhin für alle Menschen. Im Gegensatz zur Bergquelle ist Wasser in der Wüste jedoch äußerst selten und schwer zu finden. Diese Seltenheit, kombiniert mit dem hohen Nutzen für alle Menschen, macht jeden Tropfen Wasser extrem wertvoll. In diesem Kontext wird Wasser nicht als selbstverständlich angesehen, sondern als kostbare Ressource, die überlebenswichtig ist und für die viele Menschen ihr ganzes Hab und Gut geben würden, wenn sie am Verdursten wären.

Diese beiden Szenarien zeigen, dass der Wert eines Objekts oder einer Ressource nicht feststeht, sondern sich entsprechend der äußeren Umstände ändern kann. Was in einem Kontext wertvoll ist, kann in einem anderen Kontext alltäglich sein. Wert ist also nicht nur eine Funktion des Objekts selbst, sondern auch seiner Umgebung und Verfügbarkeit. Die Wertformel – Wert = Nutzen × Menschen × Seltenheit – ist ein dynamisches Konstrukt, das erklärt, warum Wasser in verschiedenen Kontexten unterschiedlich bewertet wird.

Dieses Beispiel führt uns zu einer tiefergehenden philosophischen Reflexion über den relativen Wert und unsere Wahrnehmung von Bedürfnissen und Ressourcen. Es fordert uns auf, über die Kontexte unserer eigenen Umgebung nachzudenken und zu erkennen, dass das, was wir als selbstverständlich betrachten, anderswo ein Luxus sein könnte. Es ist auch eine Erinnerung daran, dass unsere dringendsten Bedürfnisse oft die einfachsten sind.

Mehr oder weniger Seltenheit heißt aber nicht unbedingt gleichzeitig mehr oder weniger Wert. Ein anschauliches Beispiel, bei dem weniger Seltenheit trotzdem zu mehr Wert führt, weil dafür der Nutzen gestiegen ist sowie der Bedarf bei den Menschen, ist das Internet.

DAS INTERNET: WENIGER SELTEN IST WERTVOLLER

In den Anfangstagen war der Zugang zum Internet selten und hauptsächlich auf Forschungseinrichtungen und Universitäten beschränkt.

Es war ein exklusives Tool mit begrenzter Reichweite und Anwendung. Man möchte meinen, das Internet vor 2000 muss extrem wertvoll gewesen sein, weil nur wenige Menschen Zugang hatten. Aber sein Nutzen war relativ beschränkt und für nur wenige Menschen interessant – sein Wert somit ziemlich limitiert.

Mit der Zeit wurde der Internetzugang immer weniger selten. Diese Abnahme der Seltenheit hat jedoch, anders als beim Beispiel vom Wasser, nicht zu einem Wertrückgang geführt. Im Gegenteil: Der Wert des Internets ist exponentiell gestiegen, aber aus anderen Gründen als dem der Seltenheit. Der entscheidende Faktor war der dramatische Anstieg des Nutzens, den das Internet bietet. Mit der globalen Vernetzung, Informationsfreigabe, digitalen Diensten und Plattformen für soziale Medien hat das Internet die Art und Weise, wie wir arbeiten, lernen, kommunizieren und uns unterhalten, revolutioniert. Der Nutzen des Internets ist in alle Lebensbereiche eingedrungen, was seine Bedeutung und seinen Wert enorm gesteigert hat.

Gleichzeitig ist die Nachfrage nach einem Internetzugang sprunghaft angestiegen. Mit zunehmender Digitalisierung aller Lebensbereiche ist das Internet von einer netten Zusatzfunktion zu einer absoluten Notwendigkeit geworden. Die Anzahl der Menschen, die auf das Internet angewiesen sind, hat sich vervielfacht, und diese gestiegene Nachfrage hat seinen Wert weiter vergrößert.

Wir sehen, dass zunehmende oder sinkende Seltenheit allein nicht immer ein Indikator für steigenden oder fallenden Wert ist. Tatsächlich kann in einigen Fällen eine Abnahme der Seltenheit zu einem gesteigerten Gesamtwert führen, wenn sie mit einem signifikanten Anstieg des Nutzens und einer steigenden Nachfrage einhergeht. Oft liegt der wahre Wert eines Produkts oder einer Dienstleistung in seiner Fähigkeit, menschliche Bedürfnisse und Wünsche zu erfüllen, und nicht nur in seiner Verfügbarkeit.

RAR, LIMITIERT, KNAPP

Das Adjektiv *selten* wird in Diskussionen über Wert, Verfügbarkeit und Wirtschaft oft synonym mit drei anderen Begriffen verwendet: rar, limitiert und knapp. Obwohl die Wörter etwas Ähnliches bedeuten, haben sie jeweils ihre eigenen Nuancen und Kontexte.

RAR:

Rar betont, ähnlich wie *selten,* die Schwierigkeit, auf das gewünschte Objekt oder Phänomen zu stoßen. *Rar* kann in ähnlichen Kontexten wie *selten* verwendet werden, trägt aber oft eine stärkere Konnotation von Exklusivität und Kostbarkeit. Man spricht etwa von einem »raren Rohstoff«, der besonders wertvoll oder erstrebenswert ist, wenn man ihn findet.

LIMITIERT:

Limitiert bezieht sich auf etwas, dessen Menge beschränkt ist. Ein limitierter Artikel ist in seiner Verfügbarkeit begrenzt, oft durch menschliche Entscheidungen oder sein Design. Limitierte Auflagen von Produkten wie Kunstwerken, Sammlerstücken oder sogar Sondereditionen von Technologieprodukten sind bewusst in ihrer Verfügbarkeit begrenzt. Diese Begrenzung kann den Wert steigern, da sie das Gefühl von Exklusivität und Einzigartigkeit verstärkt. Wenn du etwas Limitiertes besitzt, weißt du, dass nur eine bestimmte Anzahl davon existiert.

KNAPP:

Knapp bezeichnet eine Situation, in der die Verfügbarkeit einer Ressource oder eines Produkts nicht ausreicht, um die Nachfrage zu decken. Knappheit kann auf natürliche Begrenzungen, Produktionsprobleme oder andere Faktoren zurückzuführen sein. Der Begriff Knappheit wird oft in wirtschaftlichen oder ökologischen Diskussionen verwendet. Beispielsweise kann Wasser in einer Dürreperiode knapp werden, was seinen Wert und die Dringlichkeit, es zu erhalten und klug zu nutzen, erhöht. In der Wirtschaft kann die Knappheit eines Produkts dazu führen, dass der Käufer mehr bezahlen muss, um es zu erwerben, oder dass er nach Alternativen suchen muss.

DIE FÜNF EBENEN DER SELTENHEIT

Während wir beim Faktor Nutzen die Maslow-Pyramide als Maßstab genommen haben und beim Faktor (Anzahl der) Menschen eine Tabelle mit zehn exponentiell ansteigenden Ebenen, können wir die Verfügbarkeit von Ressourcen, Produkten oder Dienstleistungen in fünf Kategorien unterteilen:

1. einzigartig
2. rar
3. genügend
4. reichlich
5. unbegrenzt

Jede Kategorie repräsentiert einen anderen Grad der Seltenheit und hat somit einen anderen Einfluss auf den wahrgenommenen Wert. Außerdem kann jede Kategorie, ausgenommen der letzten, *unbegrenzt* knapp werden, sobald mehr Nachfrage als Angebot besteht. Dies ist wichtig zu verstehen, denn der Ausdruck *knapp* lässt nicht wirklich auf das Angebot rückschließen, sondern vielmehr auf das Verhältnis von Angebot und Nachfrage. Lassen wir uns auf ein detailliertes Verständnis dieser Kategorien und ihrer Bedeutung ein, indem wir jeweils ein Beispiel dazu betrachten.

1. EINZIGARTIG

Etwas, das als einzigartig klassifiziert wird, ist in seiner Form, Geschichte oder Bedeutung einmalig. Es gibt keine anderen Exemplare oder etwas Vergleichbares. Das wohl bekannteste Gemälde der Welt, die *Mona Lisa* von Leonardo da Vinci, ist ein perfektes Beispiel für Einzigartigkeit. Es gibt nur ein Original dieses rätselhaften Porträts, und seine Kombination aus künstlerischer Meisterschaft, historischer Bedeutung und mysteriöser Geschichte macht es unvergleichlich. Diese Einzigartigkeit kombiniert mit dem emotionalen Nutzen für viele Menschen trägt zu seinem unschätzbaren Wert bei.

2. RAR

Rare Gegenstände oder Ressourcen sind zwar vorhanden, aber in sehr begrenzter Menge, was sie begehrenswert machen kann. Gold ist ein Edelmetall, das auf der Erde vorhanden, aber schwierig zu extrahieren und relativ selten ist. Seine Seltenheit, kombiniert mit seinen physischen Eigenschaften und seiner historischen Rolle als Währung, macht es wertvoll.

3. GENÜGEND

Genügend Ressourcen sind in ausreichender Menge vorhanden, um den Bedarf zu decken, aber sie sind nicht unbegrenzt oder allgegenwärtig. In vielen Teilen der Welt ist sauberes Trinkwasser verfügbar, aber nicht unerschöpflich. Es muss gereinigt und oft über große Entfernungen transportiert werden. Obwohl es in genügender Menge vorhanden ist, um den täglichen Bedarf der meisten Menschen zu decken, kann es in Trockenzeiten oder in Gebieten ohne geeignete Infrastruktur leicht knapp werden.

4. REICHLICH

Reichliche Ressourcen sind in großen Mengen vorhanden und leicht zugänglich. Sie sind weitverbreitet und leicht zu beschaffen. Sonnenlicht ist ein Beispiel für eine reichliche Ressource. Es ist für jeden auf der Erde während des Tages zugänglich und kann für Wärme, Licht und in neuerer Zeit zur Erzeugung von Solarenergie genutzt werden. Seine Reichlichkeit macht es zu einem weniger wertvollen Gut im wirtschaftlichen Sinne, obwohl sein Nutzen immens ist.

5. UNBEGRENZT

Unbegrenzte Ressourcen sind theoretisch endlos oder in solch großen Mengen vorhanden, dass sie praktisch als unerschöpflich gelten und nie knapp werden. Digitale Produkte wie E-Books, Software oder Online-Kurse sind oft unbegrenzt, da sie unendlich oft kopiert und verteilt werden können, ohne dass die Qualität abnimmt oder zusätzliche Ressourcen verbraucht werden. Ihre Unbegrenztheit macht sie leicht zugänglich, kann aber dadurch auch ihren individuellen Wert mindern.

BITCOIN IST … DIGITAL LIMITIERT

Nicht alles, was digital ist, ist unbegrenzt. Bitcoin ist eine faszinierende und revolutionäre Erfindung, die die Welt der Finanzen und vieles darüber hinaus beeinflusst hat. Als erste Kryptowährung hat Bitcoin gezeigt, dass es möglich ist, ein digitales Gut zu schaffen, das nachweislich limitiert ist. Oft hört man fälschlicherweise, dass Bitcoin »knapp« oder »rar« sei. Beide Begriffe sind in Bezug auf Bitcoin jedoch falsch. Die digitale Begrenzung ist zwar ein absoluter Durchbruch in der digitalen Welt, in der Kopien und Replikationen normalerweise unbegrenzt und einfach herzustellen sind, doch bedeutet sie nicht automatisch, dass Bitcoins so rar sind, dass sie knapp geworden seien. Die Anzahl der Bitcoins, die jemals existieren werden, ist auf 21 Millionen begrenzt. Diese Grenze ist im Code von Bitcoin fest verankert und kann nur verändert werden, wenn es keinen Konsens unter der Mehrheit der Nutzer des Netzwerks gibt. Dies ist jedoch äußerst unwahrscheinlich, da eine Aufhebung des Limits die aktuellen Bitcoins entwerten würde, was natürlich nicht im Interesse der derzeitigen Netzwerkteilnehmer ist.

Diese festgelegte Obergrenze und der vorhersehbare Emissionsplan machen Bitcoin zu einer limitierten digitalen Ressource. Im Gegensatz zu herkömmlichen Währungen, die von Zentralbanken potenziell unbegrenzt gedruckt werden können, bietet Bitcoin eine Form von »digitalem Gold«, das nicht durch menschliche Eingriffe inflationiert werden kann. Doch Seltenheit allein macht etwas noch nicht automatisch wertvoll. Die nachweisliche Begrenzung von Bitcoin macht ihn zwar zu einem interessanten und potenziell wertvollen Gut, sein tatsächlicher Wert hängt jedoch stark vom wahrgenommenen Nutzen ab. Die Frage danach ist entscheidend, denn nur so wird Bitcoin je das Wertniveau erreichen, das seine Befürworter vorhersagen. Diese Diskussion über den Nutzen und Wert von Bitcoin wird detaillierter in Kapitel 7, »Investieren und Finanzen«, behandelt, in dem wir uns die Rolle von Bitcoin und anderen Kryptowährungen in einem modernen Anlageportfolio ansehen werden.

Seltenheit, sei es durch Einzigartigkeit, Begrenztheit oder Knappheit, wirkt als Multiplikator, der das Gewöhnliche außergewöhnlich und das Erreichbare begehrenswert macht. Doch während wir diesen Aspekt der Wertformel erforschen, dürfen wir nicht vergessen, dass Seltenheit allein nicht ausreichend ist. Der wahre Wert entsteht erst in der Kombination mit Nutzen und Nachfrage:

Wert = Nutzen × Menschen × *Seltenheit*

Wir tauchen nun in den nächsten zehn Kapiteln in verschiedene Lebensbereiche ein, in denen man versuchen sollte, Wert zu maximieren. Gemeinsam vergleichen wir jeweils, wie die Wertformel in realen, sehr persönlichen Szenarien angewendet wird. Die Geschichten, die ich darin teile, bieten nicht nur Einblicke in meine persönlichen Erfahrungen und Strategien, sondern dienen auch zur Reflexion, wie man die Wertformel im eigenen Leben anwenden kann; vor allem, auf welchen der drei Faktoren man sich in welchem Lebensbereich fokussieren sollte, um maximalen Wert zu erhalten. Von der Gründung eines erfolgreichen Unternehmens zu Investitionen in allen möglichen Anlageklassen; von erfüllenden Beziehungen bis hin zur Kindererziehung – jede dieser Geschichten wird ein einzigartiges Licht auf die vielfältigen Wege werfen, mittels derer Wert geschaffen und optimiert werden kann. Wir werden sehen, dass es in der Welt der Werte und der Wertmaximierung nicht nur um Zahlen und Wirtschaft geht, sondern auch um menschliche Erfahrungen, Entscheidungen und die Kunst, das Leben in all seinen Facetten zu meistern.

TEIL II

ANWENDUNG DER WERTFORMEL

KAPITEL 7
INVESTIEREN UND FINANZEN

»Die Frage, wie man beim Investieren reich wird, ist leicht zu beantworten: Kaufe 1 Dollar, aber bezahle nicht mehr als 50 Cent dafür.«

WARREN BUFFETT

Im Lebensbereich Nummer eins bringt es Warren Buffetts einfache, aber kraftvolle Maxime auf den Punkt: Beim Investieren geht es darum, mehr Wert zu erhalten, als man bezahlt. Investieren ist eine Kunst, eine Wissenschaft und für viele ein Weg, Wohlstand aufzubauen und finanzielle Sicherheit zu erreichen. Gleichzeitig ist Investieren für viele Menschen ein Begriff, der mit Angst einhergeht. Wie erkennt man, was wertvoll ist und was nicht? Wie unterscheidet sich eine flüchtige Modeerscheinung von einem langfristig stabilen Vermögenswert? Und wie kann verhindert werden, mehr zu bezahlen, als ein Vermögenswert tatsächlich wert ist? Hier kommt die Wertformel hervorragend zum Zug. Ihre Anwendung ermöglicht sowohl klügere Entscheidungen für erfahrene Investoren als auch einen einfacheren Einstieg für Neulinge, da durch die Formel Wert klarer sichtbar wird. In diesem Kapitel teile ich einige der wichtigsten Lektionen und Geschichten, die mir auf meinem Weg vom absoluten Nichts zum Multimillionär begegnet sind. Ich erzähle dir von den dunkelsten Tagen der Enttäuschung und den Höhen des Erfolgs, von den Grundlagen des Investierens und den komplexen Strategien, die mir geholfen haben, mein Vermögen aufzubauen. Diese Geschichten sind mehr als nur persönliche Anekdoten; sie sind Einblicke in die Prinzipien und

Praktiken, die jeder nutzen kann, um bessere Investitionsentscheidungen zu treffen und vielleicht auch einen Weg zu finanzieller Sicherheit und Wohlstand zu finden.

BRASILIEN

Nach meinen anfänglichen Versuchen, mit Aktien wie jenen der Kal Energy mein Glück zu machen (nur um mein Geld dabei sofort zu verlieren), gab es in meinem Leben einen drastischen Wendepunkt, der nicht nur meine Ansichten über Geld und Investieren radikal veränderte, sondern auch den Grundstein für meine zukünftige Karriere und meinen finanziellen Erfolg legte. Es begann alles mit einer bitteren Lektion, als ich mit nur 22 Jahren all mein Geld an einen Betrüger in Brasilien verlor. Diese Erfahrung, die ich detailliert in *25 Geschichten für mein jüngeres Ich* beschreibe, war sowohl niederschmetternd als auch aufschlussreich.

Ich hatte hart als Profikitesurfer gearbeitet, um mir eine kleine Summe zu ersparen, die ich hoffte, klug investieren zu können. Voll jugendlichem Optimismus und dem Glauben an das Gute im Menschen ließ ich mich auf eine Immobilieninvestition in Brasilien ein. Doch statt der erhofften Rendite fand ich mich am Ende betrogen und ohne einen Cent wieder. Es war ein Moment tiefer Enttäuschung und Selbstreflexion.

Aber ich beschloss, dass dieser Verlust nicht das Ende meiner finanziellen Geschichte sein sollte. Stattdessen nutzte ich meine zuerst aussichtslose Situation als Anstoß, um alles über das Investieren zu lernen, was ich konnte. Ich vertiefte mich in die Werke und Strategien der besten Investoren der Welt – von Warren Buffett bis zu Charlie Munger, von Ray Dalio bis zu Benjamin Graham. Ich lernte über Diversifikation, Risikomanagement, die Bedeutung von Geduld und Disziplin, und vor allem lernte ich, nie mehr unüberlegt und ohne gründliche Recherche zu investieren.

Diese Zeit des intensiven Lernens und der Reflexion war entscheidend. Ich baute mir nach und nach ein Portfolio auf, das sich durch starke Diversifikation und eine klare, durchdachte Strategie auszeichnete. Ich investierte nicht nur in traditionelle Anlagen wie Aktien und Immobilien, sondern begann auch in neuere, innovativere Bereiche wie Kryptowährungen zu investieren. Besonders meine Investitionen in Bitcoin, die ich auf meinem YouTube-Kanal[5] ausführlich bespreche, wurden sehr bekannt und waren ein bedeutender Faktor in der Entwicklung meines Portfolios zu einem Wert von mehreren Dutzend Millionen.

Das Wesentliche, was ich in dieser Zeit gelernt habe, war nicht allein die Kunst des Investierens, sondern auch die Fähigkeit, Verluste zu bewältigen, daraus zu lernen und voranzuschreiten. Jeder Verlust, jeder Fehlschlag war eine Lektion, ein Schritt auf dem Weg zu besserem Verständnis und größerem Erfolg. Mein finanzieller Verlust in Brasilien war schmerzhaft, aber er war auch ein entscheidender Moment, der mich dazu antrieb, ein besserer, klügerer und erfolgreicherer Investor zu werden.

ZIELE BEIM INVESTIEREN

Im Kern gibt es zwei Hauptziele, die Investoren verfolgen: Entweder geht es um reines Gewinnen oder es geht darum, Lifestyle Credits zu sammeln.

1. GEWINNEN:

Viele Investoren, insbesondere die, die in den höchsten finanziellen Sphären operieren, sind von dem Wunsch angetrieben, besser zu sein als die anderen. Sie wollen nicht nur Gewinne erzielen, sondern den Markt besiegen, ihre Konkurrenten übertreffen und ihre Überlegenheit beweisen. Für sie ist das Investieren ein Wettkampf, ein Sport, bei dem sie als Sieger vom Platz gehen wollen.

Einer von ihnen ist Bill Ackman, ein amerikanischer Milliardär und Investor. Ackman ist berühmt (und berüchtigt) für seine manchmal aggressiven und öffentlichen Wetten gegen Unternehmen, die er für überbewertet oder schlecht geführt hält. Eines der bekanntesten Beispiele war sein Kampf gegen Herbalife, ein Multi-Level-Marketing-Unternehmen, das Nahrungsergänzungsmittel verkauft. Ackman wettete 1 Milliarde Dollar darauf, dass der Preis der Herbalife-Aktien fallen würde, was er in einer berühmten Präsentation 2012 verkündete. Er beschuldigte das Unternehmen, ein Pyramidenspiel zu betreiben, und war entschlossen, es zu dezimieren. Diese Wette war mehr als nur ein Investment; es ging um einen persönlichen Kampf. Ackman verbrachte Jahre damit und setzte eine beträchtliche Menge an Ressourcen ein in seinem Versuch, Herbalife zu Fall zu bringen. Für ihn ging es nicht nur darum, recht zu haben oder Geld zu verdienen. Es ging darum, seine Fähigkeiten als Investor zu beweisen und zu zeigen, dass er schlauer, härter und fähiger war als diejenigen, die gegen ihn wetteten. Auch wenn er letztlich die Position aufgeben musste, zeigt diese Geschichte die Intensität und das persönliche Engagement, das einige Investoren in ihre Entscheidungen stecken, nicht nur um am Ende mehr Geld zu besitzen, sondern um als Gewinner vom Platz zu gehen.

2. LIFESTYLE CREDITS:

Für die meisten von uns ist jedoch das Ziel des Investierens weniger der Wettbewerb mit anderen als vielmehr die Schaffung eines Lebensstils, den wir genießen und aufrechterhalten können. Wir wollen nicht zum Mittelpunkt der Wirtschaftsnachrichten werden wie Bill Ackman, der als Aktivist gegen einen Kontrahenten eine finanzielle Wette eingegangen ist. Vielmehr geht es um kluge und durchdachte Entscheidungen, die ohne viel Kopfschmerzen zu einem stetigen Wachstum des Vermögens führen. Risikomanagement, die geschickte Diversifikation von Investments und eine langfristige Perspektive spielen dabei eine Rolle. Das Hauptziel besteht darin, genügend Ressourcen zu haben, um das zu tun, was wir lieben, und die Freiheit zu besitzen, unsere Zeit nach unseren eigenen Vorstellungen zu gestalten. Wir investieren, um unsere Zukunft zu sichern, um komfortabel zu leben, für die Ausbildung unserer Kinder zu sparen, um uns den Ruhestand zu ermöglichen, den wir uns wünschen, oder einfach nur, um ein finanzielles Sicherheitsnetz zu haben. Ich nenne dies »Lifestyle Credits«! Sie geben uns die Freiheit zu reisen, bieten uns die Sicherheit, in schwierigen Zeiten unterstützen zu können, oder ermöglichen uns das Vergnügen, uns und unseren Liebsten gelegentliche Luxusgüter leisten zu können. Sie stehen für das ruhige, erfüllte Leben, das nicht von finanziellen Sorgen beherrscht wird.

In diesem Kapitel fokussieren wir uns eher auf die Aspekte des Investierens rund um die Lifestyle Credits. Wir werden zwar die Geschichten und Ansätze von Investoren wie Bill Ackman kennenlernen, uns jedoch auf die alltäglicheren, aber nicht weniger wichtigen Strategien konzentrieren, die jedem dabei helfen können, seine eigenen Lifestyle Credits zu maximieren.

JULIANS ZEHN INVESTMENTREGELN DER WERTFORMEL

Der Weg zu einem soliden und erfolgreichen Investmentportfolio ist kein leichter. Er ist gepflastert mit Lektionen, Herausforderungen und unerwarteten Wendungen. Aus diesen Erfahrungen habe ich einen Satz von zehn Grundregeln entwickelt, die mir, basierend auf der Wertformel, als Nordstern gedient haben, um kluge, wohlüberlegte und letztlich erfolgreiche Investmententscheidungen zu treffen. Diese Regeln sind das Fundament, auf dem mein Investmentansatz ruht, und sie haben mir geholfen, durch die Stürme der Märkte zu navigieren und langfristig Vermögen aufzubauen. Im Folgenden teile ich diese Grundregeln, die nicht nur *mein* finanzielles Schicksal verändert haben, sondern auch das Potenzial haben, *dein* Investmentdenken und -handeln zu prägen. Sie sind mehr als nur Strategien; sie sind Leitprinzipien, die helfen, konsequent, rational und zielgerichtet zu agieren, egal, wie stürmisch die Märkte sind.

REGEL NR. 1: DER PREIS BEIM INVESTIEREN IST FAST IMMER FALSCH!

Die meisten Menschen schauen auf einen Aktien- oder Kryptopreis und denken, der Markt hat mit diesem Preis recht. Dem ist aber nicht so, denn der Preis, den du auf den Websites siehst, spiegelt nur selten den wahren Wert eines Assets wider. Er ist also fast immer falsch. Dies kann auf einer Vielzahl an Gründen beruhen – unter anderem Spekulation, der Marktstimmung oder einfach der Tatsache, dass alle verfügbaren Informationen noch nicht vollständig eingepreist sind. Märkte sind dynamisch und der Preis eines Assets schwankt oft extrem stark. Er entspricht vielmehr dem Ergebnis von Emotionen, Spekulationen, Nachrichten, wirtschaftlichen Ereignissen oder einfach der Psychologie der Masse als den darunter liegenden Zahlen, Daten und Fakten. Preisänderungen spiegeln nicht immer Änderungen im Wert wider. Investoren sind Menschen und Menschen sind emotional. Furcht und Gier treiben die Preise oft weit über oder unter ihren wahren Wert. Wenn die meisten Menschen kaufen (Herdentrend), steigen die Preise häufig über ihren tatsächlichen Wert; wenn die meisten verkaufen, fallen sie darunter.

Als guter Investor solltest du dich nicht von den kurzfristigen Preisschwankungen mitreißen lassen (Preismensch). Dein Fokus sollte auf dem tatsächlichen Wert des Assets liegen (Wertmensch). Du musst in der Lage sein, über die kurzfristige Volatilität hinauszuschauen und rationale Entscheidungen zu treffen, basierend auf deiner Analyse der Wertformel.

Ein eigenes Beispiel, das die Anwendung dieser Regel veranschaulicht, ist meine Erfahrung während des Covid-19-Ausbruchs Anfang 2020. Im März 2020 erlebten wir einen massiven Markteinbruch und der Preis von Bitcoin stürzte innerhalb eines Tages um 50 Prozent ab. Für viele war dies ein Zeichen von Panik und ein Grund zu verkaufen. Doch für mich war es eine Gelegenheit.

Ich sah den Preissturz nicht als Reflexion des tatsächlichen Werts von Bitcoin, sondern als eine übertriebene Reaktion des Marktes auf die Unsicherheit und Angst, die durch die Pandemie ausgelöst wurden. Mithilfe meiner Wertformel konnte ich feststellen, dass der Preissturz nicht den Wert von Bitcoin verändert hatte, sondern die übertriebene emotionale Unsicherheit der Menschen. Bitcoins Nutzen, egal wie groß oder klein, hatte sich nicht verändert. Die Anzahl der Menschen, welche diesen Nutzen wollten, hatte sich über Nacht nicht verändert. Und die paar Bitcoins mehr, welche über Nacht neu gemined worden waren, hatten nicht wirklich einen Einfluss auf Bitcoins Seltenheit. So wurde mir klar, dass entweder der Preis am Vortag oder der aktuelle Preis falsch sein müsste. Es konnte nicht sein, dass Investoren an beiden Tagen den richtigen Preis bekämen, es sei denn, der Wert hätte sich ebenfalls geändert, was ich aufgrund meines Wissens jedoch ausschließen konnte.

Angesichts der langfristigen Potenziale und des grundlegenden Werts von Bitcoin (sein Nutzen im Sinne von »digitalem Gold« für Millionen von Menschen) entschied ich, diesen Moment als Chance zu ergreifen und aggressiv bei 4000 Dollar nachzukaufen. Meine Entscheidung basierte nicht auf der aktuellen Marktpanik, sondern rein auf meiner Einschätzung des Werts. Diese Strategie zahlte sich aus, als ich etwa anderthalb Jahre später, Ende 2021, einen großen Teil meiner Bitcoin-Position mit einem Gewinn von 1500 Prozent bei 60.000 Dollar verkaufte – teilweise auch live auf YouTube, wie in der

Geschichte des ersten Kapitels dokumentiert. Zu diesem Zeitpunkt fand ich in meinen Berechnungen, dass Bitcoins Preis nun über seinen Wert gestiegen war, und ich sah ein Rebalancing meines Portfolios als zielführend. Kurz darauf fiel der Bitcoin-Preis auf 20.000 Dollar zurück.

Diese Erfahrung unterstreicht, wie wichtig es ist, über den aktuellen Preis hinauszublicken und Investitionsentscheidungen aufgrund einer fundierten Analyse anhand des Werts zu tätigen. Wenn du dich nicht von der Massenpsychologie beeinflussen lässt und rationale, gut informierte Entscheidungen triffst, kannst du die Volatilität zu deinem Vorteil nutzen und erfolgreiche Investitionen tätigen.

REGEL NR. 2: WERT MUSS MAN ÜBER DIE WERTFORMEL BERECHNEN.

Investieren ist eine Kunst und Wissenschaft zugleich. Es erfordert Geduld, Disziplin und vor allem ein umfassendes Verständnis vom Wert des Assets, in das man investiert. Sonst macht man den Fehler, nur in einen Preis zu investieren, und wird zum Spielball des Marktes.

Die Wertformel – Wert = Nutzen × Menschen × Seltenheit – ist ein Werkzeug, das dir hilft, den wahren Wert eines Assets zu berechnen. Dafür ist eine gründliche Analyse vonnöten und eine Auseinandersetzung mit den Faktoren, die den Wert beeinflussen. Es ist keine einfache Aufgabe und oft der Grund, warum viele diese Arbeit scheuen. Die meisten Menschen folgen lieber blind dem Preis und nicht dem Wert, weil es einfacher ist, eine Zahl auf dem Bildschirm (= Preis) abzulesen, als sich Gedanken über Nutzen, Menschen, Seltenheit (= Wert) zu machen. Sie geben zum Beispiel Chartanalysen zu viel Gewicht. Doch die Welt macht den Preis. Vergangene Preise bestimmen nicht den zukünftigen Preis. Oft kommt es zu Panikverkäufen, wenn der Preis fällt, oder zu Käufen auf Basis der FOMO (Fear of Missing Out, der Angst, etwas zu verpassen), wenn der Preis steigt.

Gute Investoren wissen, dass sie nur von sehr wenigen Dingen den Wert wirklich verstehen können. Deshalb konzentrieren sie ihre Investments auf eine Handvoll Assets, die sie gründlich analysiert und wirklich durchdrungen haben. Der Gegensatz sind schlechte Investoren, die versuchen, auf alles zu spekulieren, oft ohne tieferes Verständnis oder eine fundierte Analyse.

Bei meiner eigenen Investmentstrategie konzentriere ich mich nur auf wenige Einzelaktien oder Kryptowährungen, deren Wert ich wirklich einschätzen kann. Ich investiere nur in das, was ich verstehe und bewerten kann. Dadurch brauche ich mich nicht auf Meinungen aus Zeitungsartikeln oder von Influencern zu verlassen. Ich habe selbst eine felsenfeste Überzeugung zu den wenigen Investments, welche durch Zahlen, Daten und Fakten gestützt ist. Zu allem anderen sage ich: »Keine Ahnung.« Das ist oft schwer zu verstehen für viele Leute, die denken, dass mehr Diversifikation oder der Versuch, auf jede Marktbewegung zu reagieren, die bessere Strategie ist.

Prinzipiell gibt es die Möglichkeit, Investments anhand von Makro- oder Mikrofaktoren zu bewerten. In der Praxis verwenden Investoren oft eine Kombination aus Makro- und Mikroanalyse, um ein umfassendes Bild zu erhalten. Während Makrofaktoren das Umfeld skizzieren, in dem Unternehmen operieren, geben Mikrofaktoren Aufschluss über die individuelle Stärke und Resilienz eines Unternehmens innerhalb dieses Umfelds.

Makrofaktoren sind die breit wirksamen wirtschaftlichen, politischen, demografischen und gesellschaftlichen Kräfte, die den Gesamtmarkt beeinflussen. Sie sind externer Natur und liegen außerhalb der Kontrolle eines einzelnen Unternehmens oder Sektors. Die Analyse von Makrofaktoren hilft, das größere Ganze zu betrachten und zu verstehen, wie externe Kräfte die Investitionsaussichten beeinflussen könnten. Dazu gehören Zinsraten, politische Richtungen, Inflationsgeschehen und vieles andere.

Mikrofaktoren konzentrieren sich auf die spezifischen Eigenschaften und Bedingungen eines einzelnen Unternehmens oder Investments. Sie sind in der Regel intern und können oft direkt durch das Management oder die Unternehmensstrategie beeinflusst werden. Mikroanalysen bieten detaillierte Einblicke in die individuelle Performance und in Potenziale.

Bei der Bewertung von Investments, die regelmäßigen Cashflow generieren, wie zum Beispiel Immobilien, Aktien und Anleihen, ist Discounted Cash Flow (DCF) eine weitverbreitete Methode und Technik zur Ermittlung des Werts. Hierbei muss man die erwarteten Cashflows des Investments für einen zukünftigen Zeitraum abschätzen. Jeder der geschätzten zukünftigen Cashflows wird mit einem Discount auf seinen heutigen Wert abgezinst. Dies reflektiert den Zeitwert des Geldes – Geld, das heute erhalten wird, ist mehr wert als Geld, das in der Zukunft erhalten wird, aufgrund des Potenzials, Erträge zu erzielen. Bei der Wertformel fokussiert man sich also vor allem auf die Steigerung oder Minderung des Nutzens.

Bei Unternehmen und teilweise auch bei Immobilien werden oft Modelle verwendet, die eine gewisse Wachstumsrate der Cashflows annehmen, kombiniert mit den Wahrscheinlichkeiten, wie gut sich diese entwickeln können. Hier kommen die Makrofaktoren ins Spiel. Niedrige Zinsen helfen; politische Probleme hindern. Die DCF-Methode ist mächtig, aber auch anfällig für Fehler aufgrund von Annahmen über Cashflows, Wachstumsraten und Diskontierungsraten. Daher ist es wichtig, verschiedene Szenarien zu durchdenken und die Annahmen kritisch zu hinterfragen.

Bei Anleihen tut man sich hier leichter, weshalb diese eher »langweilig« sind. Dafür zeigen sie in Phasen großer Ungewissheit bessere Leistungen, vor allem in Zeiten von Rezession im Makroumfeld.

Anders ist es bei Rohstoffen und Edelmetallen. Mit Ausnahme von einigen wenigen ist der Nutzen klar vordefiniert und ändert sich fast nicht. Gute Investoren bewerten diese daher rein anhand dessen, wie viel von dem Rohstoff benötigt wird (Menschen in der Wertformel) beziehungsweise wie viel davon produziert wird (Seltenheit in der Wertformel). Wenn du dich bei einem Rohstoff nicht ganz genau auskennst, solltest du lieber die Finger davon lassen, da du ansonsten nur in den Preis investierst.

Kryptowährungen sind noch mal ein ganz anderes Kaliber, da hier der Faktor »Spekulation« tatsächlich als Nutzen Nummer eins gesehen werden kann, neben ein paar nebensächlichen Aspekten (u. a. »digitales Gold«). Spekulation bei Kryptowährungen ist also ein Feature, kein Bug, und muss in die Wertformel miteinkalkuliert werden. Wann spekulieren Leute mehr, wann weniger?

Dies sind nur ein paar der Beispiele von Investments, in welche ich investiere – oder auch nicht. Denn ein guter Investor erkennt, dass das Wissen, wann man *nicht* investieren sollte, genauso wichtig ist wie das Wissen, wann man investieren sollte. Indem du dich auf wenige, gut verstandene Investments konzentrierst, kannst du fundierte Entscheidungen treffen und das Risiko von impulsiven oder schlecht informierten Investitionen minimieren.

REGEL NR. 3: KURZFRISTIG FOLGT DER PREIS DEN EMOTIONEN, LANGFRISTIG FOLGT ER DEM WERT.

Kurzfristig kann der Markt sehr volatil sein und starken Schwankungen unterliegen, die oft mehr von Emotionen, Gerüchten oder Spekulationen angetrieben werden als von fundamentalen Werten. Langfristig neigt der Markt dazu, sich rationaler zu verhalten, und der Preis eines Assets wird zunehmend von seinen grundlegenden Werten wie Erträgen, Wachstumspotenzial, Marktanteil und anderen fundamentalen Faktoren bestimmt. Investoren, die Geduld haben und langfristige Perspektiven verfolgen, werden oft belohnt, da der Markt schließlich den tatsächlichen Wert anerkennt und der Preis dem Wert folgt.

Manchmal kann es unerwartet lange dauern, bis der Markt von einer kurzfristigen, emotionsgetriebenen Phase in eine langfristige, wertorientierte Perspektive übergeht. Während dieser Zeiten kann der Markt extrem irrational erscheinen. Ein Beispiel hierfür ist die WallStreetBets-Bewegung im Jahr 2021. Eine Gruppe von Kleinanlegern auf der Social-Media-Plattform Reddit entschied sich, gegen große Hedgefonds zu wetten, die auf den Niedergang bestimmter Aktien wie GameStop spekuliert hatten. Die koordinierte Kaufaktion trieb den Preis dieser Aktien in kürzester Zeit in die Höhe, was zu enormen Gewinnen für einige der Kleinanleger und erheblichen Verlusten bei den Hedgefonds führte. Es dauerte schließlich über ein ganzes Jahr, bis »Rationalität« in den Markt zurückkehrte und die Preise der Aktien wieder auf ihre eigentlichen Werte fielen.

Dieses Ereignis war ein perfektes Beispiel dafür, wie Emotionen und Gruppendynamiken den Preis nicht nur weit über den fundamentalen Wert eines Unternehmens treiben können, sondern ihn auch dort halten können; so lange, bis Investoren, welche sonst eigentlich rational sind, zu Verlusten getrieben werden. Für dich als Investor bedeutet diese Regel, dass du dich auf die langfristige Perspektive konzentrieren musst und dich nicht von kurzfristigen Schwankungen verunsichern lassen darfst. Du musst lernen, deine eigenen Emotionen im Griff zu haben, und einen klaren, langfristigen Investmentansatz verfolgen. Wann immer du merkst, dass du nervös wirst, weil du einem Impuls nachgeben und etwas kaufen oder verkaufen willst, wähle jene Aktion, die deine Emotionen minimiert. Beispielsweise kann es Sinn machen, 10 Prozent einer Position zu kaufen oder zu verkaufen und danach zu reflektieren, wie du dich fühlst. Sind die Emotionen nun weg? So erhöhst du die Wahrscheinlichkeit, dass deine Entscheidungen wohlüberlegt und im Einklang mit deiner langfristigen Strategie sind. Entscheidend für erfolgreiches Investieren ist oft nicht das, was du in Momenten der Klarheit tust, sondern wie du in Zeiten der Unsicherheit und des Zweifels handelst.

REGEL NR. 4: RENDITE KOMMT NICHT VON RISIKO.

Da beide Wörter – Rendite und Risiko – mit »R« beginnen, gibt es das (falsche) Sprichwort: »Rendite kommt von Risiko«. Viele Amateurinvestoren folgen diesem Sprichwort, allerdings ist es falsch. Die Rendite kommt vielmehr daher, eine Diskrepanz zwischen dem Preis eines Assets (Vermögenswerts) und seinem tatsächlichen Wert zu erkennen und diesen auszunutzen. Wenn du ein Asset zu einem Preis kaufst, der unter seinem wirklichen Wert liegt, und es verkaufst, wenn sein Preis diesen Wert übersteigt, maximierst du deine Rendite und minimierst sogar dein Risiko.

Zu der Zeit, als ich als professioneller Kitesurfer um die Welt reiste, verbrachte ich mehr Zeit in Flugzeugen als zu Hause. Das Reisen war nicht nur eine Notwendigkeit, sondern auch ein bedeutender Kostenfaktor. Das war der Moment, in dem ich begann, mich intensiv mit Flugmeilen zu beschäftigen. Diese waren für mich zunächst nur eine nette Dreingabe für häufiges Fliegen. Doch bald erkannte ich ihr enormes Potenzial. Man konnte diese Meilen nämlich nicht nur durchs Fliegen sammeln, sondern auch direkt von der Airline kaufen. Meist lohnte sich das nicht richtig und man kaufte lediglich die paar fehlenden Meilen, um einen kostenlosen Prämienflug schneller zu erhalten, wenn man ohnehin gerade buchen wollte. Während einer Verkaufspromotion, zum Beispiel über Weihnachten, boten Fluggesellschaften jedoch Meilen zu einem Bruchteil ihres üblichen Preises an. Viele Kunden gaben ihr hart erarbeitetes Geld lieber für physische Weihnachtsgeschenke aus anstatt für Meilen, die sie gerade gar nicht brauchten, weil keine Flugbuchung anstand. Doch ich sah darin eine goldene Investitionschance.

Ich berechnete den Wert der Meilen im Vergleich zu den normalen Flugkosten und stellte fest, dass der Preis, den ich für die Meilen während der Promotion zahlte, weit unter ihrem tatsächlichen Wert lag. Ich sah den Meilenkauf als Investment für zukünftige Buchungen. Entweder würde ich sie selbst für eigene Flüge nutzen und dabei im

Vergleich zum regulären Ticketpreis Geld sparen oder ich würde sie an Freunde und Bekannte verkaufen, die nach günstigen Flügen in der Business- oder First-Class suchten und über Meilenbuchungen einen deutlichen Rabatt auf die regulären Preise bekommen konnten.

Der Schlüssel war, zu erkennen, dass es sich um eine echte Promotion handelte und nicht nur einfach um einen fallenden Preis wie bei der Kal-Energy-Aktie, bei der der tatsächliche Wert noch viel mehr gesunken war als nur der Preis. Bei den Flugmeilen blieb der Wert gleich, nur der Preis fiel während der Promotion. Ich benötigte immer noch dieselbe Anzahl an Meilen zum Einlösen für kostenlose Prämienflüge. Dadurch hatte ich praktisch ein Null-Risiko-Investment: Entweder nutzte ich die Meilen selbst zu einem späteren Zeitpunkt oder ich verkaufte sie mit Gewinn an Freunde oder Bekannte weiter. Es ging nicht darum, blind bei einer Preispromotion zuzuschlagen, nur weil der Preis gefallen war, sondern den wahren Wert einer Meile zu verstehen und dies zu nutzen, wenn der Markt bereit war, deutlich mehr als für den Kaufpreis zu bezahlen. Wie beim Investieren in Aktien oder andere Anlageklassen lag die Kunst nicht im Spekulieren, sondern im sorgfältigen Kalkulieren und Verstehen des Wertes. Ich hatte viel Rendite mit wenig Risiko.

Dieses Kaufen und Verkaufen von Flugmeilen war meine erste, und damals noch unbewusste, Anwendung dieser Investitionsgrundregel. Rückblickend lehrt sie mich, dass Rendite eben nicht von Risiko kommt, sondern durch Möglichkeiten, bei denen der Preis eines Investments seinen wirklichen Wert nicht widerspiegelt und deutlich darunter liegt. Menschen gehen deshalb Risiko bei Investments ein, weil sie eben das Verhältnis von Preis zu Wert nicht berechnen können und so einen immensen Ungewissheitsfaktor haben. In ihrer Welt tolerieren sie einen umso höheren Ungewissheitsfaktor, je mehr Rendite sie erwarten. Dies ist jedoch meist ein Rezept, um Geld zu verlieren. Ein umfassendes Verständnis über den Wert und Preis eines Assets ist entscheidend für erfolgreiche Investitionen, um Risiko zu minimieren und dabei Rendite zu steigern. Dies ist nicht nur bei Flugmeilen so, sondern bei allen Dingen, welche man kaufen und dann wieder mit Gewinn ohne viel Risiko verkaufen will.

Ich nutze die Strategie der Meilenpromos übrigens auch noch heute. Wenn eine Fluggesellschaft eine Promotion startet und ich den Preis einer Meile unter seinem Wert erkenne, schlage ich zu. Nur dass ich heute mit der Familie alle Meilen selbst verfliege und diese nicht mehr verkaufe.

Neben dem klaren Verständnis von Preis und Wert, um Risiko zu reduzieren und die Rendite zu erhöhen, gibt es noch eine andere Möglichkeit, dies zu erreichen: Diversifikation. Diversifikation ist eine Risikomanagementtechnik, die darauf abzielt, das Risiko zu reduzieren, indem Investitionen über verschiedene Anlageklassen, Sektoren, geografische Regionen und Zeiten gestreut werden. Die Grundidee ist, dass nicht alle Investitionen gleichzeitig in die gleiche Richtung reagieren werden. Wenn ein Teil des Portfolios fällt, können andere Teile stabil bleiben oder steigen und so die Verluste ausgleichen. Wir werden dieses Konzept noch en détail beim Beta-Portfolio unter Regel Nr. 6 besprechen.

REGEL NR. 5: ES GIBT KEIN »VERKAUFEN«, SONDERN NUR EIN ETWAS ANDERES »KAUFEN« ODER EIN »WIEDER-EINKAUFEN«.

Diese Regel ändert die Perspektive auf das Investieren grundlegend. Sie besagt, dass du bei jeder Verkaufsentscheidung eigentlich eine Kaufentscheidung triffst – entweder kaufst du ein anderes Investment oder du »kaufst« Liquidität in Form von Bargeld. Aber Geld ist nur ein Mittel zum Zweck. Die wirkliche Frage ist: Was wirst du mit diesem Geld machen? Wirst du es reinvestieren, ausgeben oder einfach halten? Jede dieser Optionen hat ihre eigenen Risiken und Chancen. Es ist wichtig, dass du dir darüber im Klaren bist, dass »Verkaufen« nicht das Ende, sondern der Anfang einer neuen Investitionsentscheidung ist. Selbst das »Verkaufen« von Aktien oder Kryptos in Euro musst du als »Kaufen« von Euro sehen. Nichtinvestieren ist also trotzdem Investieren.

Eine gute Übung ist, gelegentlich in Gedanken dein gesamtes Portfolio zu Geld zu machen und dich zu fragen, ob du es wieder genauso anlegen würdest, wie du es gerade getan hast. Wenn die Antwort Nein ist, solltest du über Veränderungen nachdenken. Dies hilft, den »Anker-Effekt« zu vermeiden, was bedeutet, dass du an deinen ursprünglichen Kaufentscheidungen festhältst, auch wenn sich die Umstände geändert haben.

Dies war zum Beispiel einer der Gründe, warum ich Ende 2017 einen Großteil meiner Kryptoposition liquidierte. Sie machte ganz einfach zu viel in meinem Gesamtportfolio aus, und wenn ich im Kopf das »Reinvestieren« durchprobierte, hätte ich nie und nimmer dieselbe Summe wieder zu den hohen Preisen in Krypto reinvestiert. Also balancierte ich meine Kaufkraft auf andere Investments wie Aktien und Anleihen aus, was sich im Krypto-Crash von 2018 als super Ausgangslage entpuppte.

Generell sollte der Preis, zu dem du ein Investment ursprünglich gekauft hast, keinen Einfluss auf deine Entscheidung haben, es zu halten oder zu verkaufen. Das ist leichter gesagt als getan, da viele Investoren emotional an ihren Kaufpreisen hängen (Stichwort: Sunk Cost Fallacy, die »Versunkene-Kosten-Falle«). Aber der Markt interessiert sich nicht für deinen Einstiegspreis. Die einzigen Fragen, die zählen, sind: Liegt der derzeitige Investmentpreis unter seinem Wert? Gibt es andere Investments mit einem attraktiveren Preis-Wert-Verhältnis? Wenn du Ja auf die erste Frage und Nein auf die zweite Frage antwortest, ist weiter HODL (»halten«) oder vielleicht sogar vermehrt Nachkaufen angesagt. Wenn du mit Ja auf die erste und zweite Frage antwortest, gilt es, so schnell wie möglich das andere zu kaufen, egal, ob du im Minus oder Plus mit deinem Investment bist. Liegt der Preis über seinem Wert, hängt es davon ab, ob du gute andere Ideen hast oder nicht. Du solltest aber nie in einem Investment bleiben, nur weil es im Plus oder im Minus ist.

Während der Einstiegspreis nicht deine Entscheidung beeinflussen sollte, müssen steuerliche Konsequenzen berücksichtigt werden. In vielen Ländern sind Gewinne aus dem Verkauf von Investments steuerpflichtig. Manchmal kann es daher sinnvoll sein, ein Investment zu halten, um eine höhere Steuerbelastung zu vermeiden, oder umgekehrt ein Investment zu verkaufen, um Verluste steuerlich geltend zu machen.

Wenn du diese fünfte Regel umsetzt, unterstützt du grundsätzlich eine langfristige Kauf-und-Halte-Strategie, weil sie dich dazu zwingt, jede Verkaufsentscheidung als neue Kaufentscheidung zu betrachten. Dadurch wirst du seltener handeln und mehr über deine Entscheidungen nachdenken. Es geht nicht nur darum, ob du denkst, dass der Preis eines Investments fallen wird, sondern was du mit dem Kapital tun wirst, wenn du es frei hast. Diese Perspektive fördert eine strategischere und durchdachtere Herangehensweise an das Investieren und hilft, impulsives Handeln zu vermeiden.

REGEL NR. 6: ACHTE AUF BETA, ERWARTE DEN DURCHSCHNITT UND SUCHE ALPHA NUR, WENN DU DIR SEHR SICHER BIST.

Investieren ist ein Spiel mit Wahrscheinlichkeiten und ein Management von Erwartungen. Viele Menschen glauben, den Markt schlagen und außergewöhnliche Renditen erzielen zu können. Aber in Wirklichkeit ist dies ein sehr schwieriges Unterfangen, das Wissen, Erfahrung und ein wenig Glück erfordert. Was der Großteil der Investoren mit dem Großteil seines Investments machen sollte, ist, es in »Beta« anzulegen. Ein Beta von 1 bedeutet, dass sich die Geldanlage ähnlich mit dem Durchschnitt des Markts mitentwickelt. »Beta zu spielen«

bedeutet also, dass du im Allgemeinen erwarten kannst, die durchschnittliche Marktrendite zu erzielen. Dies mag nicht aufregend klingen, aber über die Jahre hinweg ist der Durchschnitt oft sehr schwer zu schlagen.

Fast jeder Investor glaubt, dass er besser als der Markt sein kann. Aber die Realität zeigt, dass selbst die professionellsten und erfahrensten Investoren Schwierigkeiten haben, dies konsequent zu tun. Gerade wenn Amateurinvestoren den Markt schlagen, glauben sie, es wäre aufgrund ihres Könnens geschehen, obwohl es wahrscheinlich reines Glück war. Wenn sie dann Geld verlieren, schieben sie die Schuld auf Pech statt auf ihr fehlendes Können.

»Alpha« ist das, worum es diesen Investoren geht: Sie versuchen, den Marktdurchschnitt zu schlagen und überdurchschnittliche Renditen zu erzielen. Bei Aktien bedeutet das meist, den S&P-500-Index zu schlagen, und bei Kryptowährungen, eine bessere Rendite als Bitcoin zu erzielen. Gemäß der Natur des Menschen glauben viele Amateurinvestoren, Alpha spielen zu können, und riskieren dabei viel zu viel für zusätzliche Gewinne, nur um stetig schlechter zu sein als der Markt. Doch nur sehr wenige Menschen können konsequent Alpha erzielen – eigentlich logisch. Wenn jeder Alpha erzielen würde, würde dieses Alpha zum neuen Beta werden, da die höheren Renditen ja schlussendlich den Markt nach oben ziehen und zum neuen Durchschnitt machen. Bei der berühmten Frage »Fährst du besser Auto als der Durchschnitt?« glauben 80 bis 90 Prozent der befragten Autofahrer, sie seien besser als der Durchschnitt, obwohl dies nur 50 Prozent per definitionem sein können. Beim Investieren sind es aber nicht 50, sondern meist nur ein paar wenige Prozent, welche den Marktdurchschnitt regelmäßig schlagen und so Alpha erzeugen können. Wenn du also nicht vollständig in deinem Investmentgebiet versiert bist, ist es meist klüger, sich auf Beta zu konzentrieren, anstatt ständig zu versuchen, besser als der Markt zu sein.

Auch ich spiele während meiner Investmentlaufbahn hauptsächlich Beta. Während ich zum Beispiel dieses Buch fertigschreibe, Ende 2023, bin ich gut diversifiziert und folge der breiten Marktrendite. Wenig Fokus auf ein spezifisches Investment, mit vollem Ziel darauf, »nicht falsch« zu liegen, anstatt zu versuchen, »richtig« zu liegen. Dies mag weniger aufregend sein als die Jagd nach Alpha, aber es ist eine solidere und nachhaltigere Strategie für langfristigen Erfolg.

Doch es gibt Zeiten, in denen ich aggressiv spiele und voll auf Alpha gehe. Ein Beispiel dafür ist mein Investment in Bitcoin im Jahr 2015. Ich kaufte für 100.000 Dollar Bitcoin, als der Preis bei etwa 500 Dollar lag. Ende 2017, als der Preis auf 19.000 Dollar stieg, verkaufte ich mit einem fast 40-fachen Gewinn. Solche Situationen sind selten, und es war eine berechnete Entscheidung, basierend auf meinem Wissen und meinen Erfahrungen in dem Markt. Ich hatte anhand der Wertformel berechnet, dass Preis und Wert 2015 zwar einigermaßen übereinstimmten und dass sich über die Jahre die Faktoren Nutzen und Seltenheit nicht wirklich ändern würden. Jedoch war ich davon überzeugt, dass Kryptowährungen wie Bitcoin vor allem bekannter werden würden. Der Faktor »Skalierung über Menschen« war es, was mich davon überzeugte, aggressiv Alpha zu spielen, weil ich davon ausging, dass Bitcoins Wert über die Jahre enorm steigen und der Preis mitziehen würde.

Ich akzeptiere allerdings, dass Beta oft der klügere Weg ist. Ich verfolge Alpha nur dann, wenn ich mir wirklich sicher bin, dass der Preis bei einem Investment deutlich unter seinem Wert liegt. Das Wichtigste ist, realistisch über seine Fähigkeiten zu reflektieren und auch über das Risiko, das man bereit ist einzugehen. Investieren ist ein Marathon, kein Sprint. Langfristige, beständige Renditen zu erzielen ist oft lohnender als der kurzfristige Nervenkitzel beim Versuch, den Markt zu schlagen, nur um dann wieder alles zu verlieren.

In meinem Beta-Portfolio achte ich darauf, circa ein Drittel meines liquiden Kapitals in Aktien, ein Drittel in »deflationäre« Investments wie Cash und Anleihen und das letzte Drittel in Rohstoffe, Edelmetalle und Kryptowährungen zu investieren. Bei Aktien nehme ich breit gestreute Indizes wie den MSCI World oder den S&P 500, um maximal diversifiziert zu sein und so gut es geht »nicht falsch« anstatt »richtig« zu liegen. Cash und Anleihen investiere ich mit verschiedenen Laufzeiten je nach Zinslage von tagesfällig bis hin zu 30 Jahre gebunden. Der Fokus liegt, wiederum, auf »nicht falsch liegen«. Bei Rohstoffen und Edelmetallen nehme ich auch breit gestreute ETFs, und der Großteil meines Kryptoportfolios ist in den großen und bekannten Kryptowährungen.

Es ist auf diese Weise fast unmöglich, dass all meine Investments gleichzeitig gut oder schlecht performen. Ganz im Gegenteil: In einem guten Beta-Portfolio performen manche Positionen gut, während andere schlecht performen. Etwa einmal pro Quartal balanciere ich die Positionen neu und gleiche Verluste und Gewinne wieder aus. So zu investieren ist nicht aufregend, aber es ist extrem effektiv und steigert meine Kaufkraft enorm – was mein Ziel beim Investieren ist: mit wenig Aufwand, Kopfschmerzen und Risiko so hohe Renditen wie möglich zu erzielen. Manche Leute wollen gerne viel Adrenalin und viel Verlust beim Investieren ... Ich werde lieber reich – ganz ohne Adrenalin.

REGEL NR. 7: VERLIEBE DICH NICHT IN EIN INVESTMENT.

Investieren ist eine emotionale Reise und es ist allzu leicht, sich in ein bestimmtes Investment zu verlieben, vor allem wenn man viel Zeit damit verbringt, es bestmöglich zu analysieren. Wir alle schreiben etwas mehr Wert zu, in das wir Arbeit und Zeit investieren. Dies gilt insbesondere für Anlagen wie Kryptowährungen, bestimmte Aktien oder Rohstoffe, welche stark in Internetforen oder auf X (Twitter) diskutiert und beworben werden. Doch eine emotionale Bindung an ein Investment kann deine Fähigkeit, rationale Entscheidungen zu treffen, trüben und dich von deinem eigentlichen Ziel ablenken: der Kaufkraftsteigerung und der Erhöhung deiner Lifestyle Credits.

Wenn du dich in ein Investment verliebst, beginnst du, es durch eine rosarote Brille zu sehen. Du könntest dazu neigen, nur Informationen zu suchen, die deine positive Meinung bestätigen (Bestätigungsfehler), und kritische Stimmen oder Warnzeichen zu ignorieren. Diese emotionale Bindung kann dich in eine gefährliche Position bringen, in der du nicht mehr objektiv über die Zukunftsaussichten deines Investments nachdenkst.

Viele Investoren geraten mit ihrem bevorzugten Investment in eine Art »Sekte«, in der jede negative Nachricht als Angriff gesehen und jede positive Entwicklung überbewertet wird. In solchen Gruppen herrscht oft ein starker Gruppenzwang, der es schwer macht, eine unabhängige Perspektive zu bewahren. Selbst wenn die Fakten sich ändern und das Investment nicht mehr die gleichen Aussichten bietet wie früher, bleiben sie dabei – häufig zum eigenen finanziellen Schaden.

Dein Ziel als Investor sollte es sein, deine Kaufkraft zu steigern und mehr Lifestyle Credits zu erhalten. Dies bedeutet, dass du bereit sein musst, deine Investments zu ändern, wenn sich die Umstände ändern oder wenn du eine bessere Gelegenheit siehst. Es ist wichtig, regelmäßig zu reflektieren, ob du in einer Echo-Kammer voller Bestätigungsfehler und Wunschdenken bist oder ob du wirklich objektiv über deine Investments nachdenkst.

Ein Freund von mir ist zum Beispiel ein leidenschaftlicher Investor in Silber. Über Jahre hinweg hat er all seine Investitionsentscheidungen auf der Annahme getroffen, dass die Silberpreise immer weiter steigen werden. Wenn der Preis fällt, spricht er von Marktmanipulation und anderen Verschwörungen. Er weigert sich, seine Strategie zu überdenken, selbst wenn die Beweise zeigen, dass seine Investments nicht die erwartete Rendite liefern. Dies ist ein klassisches Beispiel dafür, wie eine emotionale Bindung an ein Investment zu irrationalen Entscheidungen und letztlich zu finanziellen Verlusten führen kann.

REGEL NR. 8: MEDIEN, INFLUENCER UND TALKING HEADS HABEN KEINE AHNUNG.

Die Welt des Investierens ist voll von Lärm – Nachrichtensender, Finanzblogs, soziale Medien und Influencer, die alle ihre Meinungen und Prognosen teilen. Es ist wichtig zu erkennen, dass viele dieser Quellen nicht unbedingt dein Bestes im Sinn haben oder einfach nicht genug Verständnis besitzen, um präzise Ratschläge zu geben. Medien, Influencer und Talking Heads haben nicht mehr Ahnung als du zu Investments jeglicher Art, nur weil sie lauter darüber reden. Oft haben die lautesten und selbstsichersten Persönlichkeiten auf Social Media die geringste tatsächliche Erfolgsbilanz beim Investieren oder verstehen die Komplexität der Märkte am wenigsten. Sie können jedoch überzeugend reden und deine Aufmerksamkeit auf sich ziehen.

Gute Investoren sind oft Konträre, die gegen den Strom schwimmen und in Zeiten des allgemeinen Optimismus vorsichtig sind, während sie in Zeiten des Pessimismus zuversichtlich kaufen. Sie sind dazu bereit, unpopulär zu sein, denn sie verstehen, dass die Masse der Investoren oft von Emotionen geleitet wird, was zu Über- oder Unterbewertungen am Markt führt. Wenn alle um dich herum in Euphorie schwelgen und die Aktienpreise in die Höhe schießen, erfordert es Disziplin und Weitblick, einen Schritt zurückzutreten und zu fragen: »Ist das wirklich nachhaltig?« Umgekehrt, wenn der Markt abstürzt und die Schlagzeilen voller »Doom and Gloom«-Szenarien sind, braucht es innere Stärke und Überzeugung, um zu kaufen, während andere panisch verkaufen. Warren Buffett, einer der erfolgreichsten Investoren aller Zeiten, hat sein Vermögen aufgebaut, indem er oft in Zeiten der Angst gekauft und in Zeiten der Gier verkauft hat. Er folgt dem Grundsatz: »Sei gierig, wenn andere ängstlich sind, und ängstlich, wenn andere gierig sind.« Diese guten Investoren können gar nicht populär sein, denn ihre Meinung widerspricht meist dem Konsens.

Jim Cramer, der berühmte Moderator von *Mad Money*, ist bekannt für seine energiegeladenen und entschiedenen Börsenempfehlungen. Einige Anleger haben jedoch bemerkt, dass oft das Gegenteil von dem, was Cramer empfiehlt, passiert – ein Phänomen, das als »Inverse Cramer« bekannt geworden ist. Ich erinnere mich selbst an eine Situation, in der Cramer die Tesla-Aktie komplett verdammte, die ich gerade ausführlich analysiert hatte. Nach meiner Analyse war ich zu dem Schluss gekommen, dass diese Aktie völlig unterbewertet war und eine solide Investition darstellte. Trotz Cramers Warnung entschied ich mich, sie zu kaufen, und kurz darauf schoss der Preis der Aktie in die Höhe, da der Markt erkannte, welches Potenzial selbstfahrende Autos in der Zukunft haben würden. Dies war eine wichtige Lektion über den Wert der eigenen Recherche und das Misstrauen gegenüber dem Medienhype.

In einer Welt voller Lärm sind Momente der Stille, in denen du die Zeit findest, nachzudenken und zu analysieren, oft dein wertvollstes Gut. Indem du die Regel befolgst, Medien, Influencer und Talking Heads kritisch zu hinterfragen und deine eigenen Schlussfolgerungen zu ziehen, schützt du dich vor impulsiven Entscheidungen und baust ein solides Fundament für langfristigen Investitionserfolg auf.

REGEL NR. 9: DIE BESTEN INVESTMENTS SIND JENE, DIE DU NIE VERKAUFEN WÜRDEST, SONDERN AUS DENEN DU KONTINUIERLICH NUTZEN ZIEHST.

Diese Regel betont die Bedeutung von Investments, die über bloße Spekulation hinausgehen und die dir einen dauerhaften, oft passiven Nutzen bieten. Es geht um Vermögenswerte, die nicht nur auf dem Papier existieren, sondern die ein echtes, anhaltendes Potenzial für Einkommen, Wachstum oder persönliche Bereicherung haben. Diese Art von Investments bilden die Grundlage eines soliden, langfristigen Portfolios.

Ein Beispiel dafür ist die Investition in etwas Innovatives und Wegweisendes wie ChatGPT, wo du Token zum Nutzen der KI-Ressource kaufen könntest. Niemand kauft diese Token, um damit zu handeln und auf kurzfristige Gewinne zu hoffen, sondern GPTs Nutzer ziehen dauerhaften Wert daraus, indem sie die Technologie selbst nutzen. Hier geht es nicht darum, KI-Token zu traden und auf den perfekten Verkaufsmoment zu warten, sondern darum, an der langfristigen Vision und dem Erfolg der Technologie teilzuhaben.

Investments mit einem klaren Nutzen in der Wertformel werden dir immer bessere Renditen bieten als jene, wo du wenig Nutzen und dadurch wenig Wert bekommst. Bei allen Anlageklassen, welche Cash abwerfen, ist dies am einfachsten zu verstehen. Wenn du zum Beispiel eine Aktie, Anleihe oder Immobilie kaufst und diese nie mehr wieder verkaufen dürftest, so wäre dies kein Problem, solange das Investment Cash abwirft. Aktien und Anleihen bieten zum Beispiel die Möglichkeit des Cashflows durch Dividenden oder Zinsen, Immobilien durch Mieteinnahmen. Langfristige Investments in solide Unternehmen, Anleihen oder Immobilien können so ein stetiges Einkommen und potenzielles Wachstum bieten, ohne dass man sie je verkaufen müsste. Man verkauft sie nur, wenn der Preis so weit vom Wert abgewichen ist, dass es nun einfach Sinn ergibt, lieber zu verkaufen, als weiter ihren Nutzen zu genießen.

Wie funktioniert dieses Konzept jedoch bei Vermögenswerten, welche keinen Cashflow besitzen? Laut Buffett haben diese keinen Wert, doch meiner Ansicht nach ist das ein limitierendes Denken, denn Nutzen kann in vielen Formen für Menschen entstehen. Wir denken an die Bedürfnispyramide von Maslow: Je weiter oben in der Pyramide das Bedürfnis steht, desto abstrakter ist es und desto schwerer in absoluten Zahlen zu beziffern. Cash sitzt hier ganz unten an der Basis und ist deshalb auf ganz einfache Art und Weise zu bewerten. Geld ist eben das ultimative Konsummittel als Lifestyle Credit und damit – nicht wirklich überraschend – Buffetts Maßstab.

Cash kann aber auch selbst als Investment gesehen werden. Nicht nur aufgrund der Zinsen, sondern auch als Werkzeug für Notfälle. Ein gewisses Maß an liquiden Mitteln zu haben ist wesentlich, aber zu viel davon zu halten kann aufgrund der Inflation kontraproduktiv sein. Wenn du in »Cash sitzt«, nur um auf andere, bessere Investments zu warten, dann spekulierst du damit, Alpha spielen zu können. Wenn du aber genauso viel Cash hast, dass du theoretisch ewig so viel Cash haben würdest, spielst du perfektes Beta.

Der Nutzen von Kryptowährungen wie Bitcoin, Ethereum und vielen anderen wird heiß diskutiert. Je realistischer du damit umgehst, umso einfacher wird es dir fallen, die »richtige Menge« davon zu kaufen, weil du ja in Nutzen investierst und nicht mit dem Preis spekulierst. Bitcoin ist für mich »digitales Gold«, keine Währung. Ethereum ist für mich ähnlich wie Amazon Web Service Credits, welche Amazon dafür bezahlt, um deren Server für Datenspeicher oder Programmierrechnungen zu begleichen. Bei Ethereum ist das aber kein zentralisierter Service wie bei AWS. Sondern ein dezentraler Weltcomputer. Prinzipiell denke ich, dass eine 50/50-Ratio bei Bitcoin und Ethereum am zielführendsten ist, und man etwa 80 Prozent der Menge, welche man in Kryptowährungen investieren will, dafür verwendet. Die restlichen 20 Prozent sind dann perfekt zum Spekulieren in kleinere Projekte, welche dafür noch mal deutlich mehr Rendite mit sich bringen können. Alloziert man zum Beispiel 10 Prozent von seinem Gesamtvermögen in Kryptowährungen, so sind diese 20 Prozent gerade mal 2 Prozent von allem. Weniger, als dein gesamtes Portfolio an einem Tag schwanken kann, doch genug, falls diese 2 Prozent um das Fünf- oder Zehnfache nach oben gehen und deine Investmentrendite extrem steigern. In meinem Bestseller *Kryptowährungen,* welcher nun über eine Million Mal verkauft wurde, gehe ich viel weiter in die Details.

Einige Rohstoffe wie Öl, Gas, Schweinebäuche, Getreide und andere sind zwar mittlerweile gut handelbar, doch habe ich selbst wenig Interesse, diese tatsächlich nach Hause geliefert zu bekommen. Dies macht Rohstoffe für mich weniger attraktiv für langfristiges Investieren, da ich ja in einen Nutzen investieren und nicht nur in einen Preis spekulieren will. Bei Gold sehe ich es ähnlich. Zwar ist es historisch gesehen ein langfristiger Inflationsschutz, doch abgesehen von Schmuckstücken und emotionalen Assoziationen wie meiner Goldkette kann ich Gold nicht wirklich als relevante Handelsware für mich betrachten.

Aufgrund des teilweise sehr schwachen Nutzens sind sowohl Kryptowährungen, Rohstoffe als auch Edelmetalle oft sehr emotionale Investments und werden von ihren Fans heiß diskutiert. Wenn du dich hier sehr gut auskennst und die Psychologie der Massen verstehst, kannst du als konträrer Investor Positionen gegen den Konsens einnehmen und teilweise extrem profitieren. Dies ist natürlich maximales Alpha.

Zu guter Letzt gibt es noch Sammlerstücke wie Kunstwerke, Uhren, Wein und vieles andere. Diese Spekulationsobjekte bedürfen eines genauen Verständnisses, da sie meist einen recht einzigartigen emotionalen und ästhetischen Nutzen bieten, der sehr weit oben auf der Bedürfnispyramide sitzt und nicht von jedem gleich anerkannt wird. Während für viele der Besitz von Kunstwerken etwa nicht nur eine Frage des finanziellen Gewinns ist, sondern der persönlichen Bereicherung, Freude und des Status, so ist er für andere reine Geldverschwendung. Dies macht Sammlerstücke so emotional und auch so interessant – jedoch nicht für mich.

Das zentrale Thema dieser Regel ist, dass die besten Investments jene sind, die einen *andauernden* Nutzen bieten. Sie sind mehr als nur Zahlen in einem Portfolio; sie repräsentieren reale Assets, die auf die eine oder andere Weise dein Leben bereichern. Indem du in solche Vermögenswerte investierst, minimierst du die Versuchung, auf kurzfristige Marktschwankungen zu reagieren, und positionierst dich stattdessen, um langfristig von deinen Investments zu profitieren.

REGEL NR. 10: ÜBERLEBE! WIE IM RICHTIGEN LEBEN. DU GEWINNST NICHT MIT DER BESTEN ENTSCHEIDUNG, SONDERN WEIL DU NICHT DIE SCHLECHTESTE TRIFFST.

Diese Regel erinnert uns daran, dass das oberste Ziel beim Investieren das Überleben ist. Es geht nicht darum, jedes Mal den absoluten Volltreffer zu landen, sondern vielmehr darum, katastrophale Fehler zu vermeiden, die dich aus dem Spiel werfen könnten. Ein anschauliches Beispiel dafür ist das »Kugelspiel« aus meinem Buch *Grenzenlos erfolgreich*. Stell dir vor, du spielst ein Spiel, bei dem du eine Kugel aus einem Beutel mit einer Mischung aus schwarzen und weißen Kugeln ziehst. Schwarze Kugeln bedeuten Verlust, weiße Kugeln Gewinn. Selbst wenn die Gewinne groß sind, wenn du eine weiße Kugel ziehst, ist das Spiel vorbei, sobald du eine schwarze Kugel ziehst. Das Ziel ist also nicht unbedingt, die größtmöglichen Gewinne zu erzielen, indem du hohe Einsätze machst, sondern vielmehr so lange wie möglich im Spiel zu bleiben, damit du, selbst wenn du eine schwarze Kugel ziehst, nicht allzu viel verlierst.

Übertragen auf das Investieren bedeutet dies, dass du deine Strategien so ausrichten solltest, dass du auch schwierige Marktsituationen überstehen und weiterhin im »Spiel« bleiben kannst. Das Anpassen der Investmentstrategie an verschiedene Marktphasen ist eine Kunst, die sowohl Fingerspitzengefühl als auch ein tiefes Verständnis der Marktdynamik erfordert.

In einem Bullenmarkt, wenn die Preise steigen und die Stimmung positiv ist, kann man ein bisschen optimistischer sein und Alpha-Strategien ausprobieren. Mit der allgemeinen Aufwärtsbewegung des Marktes fühlt es sich oft an, als würde fast jede Investition Früchte tragen. Allerdings tut Übermut selten gut und so ist es wichtig, regelmäßig Gewinne mitzunehmen, um sich vor einer unerwarteten Kehrtwende zu schützen. Wer solche Phasen jedoch zu defensiv spielt, lässt oft hohe Renditen auf der Straße.

Bärenmärkte sind das Gegenteil – die Preise fallen und die Stimmung ist oft gedrückt. In diesen Perioden muss die Strategie von Vorsicht und dem Streben nach Stabilität geprägt sein. Ich konzentriere mich hier auf defensive Sektoren wie Versorger oder Gesundheitswesen, die oft auch in wirtschaftlich schwierigen Zeiten beständig performen. Oft gehe ich auch vermehrt in Anleihen und Cash, um mein Portfolio zu stabilisieren, oder kaufe Put-Optionen als Versicherung meiner bestehenden Positionen. In diesen Zeiten ist es entscheidend, nicht alles gleich in Panik zu verkaufen, sondern kühlen Kopf zu bewahren und darauf zu vertrauen, dass man langfristig in Wert investiert hat und sich die Preise wieder nach oben bewegen werden.

In Zeiten hoher Volatilität, in denen die Märkte erratisch und unvorhersehbar sind, wird Risikomanagement zur obersten Priorität. Generell hilft dabei Dollar Cost Averaging (DCA), um das Risiko von schlechtem Timing zu minimieren. Durch regelmäßige Investitionen über einen längeren Zeitraum hinweg kann man die Auswirkungen kurzfristiger Schwankungen nicht nur abmildern, sondern sogar davon profitieren.

Die Kunst besteht darin, nicht notwendigerweise immer die beste Entscheidung zu treffen, sondern konsequent schlechte Entscheidungen zu vermeiden, die dein gesamtes Portfolio gefährden könnten. Indem du auf Überleben setzt, erlaubst du dir, von den langfristigen Vorteilen des Investierens zu profitieren, ohne durch eine einzige schlechte Entscheidung alles zu verlieren.

FALLSTUDIE BITCOIN UND SEIN WERT

Vor etwa zehn Jahren, im Jahr 2014, trat ich zum ersten Mal in die Welt von Bitcoin ein. Damals war ich ein Neuling, verstand weder den wahren Wert von Bitcoin noch die zugrunde liegende Wertformel. Ich investierte einen kleinen Betrag, mehr aus Neugierde und dem Gefühl, eine Chance nutzen zu wollen, als aus einer fundierten Überzeugung heraus.

Ein Jahr später, 2015, machte ich meine erste bedeutende Investition in Bitcoin. Ich investierte 100.000 Dollar bei einem Bitcoin-Preis von 500 Dollar – nicht weil ich den vollständigen Wert von Bitcoin bereits begriffen hätte, sondern weil ich erwartete, dass der Faktor »Menschen« in der Wertformel steigen würde. Ich sah das wachsende Interesse und die zunehmende Akzeptanz, was mich zu der Überzeugung führte, dass mehr Menschen beginnen würden, Bitcoin zu nutzen und zu schätzen.

In den Jahren 2016 und 2017 diversifizierte ich meine Kryptoinvestitionen, indem ich auch in verschiedene Altcoins investierte. Mein Hauptkriterium war der Nutzen in der Wertformel, den diese alternativen Coins über das hinaus anboten, was Bitcoin konnte.

Ende 2017 entschied ich mich, einen Großteil meiner Kryptopositionen bei einem Bitcoin-Preis von knapp 19.000 Dollar zu verkaufen. Meine Entscheidung traf ich nicht aufgrund der Wertformel, sondern weil die Position im Portfolio zu groß geworden war und das Risiko, insbesondere nach einem so massiven Bullenmarkt, nicht mehr meinem Komfort entsprach.

In den Jahren 2018 und 2019 kehrte ich langsam wieder in den Markt zurück, konzentrierte mich aber hauptsächlich auf Ethereum. Der Grund dafür war, dass der Gesamtmarkt gefallen war, was die Preise attraktiver machte, und ich anhand der Wertformel erkannte, dass Ethereum einen starken Nutzen und somit ein größeres Potenzial hatte.

Mein absolut bestes Timing war während des Corona-Crashs im März 2020. Ich kaufte intensiv nach, als der Preis binnen Stunden um mehr als 50 Prozent gefallen war. Ich sah die knapp 4000 Dollar als eine exzellente Kaufgelegenheit, da für mich nur der Preis gefallen war, nicht jedoch der Wert, und obendrein hoffte ich, dass der »Spekulationsnutzen« durch die expansive Geldpolitik und das billige Geld steigen würde, was den Wert noch weiter nach oben treiben würde.

Ende 2021 entschied ich mich, erneut zu verkaufen, da der Preis meiner Meinung nach zu hoch gestiegen war. Angetrieben durch Bitcoin-Futures-ETFs, welche für mich jedoch null Auswirkung auf Bitcoins Wert hatten, stieg der Bitcoin-Preis auf sein Allzeithoch von 69.000 Dollar. Der Preis schien über seinem Wert, und um meine Social-Media-Fans zu informieren, streamte ich einen Teil des Verkaufs live auf YouTube.

Nicht *wegen* meines Verkaufs, sondern danach gab es einen starken Crash, und das ganze Jahr 2022 wartete ich geduldig auf eine klarere Sicht auf die Richtung und den zukünftigen Wert von Kryptowährungen.

Seit Anfang 2023 habe ich dann wieder mit einer Dollar-Cost-Averaging-Strategie begonnen, insbesondere aufgrund des institutionellen Geldes, das zunehmend in den Markt fließt. Diese Entscheidung basiert auf meiner Beobachtung, dass Kryptowährungen mehr und mehr legitimiert werden und einen festen Platz in diversifizierten Portfolios einnehmen.

Zu Beginn des Jahres 2024 halte ich Ausschau nach Anzeichen einer bevorstehenden Rezession, die den spekulativen Nutzen und damit den Wert von Kryptowährungen senken könnte. Sollte sich diese Situation abzeichnen, könnte das Mitte 2024 durch expansive Geldpolitik wieder eine Gelegenheit für einen aggressiveren Einstieg bieten, da ich erwarte, dass der Wert dann wieder steigt.

Diese Fallstudie ist nicht nur eine Chronik meiner Investitionsentscheidungen, sondern auch ein Zeugnis dafür, wie wichtig es ist, kontinuierlich zu lernen, Marktbedingungen zu analysieren und flexible, aber durchdachte Strategien zu verfolgen. Es zeigt auch, dass gutes Investieren oft bedeutet, gegen den Strom zu schwimmen und auf Wert statt auf Hype und Spekulation zu setzen. Des Weiteren ist es wichtig, sich nicht in ein Investment zu verlieben, sondern den Faktor Kaufkraft als Maßstab des Investmenterfolges zu sehen.

Action Plan

Hier ist eine Kurzform meiner eigenen mentalen Checkliste, die ich durchgehe, bevor ich eine Investmententscheidung treffe. Lege dir am besten etwas Ähnliches für dich zurecht.

Verstehe ich den Wert? Bevor ich investiere, stelle ich sicher, dass ich den tatsächlichen Wert des Investments gründlich recherchiert habe. Was ist das Unternehmen, die Immobilie oder das Asset wirklich wert? Erst dann vergleiche ich den aktuellen Marktpreis mit meiner Einschätzung. Ist der Preis deutlich darunter, könnte dies eine gute Kaufgelegenheit darstellen. Liegt der Preis darüber, ist vielleicht Vorsicht geboten.

Bedenke ich die Makrofaktoren für potenzielle Risiken? Verstehe ich die Marktdynamiken gerade oder geopolitische Faktoren? Ich frage mich nicht, wie viel ich aus einem Investment holen kann, sondern sichere mich immer zuerst gegen Verlust ab. Überleben!

Passt das Investment zu meinen derzeitigen finanziellen Zielen? Ist es geeignet für mein Alter, mein Einkommen und meine familiäre Situation? 30-jährige Staatsanleihen sind nicht immer der richtige Zeithorizont.

Wie passt dieses Investment in mein Gesamtportfolio? Konzentriere ich mich durch diesen Kauf zu stark in einer bestimmten Anlageklasse, einem Sektor oder einer geografischen

Region? Eine gut diversifizierte Portfoliostruktur kann Risiken minimieren und die Gesamtrendite stabilisieren.

Dollar-Cost-Averaging oder alles auf einmal? DCA kann besonders in volatilen Märkten helfen, das Risiko zu verteilen. Generell nutze ich DCA deshalb lieber, statt einmalige Groß-ein- oder -verkäufe zu tätigen.

Was ist mein Plan, wenn sich das Investment nicht wie erwartet entwickelt? Ich setze mir klare Regeln, wann und unter welchen Umständen ich bereit bin zu verkaufen, um Gewinne zu sichern oder Verluste zu begrenzen.

Dies ist nur eine kurze Ausführung, aber wenn du diese Schritte als deine eigene Checkliste vor jeder Investitionsentscheidung durchgehst, kannst du dich vor impulsiven Entscheidungen schützen und sicherstellen, dass eine Investition wohlüberlegt und im Einklang mit deinen finanziellen Zielen und Bedürfnissen ist.

Das beste Investment bist du selbst

Erfolgreich investieren heißt nicht nur das Investieren in finanzielle Anlageklassen, sondern vor allem in sich selbst. Ich habe stets die Kultur des lebenslangen Lernens und der ständigen Verbesserung verfolgt. Es gibt kein besseres Investment als in sich selbst. Dieser Ansatz hat sich nicht nur in meinen persönlichen Investmententscheidungen, sondern auch in meiner Fähigkeit, anderen zu helfen und Wissen zu teilen, manifestiert.

Um tiefer in die Welt der Kryptowährungen und Blockchain-Technologie einzutauchen, habe ich zwei Bücher veröffentlicht: *Kryptowährungen* und *Blockchain 2.0*. Diese beiden Bücher sind das Ergebnis intensiver Recherche und persönlicher Erfahrung und dienen als umfassende Ressource für jeden, der verstehen möchte, wie diese neuen Technologien funktionieren und inwiefern sie das Potenzial haben, unsere wirtschaftliche Landschaft zu gestalten.

Um mein Wissen noch weiter zu verbreiten und Diskussionen und Meinungsaustausch anzuregen, habe ich einen Podcast und einen YouTube-Kanal ins Leben gerufen. Ich teile darin regelmäßige Einblicke, Analysen und Diskussionen über aktuelle Ereignisse, Marktbedingungen und tiefergehende Themen rund um Investitionen, Kryptowährungen und persönliche Finanzen. Diese Plattformen ermöglichen es mir, in Echtzeit auf Veränderungen und Trends zu reagieren und meine Zuhörer und Zuschauer auf dem Laufenden zu halten.[6]

Um sicherzustellen, dass interessierte Investoren und Anhänger stets die neuesten Informationen erhalten, biete ich auch einen E-Mail-Newsletter an. Dieser Newsletter bietet regelmäßige Updates, Einblicke und praktische Tipps, die direkt in dein Postfach geliefert werden. Er ist eine hervorragende Ressource für diejenigen, die engagiert bleiben und ihr Wissen kontinuierlich erweitern möchten.[7]

Für alle, die sich noch intensiver informieren möchten, gibt es den »Inner Circle«. Hier teile ich wöchentliche Updates und detailliertere Analysen meiner eigenen Investments. Mitglieder des Inner Circle erhalten Zugang zu exklusivem Content, tiefergehenden Diskussionen und der Möglichkeit, direkt mit mir und anderen erfahrenen Investoren zu interagieren.

Diese Ressourcen sind Teil meiner Verpflichtung, nicht nur mein eigenes Wissen zu erweitern, sondern auch anderen zu helfen, informierte und durchdachte Entscheidungen zu treffen. Durch die Kombination aus persönlicher Erfahrung, ständiger Forschung und dem Teilen von Wissen strebe ich danach, eine Gemeinschaft von gut informierten, fähigen Investoren zu kultivieren. Ich glaube fest daran, dass durch Bildung, Diskussion und kontinuierliches Lernen jeder sein Verständnis und seine Fähigkeiten im Bereich der Investitionen verbessern kann.

Im Herzen dieses Investitionskapitels liegt die philosophische Verflechtung der Wertformel mit den Prinzipien des Investierens. Jede meiner zehn Investmentregeln spiegelt Aspekte der Wertformel wider – Nutzen, Menschen und Seltenheit – und wie diese Faktoren den Wert einer Investition beeinflussen. Die Kunst des Investierens besteht nicht darin, die Formel perfekt zu beherrschen, sondern sie einfach nur geschickt anzuwenden. Erfolgreiche Investitionen basieren auf der Fähigkeit, den wahren Wert zu erkennen, der oft durch die Unvorhersehbarkeit der Märkte verschleiert wird. Die philosophische Botschaft dieses Kapitels ist klar: Wert ist mehr als nur Preis. Es geht um das umfassende Verständnis und die Einschätzung von Nutzen, das Lesen der Marktdynamik und das Erkennen des wahren Werts einer Anlage. Dieses Verständnis zu entwickeln erfordert Geduld, Bildung und vor allem die Fähigkeit, über die Oberfläche hinauszuschauen.

Reflektiere vielleicht zum Schluss, wie du »Wert« in deinen eigenen Investitionen definierst. Denke über die Vermögenswerte nach, in die du bisher investiert hast oder investieren möchtest. Wie passt deine Definition von Wert zu den Prinzipien, die in diesem Kapitel beschrieben wurden? Reflektiere über frühere Investitionsentscheidungen, die nicht wie erwartet verliefen. Welche Lektionen kannst du daraus ziehen und wie könnten die Prinzipien aus diesem Kapitel helfen, ähnliche Fehler in der Zukunft zu vermeiden? Welche neuen Ideen oder Konzepte hast du aus diesem Kapitel mitgenommen? Gibt es bestimmte Bereiche oder Strategien, die du weiter erforschen möchtest, um dein Verständnis und deine Fähigkeiten im Investieren zu verbessern?

Während wir uns nun vom Investieren abwenden, gehen wir im nächsten Kapitel zu den Themen Unternehmertum und Business. Hier werden wir die Wertformel unter anderen Bedingungen betrachten, nämlich wie man sie nutzen kann, um Geschäfte aufzubauen, zu skalieren und zu führen. Wir erkunden, wie dieselben Prinzipien, die uns beim Investieren leiten, auch für den Aufbau und das Wachstum von Unternehmen gelten können.

KAPITEL 8
BUSINESS UND UNTERNEHMERTUM

»Ein Unternehmer neigt dazu, etwas mehr abzubeißen, als er kauen kann, in der Hoffnung, dass er schnell lernt, wie man es kaut.«

Roy Ash

Im Lebensbereich Nummer zwei, der Welt des Unternehmertums, ist das Wagnis groß, die Herausforderungen sind zahlreich und die Belohnungen können enorm sein. Dieses Kapitel führt uns ins Zentrum des Geschäftswesens und beleuchtet das Konzept des Skalierens – die entscheidende Facette, welche oft über den Erfolg und die Auswirkung eines Unternehmens entscheidet. Skalieren bedeutet mehr als nur Wachstum; es bedeutet, einen Weg zu finden, Einfluss, Reichweite und Nutzen exponentiell in die Welt zu transportieren. Hier geht es nicht nur um das Erzielen von Gewinnen, sondern um das Schaffen von bleibendem Wert, sowohl für das Unternehmen als auch für die Gesellschaft. Ob du nun ein aufstrebender Unternehmer bist, der nach Inspiration sucht, oder ein erfahrener Geschäftsinhaber, der nach neuen Wachstumsmöglichkeiten Ausschau hält, dieses Kapitel bietet wertvolle Einblicke und Lehren, die dich auf deinem Weg begleiten werden. Bereite dich darauf vor, umfassende Details zu den Mechanismen des Unternehmertums zu erhalten, von der Ideenfindung über die Markteinführung bis hin zur langfristigen Skalierung. Ich werde auf die Bedeutung von Innovation, Kundenverständnis und kontinuierlicher Anpassung eingehen, die nötig sind, um in einer sich ständig verändernden Geschäftswelt zu bestehen.

Im Zentrum des Unternehmertums steht die unabdingbare Realität, dass Skalierung das Fundament ist, auf dem Wohlstand, Einfluss und Erfolg eines Unternehmens ruhen. Die Wertformel – Nutzen, Menschen, Seltenheit – nimmt im Geschäftsumfeld eine besonders dynamische und kritische Rolle ein, wobei die Skalierung des Nutzens und der Reichweite das primäre Ziel darstellt. Egal, ob du nach Reichtum, Ruhm oder beidem strebst, ohne Skalierung ist das Erreichen dieser Ziele eine Herausforderung. Erfolgreiche Unternehmen verstehen und meistern die Kunst der Skalierung in einem Ausmaß, das sie von anderen abhebt.

VOM SELBSTSTÄNDIGEN ZUM UNTERNEHMER

Lass mich dir das Beispiel von einem ehemaligen Arztkollegen erzählen, der seine Ein-Mann-Praxis zu einer voll skalierbaren medizinischen Einrichtung ausgebaut hat. Ursprünglich konnte er aufgrund seiner Expertise und der persönlichen Betreuung einen enormen Nutzen für seine Patienten bieten. Doch seine Kapazitäten waren begrenzt; solange er allein arbeitete, würde er nicht mehr Patienten behandeln können. Anfangs wandte er ein, dass er keine anderen Ärzte einstellen könnte, weil diese nicht auf seinem Niveau arbeiten würden. Das ist ein verständlicher Ansatz, aber er begrenzte das Wachstum und den Einfluss seiner Praxis erheblich, und damit seine Einnahmen. Im Endeffekt skalierte er den Nutzen nicht über seine persönliche Kapazität hinaus. Er war selbst und ständig.

Als er jedoch Vater wurde, wollte er seine Zeit nicht mehr nur in der Praxis verbringen. In diesem Moment musste er anfangen umzudenken, er musste vom rein praktizierenden Arzt zum Arztunternehmer werden, der die Prinzipien der Skalierung versteht. Ihm wurde klar, dass es Wege zu finden galt, wie er den von ihm angebotenen Nutzen über seine persönlichen Grenzen hinaus erweitern konnte, um wahrhaftigen Einfluss zu erlangen und die Praxis zum Wachstum zu führen. Er arbeitete Prozesse aus, um weitere qualifizierte Ärzte einzustellen, die ähnliche Werte und Standards in der Patientenpflege teilten wie er. Vielleicht nicht ganz wie er, doch genug, um trotz der Erweiterung seines Teams die Qualität nicht stark zu beeinträchtigen. Technologieeinsatz war ein weiterer Baustein bei der Skalierung seiner Praxis. Er implementierte Systeme für die Patientenverwaltung, welche die Effizienz steigerten und mehr Zeit für die Patientenversorgung ermöglichten. Für die Nachbetreuung nutzte er Telemedizin-Methoden, welche Telefonate binnen Minuten ermöglichten und so die Turnaround-Zeit bei Patienten deutlich verkürzten.

Der Übergang vom Selbstständigen, der »selbst und ständig« arbeitet, zum Unternehmer, der ein Unternehmen führt und skalierbare Systeme nutzt, erfordert eine fundamentale Veränderung in der Denkweise und in der Ausführung seiner Tätigkeiten. Selbstständige arbeiten meist direkt im Geschäft, erledigen tägliche Aufgaben, sind tief in das operative Geschäft eingebunden und oft die primäre Arbeitskraft, um den Nutzen an den Kunden zu tragen. Unternehmer hingegen fokussieren sich auf das große Bild, entwickeln Strategien, Systeme und Prozesse, die das Geschäft auch ohne ihre ständige Präsenz funktionieren lassen. Sie arbeiten »am« statt »im« Geschäft, tragen den Nutzen nicht selbst zum Kunden, sondern entwickeln ein System, das dies erledigt. Selbstständige neigen dazu, alles allein zu machen, da sie glauben, dass niemand die Arbeit so gut erledigen könnte wie sie selbst. Selbstständige können perfektionistisch sein, sie geben Projekte oder Produkte erst frei, wenn sie in ihren Augen perfekt sind. Unternehmer erkennen die Wichtigkeit der Skalierung in der Wertformel, sie delegieren und stellen talentierte Mitarbeiter ein, denen sie vertrauen können. Sie verstehen, dass durch die Ermächtigung anderer mehr erreicht werden und das Geschäft skaliert werden kann. Unternehmer priorisieren den Fortschritt vor der Perfektion und verstehen, dass schnelles Lernen und das Anpassen an Marktrückmeldungen entscheidend für den Erfolg sind. Selbstständige sehen meist nur den direkten finanziellen Gewinn aus ihrer Arbeit und halten an kurzfristigen Einnahmen fest, da diese ausbleiben, wenn sie aufhören, Nutzen zu liefern. Unternehmer opfern oftmals kurzfristige Gewinne, was gerade den Übergang von der Selbstständigkeit zum Unternehmertum schwierig machen kann. Unternehmer verstehen jedoch, dass sie nur so Nutzen *langfristig* skalieren können.

Wie für jeden anderen Selbstständigen, der darüber nachdenkt, zum wahren Unternehmer zu werden, war für meinen Arztkollegen der Weg von der Einzelpraxis zu einem skalierbaren medizinischen Unternehmen nicht einfach und erforderte ein Umdenken in vielen Bereichen. Er musste erkennen, dass er als Arzt nicht nur als Heiler, sondern auch als Geschäftsführer und Innovator handelte. Das neue System erforderte, Gewinne zu reduzieren und in ein System voller Prozesse und neuer Mitarbeiter zu investieren. Entscheidend für den Erfolg erwies sich die Fähigkeit, über die unmittelbare persönliche Patientenversorgung hinauszudenken und Strategien zu entwickeln, die den Nutzen auf eine größere Patientenpopulation erweiterten. Dies lässt sich natürlich auf ganz viele andere Bereiche, teilweise sogar noch viel einfacher, anwenden.

DER BUSINESS-START

Ein Unternehmen zu gründen beginnt mit einer simplen, aber tiefgreifenden Frage: Welches Problem möchte ich für andere Menschen lösen? Der Kern jeder erfolgreichen Geschäftsidee ist der Wunsch und die Fähigkeit, nützlich zu sein. Dies bedeutet, einen echten Bedarf zu identifizieren und eine Lösung anzubieten, die das Leben der Menschen verbessert. Der Nutzen, den du bietest, ist der Grundstein deines Unternehmens und der Schlüssel zu deinem Erfolg in der Wertformel. Wie im Nutzen-Kapitel besprochen ist die Erklärung dazu umso einfacher, je weiter unten in der Maslow-Pyramide sich das Bedürfnis befindet. Nutzen auf der physiologischen Ebene ist einfacher zu adressieren als Nutzen auf der sozialen Ebene, und dieser wiederum ist leichter sichtbar als der Nutzen ganz oben auf der Transzendenz-Ebene.

Es ist wichtig zu verstehen, dass Einzigartigkeit nicht immer das Ziel sein muss, insbesondere wenn du gerade erst anfängst. Es gibt unzählige Beispiele für erfolgreiche Unternehmen, die in Märkten gestartet sind, die bereits gesättigt schienen, die aber dennoch erfolgreich waren, weil sie den Nutzen auf eine Weise verbesserten, die für Kunden bedeutungsvoll war. Seltenheit, obwohl ein wichtiger Multiplikator des Wertes, sollte dich nicht davon abhalten, ein Unternehmen zu gründen, das es bereits gibt. Was zählt, ist, wie du den Nutzen für deine Kunden steigern kannst.

Nehmen wir das Beispiel eines FBA-(Fulfillment by Amazon)-Geschäfts. Bei diesem Geschäftsmodell sucht man sich günstig zu produzierende Produkte (meist aus China) und verkauft diese über Amazon, welches sich um Lagerung, Logistik, Versand und Kundenbetreuung etc. kümmert. Man selbst verdient an der Marge, welche zwar teilweise nicht allzu groß ist, sich aber über die Masse enorm lohnen kann. Wenn man zum Beispiel etwas so Alltägliches wie Kabelbinder für 1 Cent in China einkaufen kann, 5 Cent für Transport und andere Kosten pro Kabelbinder benötigt, diesen dann aber für 10 Cent über Amazon in Europa verkaufen kann, so verdient man 4 Cent pro Kabelbinder. Das klingt nicht viel, aber wenn man es schafft, 1 Million Kabelbinder pro Jahr zu verkaufen, so wären das allein mit einem Produkt knapp 40.000 Euro pro Jahr. Ja, es ist ein gut gesättigter Markt und du wirst vielleicht nicht das nächste Milliarden-Dollar-Unternehmen daraus machen. Aber das bedeutet nicht, dass es keine tollen Chancen darin mehr gibt. Wenn du einen Weg findest, den Nutzen für deine Kunden zu steigern – sei es durch bessere Produktqualität, schnellere Lieferzeiten, hervorragenden Kundenservice oder einzigartige Produkte –, kannst du immer noch ein sehr profitables Geschäft damit aufbauen. Je mehr Produkte du wie beim Kabelbinder-Beispiel von zuvor finden kannst, umso höher kann dein Einkommen werden. 100.000 bis 200.000 Euro pro Jahr ist hierbei ein riesiger Erfolg und für die meisten regulär Angestellten fast unerreichbar.

MEIN UNTERNEHMENSSTART

Mein Eintritt in die Welt der Kryptowährungen begann 2014 mit einer klaren und ehrgeizigen Mission: Menschen »kryptofit« zu machen. Ich war fasziniert von der revolutionären Technologie der Blockchain und den Möglichkeiten, die Kryptowährungen für die finanzielle Freiheit und Unabhängigkeit boten. Mein Ziel war es, den Kryptomarkt für jeden zugänglich und verständlich zu machen, die Komplexitäten zu beseitigen und die Brücke zu schlagen zwischen der traditionellen Finanzwelt und der aufkommenden Welt der digitalen Währungen.

Mit dieser Mission gründete ich 2015 TenX. Das Ziel von TenX war es, Kryptowährungen ausgebbar zu machen, sodass sie nicht nur als spekulative Assets gehalten, sondern auch im täglichen Leben verwendet werden konnten. Wir arbeiteten an einer Plattform und einer Karte, die es den Benutzern ermöglichten, ihre Kryptowährungen genauso einfach auszugeben wie das Geld auf ihrem Bankkonto. TenX war nicht nur ein Produkt; es war ein Schritt in die Richtung zur Erfüllung meiner Mission, die Welt der Kryptos zugänglicher zu machen.

Anfang 2019 wurde ich unfreiwillig aus meinem eigenen Unternehmen gedrängt, nur um später sogar noch herauszufinden, dass meine nun ehemaligen Geschäftspartner gesuchte Kriminelle waren. In den Jahren hatte ich jedoch wertvolle Erfahrungen gesammelt und verstand nun die Landschaft des Kryptomarktes genauer denn je. So sah ich 2019 die Gelegenheit, mein Engagement für die Krypto-Community auf die nächste Stufe zu heben, und es entstand die Idee für Cake. Cake sollte nicht nur die Zugänglichkeit zu Kryptowährungen verbessern, sondern den Nutzern auch ermöglichen, passives Einkommen durch ihre Kryptoinvestitionen zu erzielen. Das Unternehmen war eine Weiterentwicklung meiner ursprünglichen Mission, die Leute »kryptofit« zu machen; doch wollte ich ihnen nun auch zeigen, wie sie ihre Krypto-Assets optimal nutzen können.

Von den ersten Schritten im Jahr 2014 über die Gründung von TenX (2015) und Cake (2019) bis heute, fast zehn Jahre später, war meine Kryptoreise geprägt vom Lernen, von Anpassung und dem ständigen Streben danach, die Welt der Kryptowährungen für alle nutzbarer zu machen. Jedes Unternehmen, das ich aufgebaut habe, und jede Entscheidung, die ich getroffen habe, war von der Überzeugung geleitet, dass Kryptowährungen das Potenzial haben, die Art und Weise, wie wir über Wohlstand und Finanzen denken, grundlegend zu verändern.

MVP – MINIMUM VIABLE PRODUCT

Als ich 2019 Cake gründete, war ich mir, trotz meiner Begeisterung und meines Glaubens an das Potenzial der Idee »Cashflow aus Kryptowährungen«, nicht sicher, ob andere sie teilen würden. Würden die Leute wirklich Interesse an einem Service haben, der ihnen half, Cashflow auf ihre Kryptowährungen zu erhalten? Ich musste einen Weg finden, das Interesse zu testen, ohne zu viel zu riskieren. Ich entschied mich für einen einfachen, aber effektiven Ansatz: Ich erstellte eine schlichte Landingpage, die mein Konzept beschrieb und die Vorteile des Dienstes hervorhob. Die Seite enthielt einen klaren und ansprechenden Pitch mit einer Aufforderung zur Aktion – sich für weitere Informationen einzutragen. Mein Ziel war es zu sehen, ob ich mindestens 1000 Personen dazu bringen könnte, ihr Interesse zu bekunden. Ich dachte, wenn ich diese Zahl erreichen würde, wäre das ein starkes Zeichen für genug Nachfrage, um das Unternehmen weiter voranzutreiben.

Dann startete ich die Seite und wartete gespannt. Was als Nächstes geschah, übertraf alle meine Erwartungen. Am ersten Tag der Live-Schaltung der Landingpage hatten sich nicht nur 1000 Menschen eingetragen – es waren 5000! Diese überwältigende Reaktion war der klare Beweis, den ich brauchte: Ich sah, dass die Idee nicht nur ein persönlicher Wunschtraum war, sondern ein echtes Bedürfnis auf dem Markt adressierte. Die Tatsache, dass sich so viele Leute so schnell eingetragen hatten, war nicht nur eine Bestätigung des Interesses, sondern auch ein starker Motivationsschub. Es zeigte mir, dass es da draußen eine Gemeinschaft von Menschen gab, die bereit und begierig darauf waren, von einem Dienst wie dem meinen zu profitieren. Dieser Moment war entscheidend; er war der Grundstein für die Gründung von Cake.

Von da an war der Weg klar. Ich wusste, dass es eine Idee war, die funktionieren würde, und dass es eine Zielgruppe gab, die auf den Augenblick wartete, bis diese Idee Wirklichkeit werden würde. Mit diesem Wissen und der Unterstützung von Tausenden von potenziellen Kunden begannen wir mit einem kleinen Team an der Entwicklung von Cake, das sich zu einem erfolgreichen Unternehmen entwickeln sollte. Es hilft Menschen, das Beste aus ihren Kryptowährungen herauszuholen, mit der langfristigen Mission, den Kryptomarkt und seine Chancen für jeden ganz einfach zugänglich zu machen.

Der Ansatz, den ich für Cake verwendet habe, ist ein hervorragendes Beispiel dafür, wie du bei der Entwicklung deines eigenen Unternehmens vorgehen solltest. Die Idee des Minimal Viable Products (MVP) ist entscheidend, um Ressourcen zu schonen, schnell zu lernen und deine Ideen effizient auf den Markt zu bringen. Das MVP-Konzept ermöglicht es dir, mit einer vereinfachten Version deines Produktes oder Dienstes zu starten, um zu testen, ob es einen Markt dafür gibt und wie die Nutzer darauf reagieren, bevor du weitere Zeit und Ressourcen investierst.

Die »Skateboard-Strategie«[8], wie sie von Henrik Kniberg beschrieben wird, ist eine anschauliche Metapher für das MVP-Konzept. Statt zu versuchen, sofort ein perfektes Auto (oder in deinem Fall das perfekte Produkt oder Unternehmen) zu bauen, startest du mit etwas Einfacherem und Praktischerem – einem Skateboard. Obwohl es nicht alle Features und nicht den Komfort eines Autos hat, erfüllt es den grundlegenden Zweck: Mobilität. Von dort aus kannst du es zu einem Roller, dann zu einem Fahrrad, Motorrad und schließlich zu einem Auto weiterentwickeln, basierend auf Rückmeldungen und erlernten Lektionen.

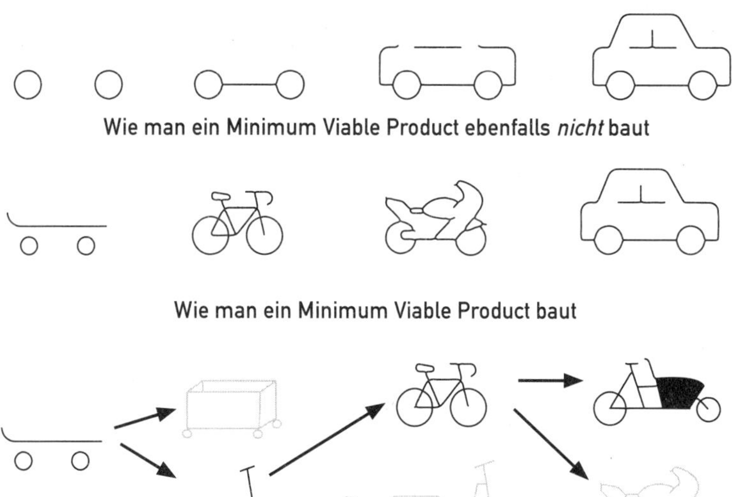

Abbildung 2: Entwicklung eines Minimum Viable Products[9]

Du baust also nicht vom perfekten Auto erst die perfekten Reifen, dann die perfekte Karosserie usw., denn während dieser ganzen Zeit wäre das Produkt nicht nutzbar, bis es tatsächlich fertig ist. Stattdessen baust du ein immer besseres Fahrzeug, angefangen mit dem Skateboard, dann einen Scooter, dann ein Fahrrad, dann ein Motorrad und am Ende das Auto. Statt Monate oder Jahre zu warten, um dann erst zu sehen, wie der Markt auf dein vollständiges Produkt reagiert, bekommst du innerhalb von Wochen oder sogar Tagen echte Nutzerreaktionen auf das Grundkonzept, das du testen willst. Du investierst weniger Zeit und Geld in die erste Version, was bedeutet, dass du weniger verlierst, wenn du Änderungen vornehmen musst oder wenn die Idee nicht funktioniert. Frühzeitiges und kontinuierliches Feedback ermöglicht es dir, dein Produkt oder deine Dienstleistung zu verfeinern und anzupassen, um den Bedürfnissen deiner Kunden besser gerecht zu werden.

In meinem Fall mit Cake war das MVP die einfache Landingpage, um das Interesse zu testen. Die überwältigende Reaktion zeigte klar, dass es einen Markt für das Produkt gab. Von da aus konnte ich das Unternehmen mit größerer Sicherheit und klarerem Fokus auf die Bedürfnisse der Kunden weiterentwickeln. Für den Scooter, im übertragenen Sinn, starteten wir einen simplen Staking-Service für unsere Kunden, welcher relativ leicht zu bauen war. Davon ausgehend gab es immer komplexere Produkte, welche die Schritte Fahrrad und Motorrad darstellten, und selbst heute sehe ich Cake noch nicht als »fertiges Auto«, sondern immer noch als Produkt auf dem Weg dorthin.

Dieselbe Strategie solltest du auch anwenden. Beginne klein, teste deine Ideen schnell und lerne aus dem Feedback. Das MVP-Konzept und die Skateboard-Strategie sind leistungsfähige Werkzeuge, die dir auf dem Weg zu deinem erfolgreichen Unternehmen helfen, erst einmal den Wert deiner Idee zu validieren.

MARKETING

Das Konzept des Minimum Viable Product ist nicht nur auf die Produktentwicklung beschränkt, sondern kann auch auf Marketingstrategien angewandt werden. Es ist entscheidend, dass du vom ersten Tag an mit dem Marketing beginnst, um ein Publikum aufzubauen, Feedback zu sammeln und deine Botschaft zu verfeinern.

Als ich zum Beispiel mein erstes Buch *25 Geschichten für mein jüngeres Ich* schrieb, erhielt ich einen wertvollen Rat von meinem Buchcoach, der mich sofort zum Nachdenken brachte und meine Herangehensweise an das Schreiben und Veröffentlichen völlig veränderte. Er sagte: »Marketing beginnt, sobald du die erste Seite schreibst, nicht wenn das Buch fertig ist.« Dieser einfache Satz löste in mir eine Kaskade von Überlegungen aus und zeigte mir, wie wichtig es war, das Publikum von Anfang an in den Schreibprozess einzubeziehen.

Von diesem Moment an betrachtete ich das Schreiben meines Buches nicht mehr nur als persönliche Reise und einen Akt der Selbstverwirklichung, sondern auch als Gelegenheit, eine Gemeinschaft rund um meine Ideen und Erfahrungen zu bauen. Ich begann, über verschiedene Plattformen und Medien meine Fortschritte, Herausforderungen und Einsichten, die ich während des Schreibens erlangte, zu teilen. Ich postete regelmäßig Updates in sozialen Netzwerken, startete eine E-Mail-Kampagne, um Interessenten auf dem Laufenden zu halten, und beteiligte mich an Diskussionen in relevanten Foren und Gruppen.

Diese Strategie des »Marketing von Anfang an« half mir, ein Publikum aufzubauen, das sich nicht nur für das Endprodukt interessierte, sondern auch für den Prozess und die Person dahinter. Leser fühlten sich verbunden, weil sie Teil der Reise waren, sahen die Höhen und Tiefen und fühlten sich als Teil der Geschichte, die ich erzählte. Als das Buch schließlich veröffentlicht wurde, hatte ich bereits eine engagierte Leserschaft, die darauf wartete, es zu kaufen und zu lesen.

Durch diesen Ansatz wurde mir klar, wie wichtig es ist, Marketing als integralen Bestandteil des kreativen Prozesses zu sehen. Es geht nicht nur darum, ein fertiges Produkt zu verkaufen, sondern eine Geschichte zu erzählen, eine Beziehung aufzubauen und eine Gemeinschaft von Gleichgesinnten zu schaffen. Mein erstes Buch war nicht nur ein Erfolg in Bezug auf die Verkaufszahlen, sondern auch in der Art, wie es Leser inspirierte und mit ihnen in Verbindung trat – und das alles entstand aus dem Verständnis heraus, dass Marketing mit dem ersten geschriebenen Wort beginnt.

Sobald dein Unternehmen wächst und du beginnst, einen angebotenen Nutzen zu skalieren, muss dieser für Kunden klar verständlich sein. Der Nutzen muss gar nicht so groß sein, manchmal reicht nur eine kleine Lebensverbesserung. Ohne diese Grundlage kann das Skalieren zu überstürztem Wachstum führen, das das Unternehmen überfordert und instabil macht.

Der einfachste Weg zu skalieren ist, mehr oder ein besseres Marketing für den angebotenen Nutzen einzusetzen. Gute Marketing- und Wachstumsstrategien sind entscheidend für den Erfolg von Unternehmern, da sie direkt auf den »Menschen- bzw. Skalierungsfaktor« der Wertformel ansetzen. Sie müssen jedoch sorgfältig geplant, durchdacht und auf die spezifischen Bedürfnisse des Unternehmens und seiner Kunden zugeschnitten sein.

Bevor Marketingstrategien entwickelt werden, ist es entscheidend, die Zielgruppe zu verstehen, ihre Bedürfnisse, Vorlieben, Verhaltensweisen und Kaufmotive. Durch Umfragen, Marktstudien und Kundenfeedback können Unternehmer Einblicke in ihre Zielgruppe gewinnen und daraus dann maßgeschneiderte Marketingstrategien entwickeln. Am einfachsten ist dies über die zuvor beschriebene MVP-Strategie, welche ich in meinen Unternehmen täglich anwende.

Meine persönliche Lieblings-Marketingstrategie ist das Content-Marketing. Hochwertiger, relevanter Inhalt ist hervorragend geeignet, um die Aufmerksamkeit von potenziellen Kunden zu gewinnen und sie als treue Kunden auch zu halten. Blogs, Videos, Podcasts und Social-Media-Posts sind nur einige Beispiele dafür, wie Unternehmen nützliche Informationen liefern können, die das Publikum ansprechen und die Marke stärken.

Klarerweise kombiniert man diese mit Social-Media-Plattformen als kraftvolle Tools, um Markenbewusstsein zu schaffen, eine Community aufzubauen und direkt mit Kunden zu interagieren. Eine durchdachte Social-Media-Strategie kann dabei helfen, die Sichtbarkeit zu erhöhen, Traffic zu generieren und die Kundenbindung zu fördern. Durch gut optimierte Websites wird das Unternehmen in den Suchmaschinenergebnissen höher eingestuft, was wiederum zu mehr Sichtbarkeit und Traffic führt. Durch personalisierte und zielgerichtete E-Mail-Kampagnen können Unternehmen dann mit bestehenden und potenziellen Kunden in Kontakt bleiben, sie über Neuigkeiten informieren und Sonderangebote machen. E-Mail-Marketing kann aufgrund des oft hohen ROI zur Kundenbindung beitragen. (ROI = Return on Investment; eine Kennzahl, die Auskunft darüber gibt, ob sich die Investition gelohnt hat.)

Ich selbst nutze auch die Zusammenarbeit mit anderen Unternehmen oder Influencern, um Reichweite zu generieren und neue Kundensegmente zu erschließen. Gemeinsame Aktionen, Empfehlungsprogramme oder Sponsoring sind gute Gelegenheiten, durch Partnerschaften das Wachstum zu fördern. Ein prominentes Beispiel dafür aus der deutschen Autoindustrie ist die Zusammenarbeit zwischen Volkswagen und Ford bei der Entwicklung von Elektrofahrzeugen und autonomen Fahrtechnologien. Im Jahr 2019 gaben die beiden Automobilgiganten bekannt, dass sie ihre Kräfte bündeln würden, um sowohl bei Elektrofahrzeugen als auch bei der autonomen Technologie zusammenzuarbeiten.

Ein herausragender Kundenservice macht für mich meist den entscheidenden Unterschied. Zufriedene Kunden werden eher wiederkehren und positive Mundpropaganda betreiben. Schnelle Reaktionszeiten, Lösungsorientierung und eine persönliche Note können dazu beitragen, eine loyale Kundenbasis aufzubauen. Während manche Unternehmen den Kundenservice als Kostenfaktor sehen, sehe ich ihn immer als Marketing- und Umsatztreiber.

Neben dem traditionellen Wachstum über mehr Mitarbeiter und/oder mehr Marketing gibt es andere Strategien, die Unternehmer und Führungskräfte anwenden können, um ihre Reichweite des angebotenen Nutzens zu erweitern, Effizienz zu steigern und somit den Gesamtwert ihres Unternehmens über die Wertformel zu erhöhen. Das Outsourcing nicht kerngeschäftlicher Funktionen wie Kundenservice, Buchhaltung oder IT kann Unternehmen helfen, sich auf ihre Kernkompetenzen zu konzentrieren und gleichzeitig Kosten zu senken. Durch das Outsourcing können Unternehmen flexibel bleiben und schnell auf Veränderungen reagieren, ohne die Last zusätzlicher fester Kosten. Es ermöglicht auch den Zugang zu Fachwissen und Kapazitäten, die intern möglicherweise nicht verfügbar sind. Ich selbst habe diesen Weg mehrmals versucht, jedoch leider nie erfolgreich umsetzen können. Zu oft scheiterte ich an der erfolgreichen Kommunikation und Prozesskontrolle, was zu mehr Kosten führte statt zu mehr Wert.

HOBBY VS. BUSINESS

Zu oft bleibt der »Unternehmenswunsch« ein Hobby. Willst du dein Hobby jedoch in ein Business überführen, ist der entscheidende Punkt, dass du nicht nur für dich selbst, sondern für andere Nutzen kreierst und es schaffst, diesen zu verkaufen. Du bringst also so viel Wert für andere, dass sie dir mehr dafür bezahlen, als du Kosten hattest, den Nutzen zu vermarkten. Unternehmer stehen oft vor der Herausforderung, dass sie nach der Entwicklung eines scheinbar perfekten Produkts keine Kunden dafür finden. Dieses Szenario resultiert daraus, dass sie den Fokus auf das Produkt selbst gelegt haben, ohne vorab den Markt und die tatsächlichen Bedürfnisse der potenziellen Kunden zu erforschen.

Die Lösung liegt in der frühen Kundenakquise. Wenn Unternehmer es versäumen, von Anfang an Kunden einzubeziehen, riskieren sie, viel Zeit und Geld in ein Produkt zu investieren, das am Ende keinen Markt findet. Die frühzeitige Kundenintegration ist somit nicht nur ein Weg, das Risiko zu minimieren, sondern auch ein Mittel, um sicherzustellen, dass das Endprodukt tatsächlich marktgerecht und nachgefragt ist. Wenn du am Anfang niemanden findest, der sich für dein Produkt interessiert, wirst du es am Ende auch nicht schaffen. Zusätzlich hast du dann aber Geld, Zeit und Energie vergeudet. Gerade bei Programmierern und Kreativen merke ich, wie sie es lieben, für sich selbst zu arbeiten und Dinge zu erstellen, welche sie nützlich finden, ohne den Wunsch, je ein Business daraus zu machen. Aber ein erfolgreiches Geschäft erfordert, dass du dich auf die Bedürfnisse und Wünsche deiner Kunden konzentrierst. Verstehe ihre Probleme und biete Lösungen an, die ihnen echten Wert bieten, damit du nicht in einem Hobby endest, während du eigentlich ein Business aufbauen wolltest. Und das nicht erst am Ende, sondern von Anfang an.

REGION UND SPRACHE

Das Eintreten in neue geografische oder demografische Märkte durch Firmenübernahmen oder Franchising kann erhebliches Wachstumspotenzial bieten. Die Expansion ermöglicht es Unternehmen, ihre Kundenbasis zu vergrößern und ihre Einnahmequellen zu diversifizieren. Es erfordert jedoch sorgfältige Planung und ein Verständnis des neuen Marktes, um kulturelle Unterschiede, regulatorische Anforderungen und die Wettbewerbslandschaft zu berücksichtigen.

Die Wahl des Sprachraums für meine Unternehmen und Inhalte war stets eine strategische Entscheidung mit weitreichenden Implikationen. Bei I-Unlimited, die Firma, welche ich 2012 gründete und die sich auf Persönlichkeitsentwicklung konzentriert, entschied ich mich, vor allem den deutschsprachigen Markt anzusprechen. Dieser Entscheidung lagen klare Vorteile zugrunde: eine definierte Zielgruppe von etwa 100 Millionen Menschen, eine geringere Konkurrenz als am internationalen Markt und die Möglichkeit, eine starke lokale Präsenz aufzubauen. Mich auf den deutschsprachigen Markt zu fokussieren bedeutete, dass ich mich in einer Nische positionieren konnte, in der ich als Experte erkannt wurde und eine loyale Kundenbasis aufbauen konnte.

Andererseits wählte ich für meine Firma Cake Englisch als Geschäftssprache, um das größere Potenzial dieses Marktes zu nutzen. Englisch ist nicht nur die vorherrschende Sprache des Internets und der globalen Geschäftswelt, sondern erweitert die Reichweite des Unternehmens weit über muttersprachliche Sprecher hinaus. Ich erreiche so nicht nur englischsprachige Länder, sondern auch nichtmuttersprachliche Sprecher weltweit, die Englisch als Zweitsprache verwenden. Dieser Ansatz brachte zwar mehr Konkurrenz mit sich, aber auch die Möglichkeit, auf globaler Ebene zu wachsen und als innovativer Player in der Branche anerkannt zu werden.

Die Überlegung, ob ich bei Cake in weitere Sprachräume (Chinesisch, Japanisch) expandieren sollte, bleibt eine offene Frage. Jeder dieser Märkte hat seine eigenen kulturellen Nuancen und Verhaltensweisen, was bedeutet, dass man nicht nur die Sprache, sondern auch die Inhalte anpassen muss, um Resonanz und Akzeptanz zu finden. Obwohl ich momentan in zwei unterschiedlichen Sprachmärkten aktiv bin, frage ich mich manchmal, ob ich nicht auch für I-Unlimited eine Expansion in den englischsprachigen Raum in Betracht ziehen sollte. Eine solche Entscheidung könnte neue Türen öffnen und zusätzliches Wachstum ermöglichen. Gleichzeitig ist mir bewusst, dass eine fokussierte und qualitativ hochwertige Präsenz im deutschen

Markt weiterhin solide Erträge liefern kann. Letztlich ist es eine strategische Überlegung, die ich immer wieder neu bewerte.

Die Wahl der Region und Sprache ist mehr als nur eine Kommunikationsentscheidung; sie definiert, wer mein Publikum ist, wie ich wahrgenommen werde und wie weit meine Botschaft reicht. Es ist ein Aspekt meines Geschäfts, der sorgfältige Überlegung und Anpassung erfordert, während ich weiterhin bestrebt bin, in einem sich ständig verändernden globalen Markt zu wachsen und zu innovieren.

FINANZMITTEL AUFTREIBEN

Freie Geldmittel sind besonders für Start-ups oder kleinere Unternehmen meist die limitierende Ressource, um zu investieren, zu expandieren und neue Märkte zu erobern. Die Kapitalbeschaffung hängt oft direkt mit der Seltenheit und dem wahrgenommenen Nutzen des Unternehmens zusammen. Investoren suchen nach Unternehmen, die etwas Einzigartiges und Wertvolles bieten – etwas, das selten und schwer zu replizieren ist. Gute Unternehmer schaffen also beim Fundraising diese Verknappung, um Investoren anzuziehen.

Ein inspirierendes Beispiel für erfolgreiches Fundraising ist die Geschichte des Start-ups Pebble Technology, welches 2012 durch eine Kickstarter-Kampagne zur Finanzierung seiner innovativen Smartwatch in die Öffentlichkeit trat. Ursprünglich suchten sie nach 100.000 Dollar, um die Produktion ihrer personalisierbaren Smartwatch zu starten. Die Kampagne zog schnell eine überwältigende Menge an Aufmerksamkeit und Begeisterung auf sich und überstieg alle Erwartungen. Innerhalb weniger Wochen sammelte Pebble über 10 Millionen Dollar von mehr als 68.000 Unterstützern und wurde damit eines der erfolgreichsten Crowdfunding-Projekte aller Zeiten. Dieser massive Erfolg ermöglichte es Pebble, nicht nur seine Produktionsziele zu übertreffen, sondern auch signifikante Verbesserungen und Erweiterungen des Produktangebots vorzunehmen. Die Geschichte von Pebble zeigt, wie eine gut durchdachte Kampagne und ein überzeugendes Produkt das Potenzial haben, die Begeisterung und das Kapital der Masse zu mobilisieren und ein Start-up auf den Weg des Erfolgs zu führen.

FIRMENKULTUR SKALIEREN

Gute Unternehmer sind oft von einer Mission angetrieben, die über reines Gewinnstreben hinausgeht. Diese Mission dient ihnen als Leitstern für ihre Entscheidungen und Aktionen und inspiriert sowohl ihr Team als auch ihre Kunden. Beim schnellen Wachstum kann es schwierig sein, diese Unternehmenskultur und die Werte, die das Unternehmen ausmachen, beizubehalten. Umso wichtiger ist es gerade am Anfang, seine Kernwerte, seine Mission und Vision klar zu definieren und mit allen zu teilen.

Elon Musk ist das bekannte Beispiel eines Unternehmers, der seine Firmen durch starke, zukunftsorientierte Missionen antreibt und es schafft, diese trotz extremer Skalierung beizubehalten. SpaceX zielt zum Beispiel darauf ab, die Menschheit zu einer multiplanetaren Spezies zu machen und die Möglichkeit zu schaffen, das Leben auf anderen Planeten zu etablieren, beginnend mit dem Mars. Tesla kann dazu beitragen, den Übergang zu nachhaltiger Energie zu beschleunigen, indem es Elektroautos, Batteriespeicher und Solarprodukte zugänglich macht. Bei X (früher Twitter) möchte Musk Meinungsfreiheit, soweit sich diese mit dem Gesetz vereinbaren lässt, im Internet voranbringen. Diese klaren und ehrgeizigen Missionen ziehen talentierte Mitarbeiter an, die bereit sind, hart zu arbeiten und innovative Lösungen zu entwickeln. Sie schaffen auch eine starke Markenidentität und Kundentreue, da die Käufer wissen, dass sie durch den Kauf von Tesla- oder SpaceX-Produkten zu einer größeren Sache beitragen.

Und am Ende hilft dies, den angebotenen Nutzen an so viele Leute heranzutragen wie nur möglich.

Für all das sind die richtigen Mitarbeiter entscheidend. Es geht nicht nur darum, Personen mit den gewünschten Fähigkeiten zu finden, sondern vielmehr um solche, die gut zur Unternehmenskultur passen. Ein Unternehmen, das für seine rigorosen und effektiven Einstellungspraktiken bekannt ist, ist Amazon. Es konzentriert sich stark darauf sicherzustellen, dass neue Mitarbeiter nicht nur kompetent, sondern auch ein »Cultural Fit« sind. Amazon beispielsweise hat seine »Leadership Principles«, die ein zentraler Bestandteil der Unternehmenskultur und des Entscheidungsprozesses sind.

Bei mir im Unternehmen gibt es, analog zu Amazon, »Team Principles«. Jeder Mitarbeiter, vom Neuling bis zu mir als CEO, wird an diesen Prinzipien gemessen. Im Interviewprozess bzw. auch in den quartalsmäßigen Bewertungsmodellen stelle ich Fragen, die darauf abzielen, wie der Kandidat in bestimmten Situationen gehandelt hat. Statt zu fragen: »Sind Sie kundenorientiert?«, könnte die Frage lauten: »Können Sie mir von einer Zeit erzählen, in der Sie über das hinausgegangen sind, was von Ihnen erwartet wurde, um ein Kundenproblem zu lösen?« Diese Art von Fragen kann dabei helfen, ein tieferes Verständnis für die tatsächlichen Verhaltensweisen und Werte des Bewerbers zu bekommen.

Durch die Konzentration auf den »Cultural Fit« und den Einsatz verhaltensbasierter Interviewtechniken kannst du sicherstellen, dass du nicht nur Mitarbeiter einstellst, die die notwendigen Fähigkeiten haben, sondern auch solche, die deine Mission teilen und zum langfristigen Erfolg deines Unternehmens beitragen werden. Mehr dazu besprechen wir auch im nächsten Kapitel rund um Karriere und Berufung.

RISIKEN BEIM SKALIEREN

Es gibt Zeiten, in denen schnelles Wachstum mehr schaden als nützen kann. Eine zu schnelle Skalierung ohne klaren Plan oder ausreichende Ressourcen kann zu ernsthaften Problemen führen, einschließlich Qualitätsminderung, Überlastung der Mitarbeiter und letztlich finanziellen Schwierigkeiten.

Ein persönliches und emotionales Beispiel aus meiner Erfahrung mit Cake aus dem Jahr 2023 belegt die Risiken einer zu schnellen Skalierung. Wir bei Cake hatten ein rasantes Wachstum erlebt, das uns zunächst wie ein großer Erfolg erschien. Wir stellten in kurzer Zeit viele neue Mitarbeiter ein, erweiterten unsere Angebote und vergrößerten unsere Kundenbasis. Doch dieses schnelle Wachstum war nicht nachhaltig. Wir hatten die Komplexität der Skalierung unterschätzt und uns nicht ausreichend auf die Herausforderungen vorbereitet, die mit einer solchen Expansion einhergehen.

Die Probleme begannen sich zu häufen. Die Qualität unserer Onlineplattform litt unter dem schnellen Wachstum, die Mitarbeiter fühlten sich überlastet und die Kundenzufriedenheit begann zu sinken. Wir mussten feststellen, dass wir unsere Kapazitäten überschätzt hatten und nicht die Infrastruktur oder die Prozesse besaßen, um unser Wachstum effektiv zu unterstützen.

Die Entscheidung, die folgte, war eine der härtesten, die ich je treffen musste. Im November 2023 mussten wir 50 Mitarbeiter entlassen. Es war ein emotionaler Moment, nicht nur für mich, sondern für das gesamte Unternehmen. Jeder Mitarbeiter hatte zum Erfolg von Cake beigetragen, und sie jetzt gehen lassen zu müssen war herzzerreißend. Es war ein klarer Weckruf, dass schnelles Wachstum ohne nachhaltigen Plan und solide Grundlage gefährlich sein kann.

Dieses Ereignis war nicht nur eine finanzielle Belastung für das Unternehmen, sondern auch eine emotionale. Es erinnerte uns daran, dass hinter jeder Zahl und jedem Geschäftsentscheid Menschen stehen. Es lehrte uns auch, dass Skalierung mehr erfordert als nur die Erhöhung der Mitarbeiterzahl oder der Kundenbasis; Skalierung erfordert eine durchdachte Planung, solide Systeme und Prozesse und vor allem ein Verständnis dafür, dass Qualität und Unternehmenskultur nicht unter schnellem Wachstum leiden dürfen.

Die Lektionen, die wir aus dieser Erfahrung gezogen haben, sind vielseitig. Wir haben gelernt, dass wir sorgfältiger planen, unsere Kapazitäten realistischer einschätzen und sicherstellen müssen, dass wir die Ressourcen und die Infrastruktur haben, um unser Wachstum zu unterstützen. Wir haben auch gelernt, dass manchmal langsames und stetiges Wachstum das Beste ist, um die Qualität zu sichern, die Kultur zu bewahren und ein nachhaltiges Unternehmen aufzubauen.

BEWUSST NICHT SKALIEREN

Es gibt auch Unternehmen, die sich bewusst gegen Skalierung entscheiden, weil sie glauben, dass ein langsames Wachstum oder eine Konzentration auf eine Nische besser zu ihrer Vision und ihren Zielen passt. In einigen Fällen kann ein langsames und stetiges Wachstum vorzuziehen sein, um die Unternehmenskultur zu erhalten, die Qualität zu sichern und langfristig nachhaltig zu sein.

Bei I-Unlimited habe ich eine besondere Gemeinschaft geschaffen, den Inner Circle. Dieser Kreis besteht aus einer sorgfältig ausgewählten Gruppe von einigen Hundert Menschen, die sich dem »richtig angewandten Wissen für außergewöhnliche Ergebnisse« verschrieben haben. Dies ist ein ganz spezielles Mastermind, das auf intensivem Austausch, tiefgreifendem Lernen und gemeinsamem Wachstum basiert. Indem ich diese Gruppe absichtlich klein halte, stelle ich sicher, dass jedes Mitglied die Aufmerksamkeit, die Ressourcen und den Raum erhält, den es benötigt, um wirklich zu wachsen und von den gemeinsamen Erfahrungen zu profitieren. Diese Exklusivität und

Fokussierung tragen zu einem starken Brand und Image bei, das auf Qualität, Tiefe und echtem Engagement gründet.

Natürlich bin ich mir bewusst, dass diese Entscheidung gegen Skalierung bedeutet, potenziell Geld auf der Straße liegen zu lassen. Eine größere Gruppe könnte mehr Einnahmen generieren, doch sie könnte auch die Qualität und Einzigartigkeit der Erfahrung verwässern, die den Inner Circle so wertvoll macht. Es ist ein Abwägen zwischen quantitativem Wachstum und der Aufrechterhaltung eines qualitativen, einzigartigen Angebots. Für mich und I-Unlimited ist die Entscheidung klar: Der Wert des Inner Circle liegt in seiner Qualität, Intimität und seinem Fokus, und diese Eigenschaften wollen und müssen erhalten bleiben.

Diese Entscheidung gegen Skalierung in bestimmten Bereichen kann und sollte auch für andere Unternehmer eine Überlegung wert sein. Es ist wichtig, das eigene Angebot genau zu kennen und zu verstehen, wo seine Stärken und sein wahrer Wert liegen. In manchen Fällen kann eine kleinere, fokussierte und hochqualitative Gemeinschaft oder ein Produkt mehr Wert und Zufriedenheit bringen als ein weitverbreitetes, aber weniger spezialisiertes Angebot. Letztlich geht es darum, eine Balance zu finden zwischen Wachstum, Qualität und der wahren Mission deines Unternehmens.

SAP – DIE WERTFORMEL ERFOLGREICH VERWENDET

Eine der bekanntesten Erfolgsgeschichten in der deutschen Unternehmenslandschaft ist jene von SAP, einem weltweit führenden Anbieter von Unternehmenssoftware. Die Geschichte von SAP ist ein Paradebeispiel dafür, wie ein Unternehmen durch kluge Strategien, Innovation und das geschickte Nutzen der Wertformel erfolgreich skalieren kann.

SAP wurde 1972 von fünf ehemaligen IBM-Mitarbeitern in Mannheim gegründet. Sie hatten die Vision, eine Standardsoftware für Echtzeit-Datenverarbeitung zu entwickeln. Ihr erstes Produkt war ein Echtzeit-Finanzsoftwarepaket. Das war der anfängliche Nutzen, den sie anboten – eine innovative Lösung, die das Potenzial hatte, die Art und Weise, wie Unternehmen operieren, zu revolutionieren.

SAP erkannte früh die Bedeutung der Anpassungsfähigkeit seiner Software. Es entwickelte SAP R/3, ein integriertes ERP-System, das auf verschiedene Branchen und Unternehmensgrößen zugeschnitten werden konnte. Dieses Produkt traf auf eine massive Nachfrage, da es Unternehmen ermöglichte, Prozesse zu optimieren und Daten in Echtzeit zu verwalten. Der deutliche und vielseitige Nutzen ihrer Produkte war ein entscheidender Faktor für ihr Wachstum.

SAP verstand die Bedeutung der globalen Expansion. Die Firma erweiterte ihre Reichweite durch die Eröffnung von Niederlassungen weltweit und die Anpassung ihrer Software an verschiedene rechtliche, sprachliche und kulturelle Bedingungen. Diese Internationalisierung ermöglichte es SAP, ein enormes Publikum zu erreichen und zu bedienen.

Das Angebot von SAP war selten – es gab wenige vergleichbare Produkte auf dem Markt, die die gleiche Tiefe und Breite an Funktionen boten. Ihre Fähigkeit, eine umfassende integrierte Lösung für Unternehmensmanagement zu bieten, setzte sie von der Konkurrenz ab. Diese Einzigartigkeit machte SAP attraktiv für große globale Unternehmen, die nach einer verlässlichen skalierbaren Lösung suchten.

Der Erfolg kann direkt auf die Fähigkeit des Unternehmens zurückgeführt werden, die Wertformel zu nutzen und zu maximieren. Sie haben einen klaren Nutzen durch ihre innovative Software geschaffen, die Menschen weltweit erreicht hat, und durch ihre Einzigartigkeit haben sie Seltenheit in ihrem Angebot geschaffen. Diese Faktoren zusammen führten zu beeindruckendem Wachstum und Erfolg.

SAPs Reise von einem kleinen Start-up zu einem globalen Technologieriesen ist eine Inspiration für Unternehmen weltweit. Es zeigt, wie durch die geschickte Anwendung und Kombination der Faktoren Nutzen, Menschen und Seltenheit ein Unternehmen erfolgreich skalieren und einen dauerhaften Einfluss auf die Welt haben kann.

SCHLECKER – DIE WERTFORMEL NICHT VERWENDET

Ein bekanntes deutsches Unternehmen, das trotz anfänglicher Erfolge letztlich scheiterte, ist die Drogeriemarktkette Schlecker. Schlecker war einst Europas größte Drogeriemarktkette und ein bekannter Name in Deutschland, aber eine Reihe von Fehlentscheidungen und eine mangelnde Anpassung an die lokalen Marktbedürfnisse führten zu ihrem Niedergang.

Das Unternehmen wurde 1975 von Anton Schlecker gegründet und wuchs schnell zu einem nationalen Einzelhandelsgiganten heran. Es expandierte aggressiv und eröffnete Tausende Filialen in Deutschland und anderen europäischen Ländern. Das ursprüngliche Geschäftsmodell war relativ einfach: kleine Läden in ländlichen und städtischen Gebieten, die alltägliche Produkte zu niedrigen Preisen anboten.

Schlecker versäumte es jedoch, den sich wandelnden Nutzen zu erkennen, den die Kunden von einem Drogeriemarkt erwarteten. Während Wettbewerber wie dm und Rossmann ihre Läden modernisierten, eine angenehme Einkaufsatmosphäre schufen und ihre Produktvielfalt erweiterten, blieben Schleckers Filialen oft klein, überfüllt und veraltet. Der wahrgenommene Nutzen ihres Angebots nahm im Vergleich zu den Konkurrenten ab. Schlecker verstand es nicht, mit den sich ändernden Erwartungen und Bedürfnissen der Kunden Schritt zu halten. Darüber hinaus erlitt das Unternehmen einen erheblichen Imageschaden durch negative Berichterstattungen über die Arbeitsbedingungen, was zu einem weiteren Rückgang der Kundenzahl führte. Die fehlende Kundenorientierung und die Vernachlässigung des Mitarbeiterwohls führten zu einer sinkenden Kundenbindung und einer schlechten öffentlichen Wahrnehmung. Das Unternehmen reagierte zu langsam auf die sich ändernden Marktbedingungen und Kundenbedürfnisse. Trotz verschiedener Versuche, das Geschäft zu modernisieren und umzustrukturieren, konnte Schlecker den Abwärtstrend nicht stoppen. 2012 meldete das Unternehmen Insolvenz an und wurde letztlich liquidiert.

Schlecker zeigt, wie die Vernachlässigung der Wertformel zum Untergang führen kann. Dem Unternehmen ist es nicht gelungen, den Nutzen kontinuierlich anzupassen und zu verbessern, die Bedürfnisse und Erwartungen der Menschen zu erfüllen und ein seltenes oder einzigartiges Einkaufserlebnis zu schaffen. Schlecker versuchte, durch eine schnelle Expansion und das Eröffnen von Filialen massive Skalierung und dadurch maximalen Wert in der Wertformel zu erzeugen. Trotzdem geht die Wertformel gegen null, wenn der Nutzen gegen null geht.

Schleckers Geschichte dient als mahnendes Beispiel dafür, wie entscheidend es ist, die Wertformel zu verstehen und richtig anzuwenden. Es zeigt, dass Unternehmen, die sich nicht anpassen, die die Bedürfnisse ihrer Kunden vernachlässigen und keinen einzigartigen Nutzen bieten, letztlich vom Markt verdrängt werden.

ZUKUNFT DES SKALIERENS

In der Zukunft des Skalierens in einer sich schnell verändernden Welt wird die Wertformel – Nutzen, Menschen und Seltenheit – weiterhin eine entscheidende Rolle spielen, vielleicht sogar noch mehr als heute. Denn wie wir diese Elemente interpretieren und anwenden, könnte sich dramatisch verändern. Neue Technologien, veränderte Marktbedingungen und globale Herausforderungen werden nicht nur die Möglichkeiten erweitern, wie Unternehmen wachsen und sich erweitern können, sondern auch neue Denkweisen und Ansätze erfordern.

Technologische Fortschritte wie künstliche Intelligenz, maschinelles Lernen und Blockchain-Technologie haben bereits begonnen, die Geschäftswelt zu revolutionieren. Sie bieten Unternehmen neue Möglichkeiten, Prozesse zu automatisieren, personalisierte Kundenerfahrungen zu schaffen und neue Geschäftsmodelle zu entwickeln. In einer solchen Welt wird es beim Skalieren nicht mehr nur darum gehen, die Anzahl der Kunden oder Produkte zu erhöhen, sondern auch darum, wie intelligent und effizient ein Unternehmen seine Ressourcen nutzt, um maßgeschneiderte Lösungen anzubieten und innovativ zu bleiben.

Die Wertformel im Unternehmertum wird relevanter sein denn je, und ihre Komponenten werden komplexer und miteinander verflochtener. Nutzen wird nicht nur durch die Qualität eines Produkts oder Dienstes definiert, sondern auch durch seinen Beitrag für die Gesellschaft. Menschen werden nicht nur als Kunden oder Nutzer gesehen, sondern als Teil einer globalen Gemeinschaft, deren Wohlergehen und Zukunft von den Entscheidungen der Unternehmen abhängt. Und Seltenheit wird nicht nur als Knappheit verstanden, sondern auch als Einzigartigkeit in der Art und Weise, wie ein Unternehmen seine Herausforderungen meistert, innoviert und Wert schafft.

Die Zukunft des Skalierens ist eine Welt voller Möglichkeiten und Herausforderungen. Sie erfordert von Unternehmern und Führungskräften nicht nur Geschäftssinn, sondern auch Weitsicht, Verantwortung und einen starken ethischen Kompass. Nötig ist ein umfassendes Verständnis der Wertformel sowie die Fähigkeit, sie in einer sich ständig verändernden Welt anzuwenden. Doch jenen, die bereit sind, die Herausforderungen anzunehmen und die Chancen zu nutzen, ermöglicht sie, nicht nur erfolgreich zu skalieren, sondern auch einen positiven Beitrag zu unserer Welt zu leisten.

Action Plan

Hier ist zum Beispiel ein simpler Aktionsplan zur Skalierung deines Unternehmens, basierend auf der Wertformel.

1. Definiere deinen Kernnutzen. Was ist das einzigartige Angebot oder Problem, das dein Produkt oder deine Dienstleistung löst? Sprich mit deinen Kunden, um zu verstehen, was sie am meisten schätzen und was verbessert werden könnte.
2. Identifiziere deine Zielgruppe. Wer braucht deinen Nutzen am meisten? Definiere deine Zielgruppe genau. Entwickle ein System, um kontinuierlich Feedback von deinen Kunden zu sammeln und zu analysieren. Beginne immer mit einem MVP.
3. Entwickle ein skalierbares Geschäftsmodell. Identifiziere Prozesse, die automatisiert werden können, um den Nutzen an immer mehr Menschen zu tragen. Überlege, welche Aufgaben außerhalb deines Kerngeschäfts an Dritte ausgelagert werden können. Du kannst als Selbstständiger starten, musst aber so schnell wie möglich ins Unternehmertum gelangen.
4. Baue eine starke Marke und Kultur auf. Entwickle eine klare und ansprechende Markenbotschaft, die mit deinem Nutzen und deinen Werten übereinstimmt. Pflege eine Firmenkultur, die Innovation fördert und Mitarbeiter motiviert, am gemeinsamen Erfolg mitzuarbeiten.
5. Plane deine Ressourcen strategisch. Stelle sicher, dass du ausreichende Mittel für das Wachstum hast. Berücksichtige dabei sowohl operative Kosten als auch unvorhergesehene Ausgaben. Identifiziere Schlüsselrollen, die für die Skalierung notwendig sind, und stelle die richtigen Talente ein.

6. Konzentriere dich auf Kundenbindung. Schaffe eine außergewöhnliche Kundenerfahrung, die Nutzer in loyale Kunden verwandelt. Entwickle kontinuierlich neue Angebote oder Verbesserungen, um den Kundenbedürfnissen gerecht zu werden.
7. Optimiere deine Marketingstrategie. Wähle die effektivsten Kanäle für dein Publikum aus, sei es Social Media, Content-Marketing oder traditionelle Werbung. Miss die Leistung deiner Marketingbemühungen und passe, basierend auf Leistungsdaten, Strategien an.
8. Entwickle Partnerschaften und baue Netzwerke auf. Identifiziere potenzielle Partner, die Zugang zu neuen Märkten, Ressourcen oder Technologien bieten können. Engagiere dich in Branchenverbänden, Veranstaltungen und Online-Communitys, um Beziehungen aufzubauen und neue Möglichkeiten zu entdecken.
9. Bereite dich auf Skalierungsherausforderungen vor. Erkenne mögliche Risiken bei der Skalierung und entwickle Strategien zu deren Minimierung. Bleibe flexibel und bereit, deine Pläne anzupassen, wenn sich Märkte ändern oder neue Informationen verfügbar werden.
10. Miss und optimiere kontinuierlich. Setze klare KPIs, um Fortschritte zu messen und Bereiche für Verbesserungen zu identifizieren. (KPI = Key Performance Indicator; Kennzahlen, die etwas über Leistung, Erfolg und/oder Zielsetzungen aussagen.) Nutze die Erkenntnisse aus deinen Messungen, um Prozesse zu verfeinern und die Skalierungsstrategie zu optimieren.

Indem du diese Schritte befolgst und die Wertformel geschickt nutzt, kannst du dein Unternehmen effektiv für zukünftiges

Wachstum positionieren und den Grundstein für lang anhaltenden Erfolg legen.

In diesem Kapitel haben wir die Kunst des Skalierens im Unternehmertum erforscht, indem wir die Wertformel – Nutzen, Menschen und Seltenheit – als Grundpfeiler eines skalierbaren Geschäftsmodells betrachteten. Wir haben gesehen, wie erfolgreiche Unternehmen die Formel nutzen, um exponentielles Wachstum zu erreichen, und wie sie sich anpassen, wenn sie auf Herausforderungen stoßen. Wir haben Fallstudien analysiert, sowohl von Unternehmen, die erfolgreich skaliert haben, als auch von jenen, die es nicht geschafft haben, und die Lehren daraus gezogen. Wir haben die Bedeutung von missionsgetriebenen Unternehmern hervorgehoben und gesehen, wie eine starke Vision und klare Werte das Wachstum und die Entwicklung eines Unternehmens leiten können.

Die zentralen Punkte dieses Kapitels zeigen, dass Skalierung mehr ist als nur Wachstum. Es geht darum, einen *echten Wert* zu schaffen, der von vielen Menschen geschätzt wird und der selten genug ist, um sich von der Konkurrenz abzuheben. Wir haben Strategien diskutiert, wie man skaliert, von der Nutzung neuer Technologien bis hin zur Expansion in neue Märkte. Wir haben auch die Risiken angesprochen, die mit zu schnellem oder unüberlegtem Wachstum einhergehen, und betont, dass manchmal bewusstes Nichtskalieren die bessere Entscheidung sein kann.

Im nächsten Kapitel werden wir uns von der Welt des Unternehmertums zur persönlichen Karriereentwicklung bewegen. Nicht jeder möchte ein Unternehmen gründen, aber viele streben danach, in ihrer Karriere voranzukommen und ihre beruflichen Ziele zu erreichen. Auch hier kann die Wertformel ein mächtiges Werkzeug sein. Wir diskutieren, wie man Nutzen,

Menschen und Seltenheit nutzen kann, um sich in der Arbeitswelt hervorzuheben, unersetzlich zu werden und den gewünschten Erfolg zu erzielen. Wir besprechen konkrete Tipps und Strategien, wie man seine Fähigkeiten und sein Netzwerk entwickeln, seinen Wert demonstrieren und letztlich die Karriereleiter hinaufsteigen kann. Freue dich auf ein Kapitel voller praktischer Ratschläge und Inspiration, das dir helfen wird, deine beruflichen Träume zu verwirklichen.

KAPITEL 9
LEIDENSCHAFT IN DER KARRIERE

»Du kannst einen Job haben, du kannst eine Karriere haben, oder du kannst eine Berufung haben.«

JEFF BEZOS

In diesem neunten Kapitel, dem Lebensbereich Nummer drei, erkunden wir, wie der Einsatz der Wertformel – Nutzen, Menschen und Seltenheit – die Grundlage bilden kann für eine erfüllte und erfolgreiche Karriere. Vielleicht träumst du vom Unternehmertum, von der Freiheit und den Möglichkeiten, die es bietet. Doch vergiss nicht: Auch innerhalb einer traditionellen Karriere kannst du außergewöhnlichen Erfolg erzielen und eine erfüllende Berufung finden. Mit der Wertformel bekommst du Werkzeuge und Strategien an die Hand, die dich befähigen, deine Karriere bewusst und proaktiv zu gestalten, anstatt nur auf die nächste Chance zu warten. Dein Weg mag zwar individuell und einzigartig sein, aber die Prinzipien, die dich voranbringen, sind universell. Erkunden wir also gemeinsam, wie du diese Prinzipien nutzen kannst, um nicht nur beruflich voranzukommen, sondern auch eine Arbeit zu finden, die wirklich deiner Berufung entspricht. Mithilfe der Wertformel ist dieses Kapitel dein Leitfaden zu einer Karriere, die erfolgreich und zugleich zutiefst erfüllend ist.

MITARBEITER STATT UNTERNEHMER

Steve Ballmer ist ein bekanntes Beispiel für jemanden, der nicht im eigentlichen Sinn ein Unternehmen gründete, aber dennoch eine äußerst erfolgreiche und einflussreiche Karriere in der Technologiebranche aufzuweisen hat. Ballmer stieß 1980 als einer der ersten Geschäftsführer zu Microsoft, nachdem er von Bill Gates, einem alten Studienfreund aus der Harvard-Zeit, angeworben wurde. Zu dieser Zeit war Microsoft noch ein junges, aufstrebendes Unternehmen, weit entfernt von dem globalen Riesen, der es heute ist.

Als Ballmer zu Microsoft kam, hatte das Unternehmen gerade sein Betriebssystem MS-DOS entwickelt, das später den Grundstein für den weltweiten Erfolg von Windows legen würde. Ballmer gehörte nicht zu den ursprünglichen Gründern, aber seine Rolle bei Microsoft sollte sich als entscheidend erweisen. Er brachte eine Leidenschaft für Geschäfte und ein tiefes Verständnis für Management und Marketing mit, das dem technologisch orientierten Team bis dahin fehlte.

Ballmer war bekannt für seine energiegeladene Persönlichkeit und seinen unermüdlichen Einsatz. Vielleicht kennst du den bekannten Clip auf YouTube, in dem er verschwitzt und wie unter Drogen über die Bühne springt und »Entwickler, Entwickler, Entwickler« brüllt. Unter seiner Führung und später als CEO wuchs Microsoft zu einem der wertvollsten Unternehmen der Welt. Er war maßgeblich daran beteiligt, die Beziehungen des Unternehmens zu IBM zu festigen, was letztlich zu einem signifikanten Wachstum und der Dominanz von Microsoft im PC-Markt führte.

Die Geschichte von Steve Ballmer bei Microsoft zeigt, dass du nicht unbedingt der Gründer eines Unternehmens sein musst, um eine enorme Wirkung zu erzielen und enormen Erfolg zu haben. Es geht darum, den richtigen Ort zu finden, an dem dein Nutzen maximiert wird, an dem du mit Menschen zusammenarbeitest, die deine Vision teilen, und an dem deine Fähigkeiten und Leidenschaften selten und wertvoll sind. Ballmers Karriere bei Microsoft ist ein Paradebeispiel dafür, wie du als Teil eines Teams, das sich in einer kritischen Wachstumsphase befindet – oft zwischen Seed Funding und Series A –, eine signifikante und lohnende Karriere aufbauen kannst.

HONGKONG

Meine eigene Geschichte als Arzt, der 2012 den sicheren Hafen verließ, um in Hongkong als Unternehmer sein Glück zu versuchen, ist eine lehrreiche Erfahrung, die ich oft reflektiere, wenn ich an Steve Ballmer denke. Ich war damals als Mediziner beruflich ausgebrannt und entschloss mich, etwas völlig anderes zu machen, etwas, das mir volle Freiheit und die Möglichkeit bot, meine eigenen Ideen zu verwirklichen. Ich wollte nicht zurück in eine Struktur, in der ich wieder nur Angestellter war. Das fühlte sich für mich an, als würde ich von einem Käfig in den nächsten wechseln.

In Hongkong probierte ich alles Mögliche aus: Online-Marketing, Network-Marketing, Affiliate-Marketing, Versicherungen und Immobilien-Verkauf. Ich stürzte mich in jedes neue Unterfangen mit der Hoffnung, dass es das Sprungbrett zu meinem unternehmerischen Erfolg sein würde. Ich lebte von der Vorstellung, dass ich als mein eigener Chef in der Lage sein würde, meine Träume zu verwirklichen und das Leben zu führen, das ich immer gewollt hatte.

Doch die Realität war anders. Jeder neue Versuch brachte seine eigenen Herausforderungen und Schwierigkeiten mit sich. Ich musste oft feststellen, dass der Erfolg nicht über Nacht kam und dass Unternehmertum auch bedeutete, mit Unsicherheiten, Rückschlägen und ständigem Lernen umzugehen. Es gab Zeiten, in denen ich zweifelte, ob es die richtige Entscheidung gewesen war, meine berufliche Sicherheit aufzugeben.

Interessanterweise hatte ich während dieser Zeit zweimal die Chance, bei Start-ups im Medizinbereich mitzumachen. Diese Möglichkeiten hätten mir die Gelegenheit geboten, Teil eines Teams zu sein und etwas Größeres mitzugestalten, anstatt allein zu kämpfen. Doch ich lehnte beide Male ab, fest davon überzeugt, dass ich meinen eigenen Weg gehen müsste, um wirklich erfolgreich zu sein.

Im Rückblick erkenne ich, dass dies ein Fehler war. Diese Start-ups hätten mir wertvolle Erfahrungen gebracht und es mir ermöglicht, zu lernen, zu wachsen und einen signifikanten Beitrag zu leisten. Ich hätte mir von den klugen Köpfen um mich herum etwas abschauen und gleichzeitig meine eigenen Fähigkeiten und Ideen einbringen können. Ich wäre Teil von etwas gewesen, das größer war als ich selbst, und dennoch hätte ich wesentlichen Einfluss haben können. Prenetics, eine der Firmen, die mit mir Gespräche geführt hatten, ging Ende 2021 an die Börse, was eventuell auch finanziell ein interessantes Resultat für mich hätte werden können.[10]

Meine Geschichte zeigt, dass man hin zum Unternehmertum viele Wege gehen kann. Es geht nicht immer darum, allein zu gehen. Manchmal bedeutet es, die Chancen zu ergreifen, die sich einem bieten, und zu erkennen, dass Erfolg durch Zusammenarbeit, gemeinsames Lernen und das Teilen einer Vision entsteht. Für mich ist meine Geschichte eine Lektion in Demut. Andererseits erinnert sie mich auch daran, offen zu sein für neue Möglichkeiten und zu verstehen, dass Leidenschaft im Berufsleben manchmal in den unerwartetsten Formen kommt.

Wenn ich heute noch einmal die Chance von vor zehn Jahren hätte, würde ich es ernsthaft in Betracht ziehen, Teil der ersten 20 Mitarbeiter eines gut finanzierten Start-ups zu sein, das meiner Mission und meinen Werten entspricht. Im Rückblick erkenne ich, dass dies ein Weg mit höheren Erfolgschancen und geringeren Risiken gewesen wäre. Einer der ersten Mitarbeiter in einem aufstrebenden Unternehmen zu sein bietet die einzigartige Möglichkeit, eine entscheidende Rolle in seiner Entwicklung zu spielen. Es ist eine Gelegenheit, von Anfang an dabei zu sein, zu gestalten und zu wachsen, während man gleichzeitig von der Struktur, den Ressourcen und der Unterstützung eines organisierten Teams profitiert. Du bist nicht nur Zeuge des Wachstums, sondern ein aktiver Teilnehmer, der die Richtung und den Erfolg des Unternehmens mitgestalten kann. Die Arbeit in einem Start-up-Umfeld bedeutet auch, in einem dynamischen, oft schnelllebigen Umfeld zu arbeiten, in dem Innovation und Anpassungsfähigkeit gefragt sind. Es bietet die Chance, vielfältige Fähigkeiten zu entwickeln, zu experimentieren und zu innovieren.

Natürlich gibt es in einem Start-up auch Unsicherheiten und Herausforderungen, aber diese sind oft von einer anderen Art als die des Alleinunternehmertums. Du teilst die Lasten und Erfolge mit einem Team und es gibt eine größere Sicherheitsnetzstruktur. Zudem kann die Zugehörigkeit zu einem Team, das sich einer gemeinsamen Vision verschrieben hat, unglaublich motivierend und erfüllend sein. Während der Unternehmergeist und die Freiheit, ein eigenes Unternehmen zu gründen, ihren eigenen Reiz haben, gibt es auch einen gewissen Ruhm und eine Befriedigung darin, ein früher Teilnehmer an einer Erfolgsgeschichte zu sein. Es geht nicht immer darum, derjenige im Rampenlicht zu sein; manchmal ist es genauso wertvoll, Teil des Teams zu sein, das gemeinsam etwas Außergewöhnliches schafft.

JOB, KARRIERE, BERUFUNG

Jeff Bezos' Eingangszitat – »Du kannst einen Job haben, du kannst eine Karriere haben, oder du kannst eine Berufung haben« – ist eine kraftvolle Erinnerung daran, dass die Arbeit, die wir tun, unterschiedliche Ebenen der Erfüllung und Bedeutung haben kann. Es geht darum, über die tägliche Routine hinauszuschauen und etwas zu finden, das nicht nur unseren Lebensunterhalt sichert, sondern uns auch erfüllt und begeistert.

Ein Job ist oft durch den Faktor Notwendigkeit bestimmt. Tu tust die Arbeit, um Gehalt zu bekommen, mit dem du Rechnungen bezahlst und grundlegende Bedürfnisse erfüllst. Es gibt wenig Leidenschaft oder persönliche Erfüllung. Du schaust auf die Uhr und wartest auf das Wochenende oder den Feierabend.

Eine Karriere ist hingegen mehr als das. Sie ist ein Pfad, den du aufgrund deiner Interessen und Ambitionen wählst. Eine Karriere baut auf Fähigkeiten und Erfahrungen auf und entwickelt sich im Laufe der Zeit. Sie bietet mehr Möglichkeiten zur persönlichen und beruflichen Entwicklung und oft auch mehr Zufriedenheit. In einer Karriere legst du Ziele fest und arbeitest darauf hin, du strebst nach Erfolg und Anerkennung in deinem Bereich.

Eine Berufung geht sogar noch tiefer. Sie ist das, was du als deine Lebensaufgabe ansiehst, etwas, das über den persönlichen Gewinn hinausgeht. Eine Berufung ist fest in deinen Werten und Leidenschaften verwurzelt. Sie gibt dir nicht nur einen Grund, morgens aufzustehen, sondern erfüllt dich mit einem Gefühl des Zwecks und der Zufriedenheit. Menschen, die ihrer Berufung folgen, sagen oft, dass sie sich nicht vorstellen können, etwas anderes zu tun. Ihre Arbeit ist ein integraler Bestandteil ihrer Identität und ihres Beitrags zur Welt.

Deine Berufung zu finden ist ein Prozess der Selbstreflexion und des Experimentierens. Es beginnt oft mit der Frage: »Was würde ich tun, auch wenn ich dafür nicht bezahlt würde?« Es geht darum, deine einzigartigen Talente, Leidenschaften und Werte zu erkennen und dann Wege zu finden, wie du sie in deiner Arbeit zum Ausdruck bringen kannst. Das kann bedeuten, den Mut zu haben, neue Pfade zu erkunden, zu lernen, zu wachsen und auch Risiken einzugehen. Während manche diesen Weg als Unternehmer gehen, ist wahrscheinlich für die meisten der Weg des Angestellten in einem Unternehmen, dessen Mission, Kernwerte und Ziele mit den eigenen übereinstimmen, deutlich zielführender.

Eine Berufung zu finden und ihr zu folgen kann zu größerem Erfolg und Einfluss führen. Wenn du leidenschaftlich bei der Sache bist, egal ob im eigenen Unternehmen oder als Angestellter, bist du wahrscheinlich motivierter, härter zu arbeiten, kreativer zu denken und schwierige Zeiten durchzuhalten. Menschen, die ihrer Berufung folgen, sind oft Innovatoren und Führer in ihrem Bereich. Sie inspirieren andere durch ihre Hingabe und ihren Einsatz.

Dieses Kapitel soll dich inspirieren, über den einfachen Job hinauszudenken und eine Karriere oder Berufung zu finden, die mit deinen tiefsten Werten und Leidenschaften übereinstimmt. Es geht darum, die Arbeit nicht nur als Mittel zum Zweck zu sehen, sondern als Plattform, um einen positiven Einfluss zu erzielen und ein erfülltes Leben zu führen. Es erfordert Geduld, Selbstreflexion und oft auch den Mut, Veränderungen vorzunehmen. Aber die Belohnungen – persönliche Zufriedenheit, Erfolg, Einfluss und vielleicht sogar das Gefühl, etwas Größeres zu erreichen, als man bisher dachte – können immens sein.

STUDIUM NÜTZLICH – JA ODER NEIN?

Die Entscheidung, ob und was man studieren soll, ist eine der bedeutendsten Entscheidungen im Leben eines jungen Menschen. Sie kann die Richtung deines beruflichen Weges und deiner persönlichen Entwicklung maßgeblich beeinflussen. Es ist eine Wahl, die nicht nur auf Grundlage der aktuellen Arbeitsmarktumstände getroffen werden sollte, sondern auch unter Berücksichtigung deiner Interessen, Leidenschaften und der Art von Leben, das du führen möchtest. In einer Welt, die sich so schnell verändert wie unsere, ist es fast unmöglich vorherzusagen, welche Fähigkeiten und Berufe in einigen Jahren gefragt sein werden. Vor fünf Jahren war künstliche Intelligenz noch ein

Randgebiet, heute ist sie allgegenwärtig. Das macht die Entscheidung, was man studieren soll, noch komplexer.

Ich selbst habe Medizin studiert, und auch wenn ich derzeit nicht in der Medizin aktiv bin, würde ich noch einmal studieren … Wahrscheinlich wieder Medizin. Wenn du jung bist und überlegst, ob ein Studium der richtige Weg für dich ist, bedenke, dass ein Studium mehr als nur die Aneignung von Fachwissen ist. Es ist eine Zeit der persönlichen Entwicklung, des Netzwerkens und des Erwerbs von Fähigkeiten, die über das reine Buchwissen hinausgehen. Ein Studium ermöglicht dir, in einem strukturierten Umfeld zu lernen, kritisches Denken zu entwickeln und deine Kommunikationsfähigkeiten zu verbessern. Es bietet die Chance, Gleichgesinnte zu treffen, von denen einige zu lebenslangen Freunden oder wichtigen beruflichen Kontakten werden können. Es ist auch eine Zeit, in der du die Freiheit hast, verschiedene Interessen zu erkunden und herauszufinden, was dich wirklich begeistert.

Andererseits ist das Studium nicht der einzige Weg zum Erfolg. Viele erfolgreiche Menschen haben nie ein formales Studium absolviert oder haben ihr Studium abgebrochen. Die Welt ist voller Möglichkeiten, und manchmal kann praktische Erfahrung oder eine Lehrstelle genauso wertvoll sein wie ein akademischer Abschluss.

Falls du dich entschieden hast zu studieren, ist die nächste Frage: Was? Wähle ein Fach, das dich interessiert und begeistert, aber sei auch offen für die Entwicklung des Arbeitsmarktes. Einige Studienrichtungen bieten ein breiteres Spektrum an Karrieremöglichkeiten als andere. Wie zuvor schon beschrieben, würde ich heute auch noch mal Medizin studieren, oder alternativ einen anderen Bereich in den STEM-Fächern (Science, Technology, Engineering, Mathematics). Diese Felder stehen im Zentrum der modernen, technologiegetriebenen Gesellschaft und bieten eine Vielzahl von Karrieremöglichkeiten, egal, wie sich in den nächsten Jahren der Arbeitsmarkt entwickelt.

Viele Länder berichten von einem Mangel an qualifizierten Fachkräften in den STEM-Bereichen. Absolventen dieser Studiengänge sind daher oft sehr gefragt, was die Jobsuche erleichtern kann. STEM-Felder tragen zu Innovation und Entwicklung einen großen Teil bei und spielen häufig eine Schlüsselrolle bei der Lösung von Herausforderungen in der Wirtschaft, bei Gesundheitsproblemen und technologischen Fortschritten. Wenn du einen positiven Einfluss auf die Welt haben und an spannenden, zukunftsweisenden Projekten arbeiten möchtest, bieten dir STEM-Fächer viele Möglichkeiten. Die darin erworbenen Fähigkeiten sind oft übertragbar: Problemlösung, kritisches Denken, Analysefähigkeit und Kompetenz im Umgang mit Daten sind in fast jedem Berufsfeld wertvoll. Selbst wenn du dich entscheidest, nicht direkt in deinem Studienfach zu arbeiten, werden die erworbenen Fähigkeiten wahrscheinlich nützlich sein. Viele STEM-Berufe sind bekannt für ihre vergleichsweise hohen Einstiegsgehälter und das Potenzial für gutes Einkommenswachstum. Das bedeutet nicht, dass du in anderen Feldern nicht auch gut verdienen kannst, aber die Statistiken zeigen, dass viele der bestbezahlten Berufe in den STEM-Bereichen angesiedelt sind. Bedenke aber, dass ein Studium der STEM-Fächer nicht für jeden das Richtige ist. Erforderlich ist hier eine starke Neigung zu Mathematik und Naturwissenschaften sowie die Bereitschaft, sich auf anspruchsvolle und manchmal abstrakte Konzepte einzulassen. Wenn deine Leidenschaften und Talente woanders liegen, könnten andere Felder besser zu dir passen.

Letztendlich ist die Entscheidung, ob und was du studieren sollst, eine höchst persönliche. Sie sollte nicht leichtfertig getroffen werden. Nimm dir Zeit, über deine Interessen und Ziele nachzudenken, sprich mit Menschen, die in Bereichen arbeiten, die dich interessieren, und sammle so viele Informationen wie möglich. Denke daran, dass deine Entscheidung nicht endgültig ist. Viele Menschen wechseln ihre Karriere mehrmals im Leben. Ein Studium ist nur ein Schritt auf deinem Weg, kein endgültiges Ziel.

PRAXIS IST WICHTIGER ALS THEORIE

Ganz wichtig ist Praxiserfahrung. Suche nach Studiengängen, die Praktika, Auslandsaufenthalte oder andere praktische Elemente anbieten. Diese Erfahrungen sind nicht nur wertvoll für deinen Lebenslauf, sondern geben dir auch Einblicke in die Arbeitswelt und helfen dir, eine bessere Vorstellung davon zu bekommen, was du wirklich tun möchtest. Als CEO habe ich im Laufe der Jahre gelernt, dass Titel und akademische Leistungen, obwohl beeindruckend, nicht immer die besten Indikatoren für Erfolg in der realen Geschäftswelt sind. Für mich ist praktische Arbeitserfahrung wesentlich wichtiger, weil sie zeigt, dass jemand nicht nur theoretisches Wissen hat, sondern dieses Wissen auch in praktischen Situationen anwenden kann.

Ein prägnantes Beispiel dafür: Als die Schwester eines Freundes sich um eine Stelle in meinem Unternehmen bewarb, kam sie mit einem glänzenden Lebenslauf, einschließlich eines Top-MBAs von einer renommierten Universität. Auf dem Papier schien sie eine ideale Kandidatin zu sein. Doch bei genauerer Betrachtung ihres beruflichen Hintergrunds stellte ich fest, dass ihr etwas Entscheidendes fehlte: praktische Arbeitserfahrung in der Branche. Trotz ihres beeindruckenden akademischen Hintergrunds hatte sie kaum Erfahrungen gesammelt, die zeigten, dass sie in der Lage war, mit den Herausforderungen und Unwägbarkeiten des täglichen Geschäftslebens umzugehen. In einem schnelllebigen und sich ständig verändernden Geschäftsumfeld sind theoretische Kenntnisse wertvoll, aber die Fähigkeit, schnell zu denken, sich anzupassen und praktische Problemlösungen zu implementieren, ist unerlässlich.

Meine Entscheidung, ihr keine Stelle anzubieten, basierte nicht auf mangelndem Respekt vor ihrer akademischen Leistung, sondern auf der Überzeugung, dass praktische Erfahrung ein kritischer Faktor für den Erfolg in meiner Firma ist. Ich glaube fest daran, dass ein Team, das reale Erfahrungen und erprobte Fähigkeiten an den Arbeitsplatz mitbringt, besser positioniert ist, um innovativ zu sein, Herausforderungen effektiv zu bewältigen und letztendlich zum Wachstum des Unternehmens beizutragen.

Diese Erfahrung hat meine Überzeugung nur bestärkt, dass beim Einstellen neuer Mitarbeiter der Fokus auf der Arbeitserfahrung und nicht nur auf den Titeln liegen sollte. Es geht darum, ein dynamisches und kompetentes Team aufzubauen, das bereit ist, sich den realen Herausforderungen zu stellen, denen sich jedes wachsende Unternehmen gegenübersieht.

WERTFORMEL: NUTZEN & SELTENHEIT

In der Berufswelt ist es oft nicht möglich, durch physische Expansion zu skalieren, wie es ein Unternehmen tun würde. Stattdessen können Mitarbeiter die Wertformel über Nutzen und Seltenheit maximieren, indem sie sich auf die Entwicklung und Kombination einzigartiger Fähigkeiten konzentrieren. Dieser Ansatz ermöglicht es, sich als unersetzliche Kraft im Arbeitsumfeld zu positionieren.

Indem du dich zum Beispiel in zwei oder mehreren Bereichen spezialisierst und diese kombinierst, kannst du eine Nische für dich schaffen, die selten und wertvoll ist. Ein guter Freund von mir etwa hat ursprünglich Jura studiert. Als reiner Anwalt ist die Konkurrenz im Berufsleben enorm. Nebenbei hat er sich deshalb Marketing beigebracht und ist nun einer der ganz wenigen, der in dem Unternehmen, in dem er arbeitet, rechtliche Beratung für Marketingkampagnen anbietet. Er versteht beide Blickweisen in einem Bereich, der spezifisches und seltenes Wissen erfordert, und diese Fähigkeitenkombination macht ihn extrem wertvoll und schwer ersetzbar.

Mein absoluter Top-Tipp als CEO für Mitarbeiter ist also, Experte in zwei Bereichen zu werden, welche dich begeistern und welche gefragt sind. Indem du dich auf eine Kombinationsnische oder einen speziellen Aspekt aus zwei Feldern konzentrierst, kannst du dir ein tiefgehendes und seltenes Wissen aneignen, das dich von anderen abhebt. Dies könnte so spezifisch sein wie die Anwendung von KI in der Gesundheitsdiagnostik oder das Verständnis bestimmter internationaler Steuergesetze. Umfassendes Wissen in einem spezialisierten Bereich macht dich zu einer wertvollen Ressource. Suche aktiv nach Möglichkeiten, Dinge anders und besser zu machen. Das kann bedeuten, neue Technologien in deinem Arbeitsbereich einzuführen, Prozesse zu optimieren oder kreative Lösungen für alte Probleme zu finden.

Persönlich glaube ich zum Beispiel, dass ich selbst, der ich eigentlich nicht aus der Finanzbranche oder aus dem Technologiebereich, sondern aus der Medizin komme, genau solche kombinierten Blickweisen mitbringe, die mich deshalb so wertvoll machen. Zu verstehen, wer du bist, was du gut kannst und wofür du leidenschaftlich bist, ist entscheidend bei der Maximierung deines Wertes, indem du unterschiedliche Bereiche zu kombinieren lernst. Nutze Selbstbewertungstools, Feedback von Kollegen und professionelle Beratung, um deine Stärken und Leidenschaften zu identifizieren. Entwickle diese Bereiche kontinuierlich weiter durch Weiterbildung, praktische Erfahrungen und Mentorship.

Denke dabei strategisch über deine Karriere und dein Wachstum nach. Wo willst du in fünf, zehn oder zwanzig Jahren sein? Springe nicht nur auf kurzfristige Trends auf, welche morgen schon wieder passé sind, sondern setze dir langfristige Ziele und arbeite kontinuierlich daran, Fähigkeiten und Erfahrungen zu erwerben, die dich dorthin bringen. Eine langfristige Perspektive hilft dir, über den alltäglichen Aufgabenhorizont hinauszublicken und dich auf das zu konzentrieren, was langfristig den größten Nutzen und Wert bringt. Vernetze dich aktiv mit Kollegen, Branchenexperten und Mentoren. Ein Netzwerk kann nicht nur helfen, deine Karriere voranzutreiben, sondern bietet auch eine Plattform für den Austausch von Ideen und die Entwicklung innovativer Lösungen.

Indem du diese Strategien anwendest, kannst du deinen Nutzen und deine Seltenheit auf dem Arbeitsmarkt maximieren, was dich zu einer wertvollen und begehrten Kraft in deiner Branche macht. Es geht nicht darum, nur eine Stufe auf der Karriereleiter zu erklimmen, sondern einen einzigartigen und wertvollen Weg zu gestalten, der deinen Fähigkeiten, Interessen und Werten entspricht.

WERTFORMEL: PREIS FÜR WERT

Als Angestellter lieferst du Wert an deinen Arbeitgeber und willst im Gegenzug eine Bezahlung dafür als Preis. Natürlich willst du hier so viel wie möglich erhalten, doch dein Arbeitgeber will klarerweise mehr Wert von dir, als er dir an Preis bezahlt. Sonst funktioniert die wirtschaftliche Balance nicht mehr. Für diese Art des Preis-Wert-Tausches fallen mir als CEO drei unterschiedliche Arten der Vergütung ein.

1. Gehalt: Der Vorteil an einem Gehalt als Bezahlung ist die Klarheit und Planbarkeit. Der Nachteil ist, dass dich ein Gehalt aufgrund der fehlenden Skalierbarkeit nur selten wohlhabend macht und meist auch steuerlich sehr nachteilig behandelt wird.

Eine persönliche Geschichte, die mir als CEO immer in Erinnerung bleiben wird, ist die eines jungen Teammitglieds in meinem Unternehmen. Er war äußerst talentiert, aber ziemlich zurückhaltend, wenn es um Gehaltsverhandlungen ging. Eines Tages fragte er sichtlich nervös um ein Meeting mit mir. Er hatte eine Liste seiner Leistungen dabei, das Feedback von Kollegen und Kunden sowie Marktdaten zu Gehältern in ähnlichen Positionen, um seine klare Vorstellung von einer Gehaltserhöhung zu untermauern. Was mich beeindruckte, war nicht nur seine Vorbereitung, sondern auch seine Leidenschaft und sein Engagement für seine Rolle im Unternehmen. Wir führten ein offenes Gespräch und arbeiteten einen Plan aus, der seine Entwicklungsziele und finanziellen Bedürfnisse berücksichtigte. Er erhielt eine kleine Gehaltserhöhung, doch was er wirklich wollte und auch bekam, war eine Beteiligung am Erfolg des Unternehmens über Aktienoptionen.

Hier ist mein Tipp als CEO zu Gehältern: Verstehe den aktuellen Arbeitsmarkt, bereite deine Argumente vor und geh in Verhandlungen mit einem klaren Verständnis über deinen Wert und den Weg, wie du zum Unternehmenserfolg beiträgst. Gehalt ist wichtig, denn es ist ein Spiegelbild deiner beruflichen Reise und Leistungen. Doch vergiss nicht, dass es oft auch nichtmonetäre Vorteile oder Dinge wie Unternehmensbeteiligungen gibt, die deine Lebensqualität, berufliche Zufriedenheit und am Ende deine finanzielle Kompensation stark verbessern können.

2. Aktienpakete (Employee Stock Options Plan – ESOP): Beteiligungen am Unternehmen sind eine optimale Möglichkeit, mit der einerseits Gründer als auch Mitarbeiter zu finanziellem Wohlstand kommen. Der Grund ist, dass Mitarbeiter so am gesamten Wert des Unternehmens partizipieren können, also auch an der Skalierung – etwas, das als Mitarbeiter sonst nur schwer möglich ist, wie wir zuvor besprochen haben. In meinem Unternehmen Cake gibt es einerseits für jeden Mitarbeiter die Möglichkeit, eine gewisse Anzahl an Aktienoptionen zu erwerben, andererseits auch spezielle Boni für Executives.

Als CEO habe ich oft mit Mitarbeitern über ESOPs gesprochen. Mein wichtigster Rat ist, das Risiko und den potenziellen Nutzen gründlich zu verstehen. Aktienoptionen können eine fantastische Möglichkeit sein, sich am Erfolg eines Unternehmens zu beteiligen und von dessen Wachstum zu profitieren. Jedoch ist der Wert dieser Optionen oft binär – sie können extrem wertvoll oder praktisch wertlos sein, je nachdem, wie sich das Unternehmen entwickelt.

Ein Mitarbeiter kam einmal zu mir mit dem Wunsch, 90 Prozent seines Gehalts in ESOPs umzuwandeln. Während ich sein Engagement und seinen Glauben an das Unternehmen bewunderte, musste ich dieses Anliegen ablehnen. So ein hohes Maß an Risiko war nicht verantwortbar. ESOPs sollten Teil einer diversifizierten Vergütungsstrategie sein, nicht die gesamte Strategie. Es ist wichtig, ein Gleichgewicht zu finden, das Sicherheit und potenziellen Nutzen ausgleicht.

3. Umsatzbeteiligungen: Umsatzbeteiligungen können ein spannender Mittelweg zwischen Gehalt und Aktien sein. Sie skalieren besser als ein Gehalt, sind aber weniger binär als Aktien. Umsatzbeteiligungen können ein starker Anreiz sein, deine Leistung zu steigern. Sie können dich motivieren, das Geschäft aktiv voranzutreiben und innovative Ideen zu entwickeln. Wenn du eine Umsatzbeteiligung aushandelst, sorge dafür, dass alle Bedingungen klar und schriftlich festgelegt sind. Sei dir im Klaren darüber, wie die Umsätze berechnet werden, an denen du beteiligt wirst, und wie oft die Auszahlungen erfolgen. Gerade im Sales- und Marketingbereich sind solche Vergütungsmodelle extrem interessant. Ein absoluter Durchbruch in meiner Profikitesurfkarriere waren zum Beispiel Umsatzbeteiligungen an den Kiteverkäufen. Durch die neuen Anreize fokussierte ich mich auf ganz neue Punkte und steigerte mein Einkommen binnen Monaten um das Fünffache.

Denke daran, dass jede dieser Optionen ihre eigenen Risiken und Chancen hat. Es ist wichtig, dass du deine individuelle Situation bewertest und gegebenenfalls professionellen Rat einholst, bevor du größere finanzielle Entscheidungen triffst. Geld ist wichtig, aber ebenso wichtig ist es, dass du eine Arbeit findest, die dich erfüllt und bei der du wachsen kannst.

GEHALTSVERHANDLUNGEN

Gehaltsverhandlungen können herausfordernd sein, aber mit der richtigen Vorbereitung und Herangehensweise kannst du deine Chancen auf eine erfolgreiche Gehaltserhöhung erheblich verbessern. Hier ist ein eigenes Erlebnis, was mir als CEO mit einem Mitarbeiter passiert ist.

Dieser, nennen wir ihn Markus, kam eines Tages zu mir, um über seine Gehaltserhöhung zu verhandeln. Markus hatte sich in den letzten Monaten wirklich ins Zeug gelegt und ich war bereit, sein Engagement und seine harte Arbeit anzuerkennen. Doch was als normales Verhandlungsgespräch begann, entwickelte sich schnell zu einer der denkwürdigsten und lehrreichsten Erfahrungen meiner Karriere. Markus betrat unseren Meetingraum mit einer selbstbewussten Haltung, fast schon arrogant. Anstatt das Gespräch mit einem Überblick über seine Beiträge und Leistungen zu beginnen, fing er sofort an, übertriebene Forderungen zu stellen. Er verlangte eine Gehaltserhöhung, die weit über dem lag, was selbst die leistungsstärksten Mitglieder seines Teams verdienten. Aber es war nicht die Zahl, die mich überraschte, es war seine Begründung.

Er behauptete, dass er der Einzige sei, der bestimmte Aufgaben erledigen könne, und dass das Unternehmen ohne ihn zusammenbrechen würde. Markus sprach nicht über den Wert, den er brachte, sondern drohte stattdessen indirekt mit den Konsequenzen, sollte seine Forderung nicht erfüllt werden. Seine Taktik war nicht zu verhandeln, sondern einzuschüchtern. Als ich versuchte, das Gespräch auf eine konstruktivere Ebene zu lenken, und nach spezifischen Beispielen für seine Leistungen und Ideen für zukünftige Projekte fragte, wechselte Markus die Taktik. Er begann die Verdienste seiner Kollegen herunterzuspielen und schlecht über sie zu sprechen, um seinen eigenen Wert zu erhöhen. Es war schockierend zu sehen, wie jemand, der ein geschätztes Teammitglied war, sich so negativ über seine Kollegen äußerte.

Ich versuchte Markus zu erklären, dass sein Verhalten und Ansatz kontraproduktiv seien und dass Gehaltsverhandlungen auf Leistung, Marktwert und Teamdynamik basieren sollten, nicht auf Einschüchterung oder Abwertung anderer. Aber er war nicht bereit zuzuhören. Er beharrte darauf, dass er, sollte er die gewünschte Erhöhung nicht erhalten, sofort Angebote von anderen Unternehmen annehmen würde.

Das Gespräch endete ohne Einigung. Markus verließ den Meetingraum genauso abrupt, wie er gekommen war. In den folgenden Tagen spürte das gesamte Team die Spannung. Sein Verhalten hatte nicht nur seine Beziehung zu mir belastet, sondern auch das Teamgefüge gestört. Letztendlich entschied sich Markus, das Unternehmen zu verlassen. Sein Abgang war deutlich weniger dramatisch. Er hinterließ zwar eine kleine Lücke, welche aber viel schneller von anderen Teammitgliedern gefüllt wurde, als zuerst befürchtet. Vor allem aber hinterließ er eine Lektion für uns alle: Gehaltsverhandlungen sind eine Kunst, die Feingefühl, Ehrlichkeit und ein Verständnis für den Wert, den man bringt, erfordert. Einschüchtern und Überheblichkeit führen selten zum gewünschten Erfolg und können Brücken verbrennen, die man später vielleicht wieder überqueren möchte.

Reflektiert man dieses Beispiel, so erkennt man, dass Gehaltsverhandlungen ein Vergleichen von Preis und Wert sind – wie beim Investieren. Als Arbeitnehmer verkaufst du Wert und willst dafür einen Preis vom Arbeitgeber. Je besser zu darin bist, den Wert über die Wertformel per Nutzen, Skalierung und Seltenheit darzustellen, umso leichter wird es dir fallen, einen höheren Preis zu erlangen.

EINSTELLUNGSGESPRÄCHE

Einstellungsgespräche können anfangs beängstigend erscheinen, aber mit der richtigen Vorbereitung und Einstellung kannst du sie als eine Gelegenheit betrachten, bei der du mit der Darstellung deines Werts glänzen und deinen nächsten Karriereschritt machen kannst. Erfolgreich durch das Einstellungsgespräch zu kommen ist entscheidend für den weiteren Verlauf deiner Karriere.

Hier ist ein absolut positives Beispiel aus der Sicht eines CEOs, das dir helfen kann bei der Überlegung, welchen seltenen Nutzen ein Arbeitgeber von dir als Arbeitnehmer haben möchte, damit er dir für den gelieferten Wert deinen gewünschten Preis bezahlt.

Max (nicht sein richtiger Name) erregte binnen der ersten Sekunden meine Aufmerksamkeit. Sein fester Händedruck und sein wacher Blick zeigten von Beginn an, dass er nicht nur hier war, um einen Job zu bekommen, er war hier, um einen Unterschied zu machen. Von Anfang an war klar, dass Max seine Hausaufgaben gemacht hatte. Er begann das Gespräch mit einer umfassenden Einsicht in unsere Firmenmission und erklärte, wie seine persönlichen Werte und Ziele sich nahtlos mit der Vision unseres Unternehmens im Kryptobereich verbinden würden. Er war nicht nur mit unserer Mission »aligned«, er lebte sie. Max sprach über spezifische Aspekte unserer App, die er nicht nur nutzte, sondern für die er auch Verbesserungsvorschläge hatte. Seine Vorschläge waren so durchdacht und innovativ, dass sie sofort zeigten: Er war nicht nur ein Nutzer, sondern vielmehr ein Superuser. Er war auch einigen unserer Gruppen auf Social Media beigetreten und hatte aktiv zu positiven Diskussionen beigetragen.

Max' Engagement war ansteckend. Er sprach nicht nur über seine bisherigen Erfahrungen und wie sie zum Unternehmenserfolg beitragen könnten, sondern er veranschaulichte auch seine Fähigkeit, Initiative zu ergreifen und über den Tellerrand hinauszudenken. Es war offensichtlich, dass er nicht hier war, um nur eine Rolle zu erfüllen; er war hier, um zu wachsen, zu gestalten und als Teil des Teams zu glänzen.

Aber was Max wirklich besonders machte, war sein Verständnis und seine Wertschätzung für unsere Kernwerte. Er diskutierte, wie Meritokratie, Ressourcenkreativität und Kundenorientierung in seiner bisherigen Arbeit gelebt wurden und wie diese Erfahrungen ihn zu einem idealen Kandidaten für unser Unternehmen machen würden. Sein tiefes Verständnis für das, was wir tun und warum wir es tun, sowie seine klare Vision, wie er zu dieser Mission beitragen könnte, ließen keinen Zweifel daran, dass er nicht nur ein Mitarbeiter, sondern ein echter Botschafter für unsere Firma wäre. Als CEO bin ich immer auf der Suche nach Menschen, welche die Arbeit nicht nur als Job sehen, sondern als leidenschaftliche Berufung. Max war die Verkörperung dieses Ideals.

Am Ende des Gesprächs war es keine Frage mehr, ob wir Max einstellen würden, sondern eher, wie schnell wir ihn an Bord holen könnten. Max' Vorstellungsgespräch erinnert mich immer daran, dass die richtigen Mitarbeiter – diejenigen, die unsere Werte teilen, unsere Mission leben und unser Engagement für Exzellenz verstehen – den wahren Kern eines jeden erfolgreichen Unternehmens ausmachen. Max war nicht nur bereit, sich uns anzuschließen; er war bereit, uns zu neuen Höhen zu führen.

KÜNDIGUNGEN

Gekündigt zu werden ist zweifellos eine der härtesten Erfahrungen im Berufsleben. Es ist ein Moment, der nicht nur die unmittelbare Zukunft infrage stellt, sondern auch das Selbstwertgefühl schwer erschüttern kann. Ein solcher Moment traf Alex (Name geändert), einen langjährigen Mitarbeiter, dessen Rolle aufgrund von Umstrukturierungen in unserem Unternehmen nicht mehr benötigt wurde. Es war eine schwierige Entscheidung, die niemandem leichtfiel, besonders mir nicht als CEO, der die direkte Verantwortung für das Wohl des Teams trägt.

Alex hatte Jahre in das Unternehmen investiert und seine Entlassung war für alle Beteiligten emotional aufgeladen. Wir hatten gehofft, dass Alex die Unterstützung, die wir ihm anboten – Abfindung, Empfehlungsschreiben und Karriereberatung –, annehmen und den Übergang so reibungslos wie möglich gestalten würde. Stattdessen nahm die Situation eine unerwartete und dramatische Wendung.

Kurz nach seiner Entlassung begann Alex, eine Reihe von Posts auf LinkedIn zu veröffentlichen. Statt seine Situation professionell zu reflektieren oder sich auf die Suche nach neuen Möglichkeiten zu konzentrieren, wählte er einen destruktiven Weg. Seine Beiträge waren von Bitterkeit und Wut geprägt und warfen ein schlechtes Licht nicht nur auf das Unternehmen, sondern auch auf ihn selbst. Er sprach über Ungerechtigkeit und seine Enttäuschung, manchmal in einer Weise, die an Grenzen des Respekts rührte.

Diese öffentliche Darstellung war nicht nur für das Unternehmen schädlich, sondern auch für Alex' eigene professionelle Zukunft. In der Welt der vernetzten sozialen Medien verbreiten sich solche Nachrichten schnell und können den Ruf einer Person nachhaltig beeinträchtigen. Anstatt Empathie oder Unterstützung zu finden, isolierte Alex sich weiter und machte eine ohnehin schon schwierige Situation noch schlimmer.

Alex' Geschichte ist ein dramatisches Beispiel dafür, wie man mit einer Kündigung nicht umgehen sollte. Zweifellos ist das Ende eines Jobs ein schwerer Schlag, doch die Art und Weise, wie wir darauf reagieren, kann unsere zukünftigen Möglichkeiten prägen. Wut und öffentliche Beschwerden können kurzfristig kathartisch wirken, aber langfristig sind es Beharrlichkeit, eine professionelle Haltung und die Fähigkeit, nach vorn zu schauen, die den Weg zu neuen und vielleicht besseren Gelegenheiten ebnen.

Genau das Gegenteil, im positiven Sinne, geschah mit Roger (auch er hieß in Wirklichkeit anders). Roger war seit fast einem Jahr ein engagierter Mitarbeiter in unserem Unternehmen. Als jedoch strukturelle Veränderungen notwendig wurden, standen wir vor der schwierigen Entscheidung, einige Positionen abzubauen, darunter auch seine. Trotz der unglücklichen Nachricht war Rogers Reaktion beispielhaft und zeigte wahre Professionalität. Als ich ihm die Kündigung aussprach, war Roger natürlich enttäuscht. Er hatte viel Zeit und Energie in das Unternehmen investiert. Doch anstatt Wut oder Bitterkeit zu zeigen, hörte er ruhig zu und versuchte die Situation zu verstehen. Er stellte klare und sachliche Fragen über die Gründe für die Entscheidung und die nächsten Schritte. Seine Fähigkeit, in einem emotionalen Moment ruhig und konzentriert zu bleiben, war bemerkenswert.

Roger nutzte die Ressourcen, die wir ihm anboten, voll aus. Er arbeitete eng mit unserer HR-Abteilung zusammen, um seine Optionen zu verstehen, und nahm professionelle Beratung in Anspruch, um seinen nächsten Karriereschritt zu planen. Er nutzte das Netzwerk, das er im Laufe der Jahre aufgebaut hatte, nicht um seiner Frustration Luft zu machen, sondern um Empfehlungen und neue Möglichkeiten zu suchen. Anstatt sich auf die Entlassung zu konzentrieren, konzentrierte er sich auf seine Zukunft. Er aktualisierte seinen Lebenslauf, reflektierte seine Fähigkeiten und Erfahrungen und dachte darüber nach, was er als Nächstes machen wollte. Er sah diese Veränderung nicht als Ende, sondern als Gelegenheit, etwas Neues zu beginnen. Gleichzeitig hielt er den Kontakt zu seinen ehemaligen Kollegen und baute so sein berufliches Netzwerk nur noch weiter aus.

Rogers Geschichte ist ein leuchtendes Beispiel dafür, wie man sich als Mitarbeiter in Zeiten des Umbruchs verhalten sollte. Auch wenn die unfreiwillige Beendigung eines Jobs eine schwierige Erfahrung sein kann, ist es die Art und Weise, wie wir darauf reagieren, die unseren Charakter definiert und unsere Zukunft formt. Rogers Geschichte ist eine Erinnerung daran, dass Professionalität und Positivität auch in den herausforderndsten Zeiten einen langen Weg gehen können.

Es kann natürlich auch die Situation eintreten, dass du in einem Unternehmen arbeitest und mit dem erhaltenen Preis im Vergleich zu deinem gelieferten Wert nicht (mehr) zufrieden bist. Die eigene Entscheidung, den Job zu kündigen, ist oft schwierig und komplex. Der Preis für die Arbeit besteht häufig nicht nur aus dem Gehalt, sondern auch aus dem Drumherum: eine passende Mission, das Arbeitsumfeld, Weiterbildungen usw. Fehlen diese, kann dies oft das beste Gehalt der Welt nicht kompensieren. Es ist wichtig, sich darüber im Klaren zu sein, dass es nicht nur um den aktuellen Job geht, sondern um deine gesamte Karriere und Lebenszufriedenheit.

Bevor du kündigst, stelle sicher, dass du entweder genügend finanzielle Rücklagen hast oder ein neues Angebot sicher ist. Berücksichtige die Arbeitsmarktlage in deiner Branche. In schwierigen Zeiten kann es klüger sein zu bleiben, bis sich die Situation verbessert. Hab einen klaren Plan, was du nach der Kündigung tun wirst. Ob es sich um eine neue Stelle, eine Weiterbildung oder eine Auszeit handelt, plane im Voraus. Manchmal kann ein offenes Gespräch mit dem Vorgesetzten über deine Bedenken und Wünsche zu Veränderungen führen, die eine Kündigung unnötig machen. Ich habe es nicht nur einmal erlebt, dass ein Mitarbeiter fast gekündigt hätte, nur weil er sich nicht getraut hatte, ein kleines Problem anzusprechen wie etwa zwei fehlende Urlaubstage.

Das Wichtigste ist, sich nicht von Angst oder kurzfristigen Emotionen leiten zu lassen, sondern eine wohlüberlegte Entscheidung zu treffen, die deine langfristigen Ziele und dein Wohlbefinden unterstützt. Eine Kündigung ist ein großer Schritt, aber manchmal notwendig, um weiterzukommen und am Ende glücklicher zu sein.

BERUFLICHE BEZIEHUNGEN

Der Aufbau und die Pflege von Beziehungen sind in der Karriereentwicklung von entscheidender Bedeutung. Sie öffnen Türen zu neuen Möglichkeiten, bieten Zugang zu wertvollen Ressourcen und Wissen und können bei Herausforderungen Unterstützung bieten. Persönlich finde ich die Frage, ob sich ein Studium lohnen kann oder nicht, gerade im Hinblick aufs berufliche Netzwerken interessant. Oft knüpft man hier wertvolle Kontakte fürs restliche Leben. Wir werden in Kapitel 13 noch viel ausführlicher auf dieses Thema eingehen, deshalb reißen wir es hier nur kurz an. Durch ein gutes Berufsnetzwerk erhältst du Zugang zu Informationen und Einblicken, die dir sonst möglicherweise nicht zur Verfügung stehen würden. Viele Jobs werden durch Empfehlungen vergeben. Ein starkes Netzwerk kann dir Türen öffnen, die sonst geschlossen bleiben würden. Halte also den Kontakt aufrecht, auch wenn du gerade keine spezifische Anfrage oder ein Anliegen hast. Halte dein Netzwerk über deine beruflichen Entwicklungen und Erfolge auf dem Laufenden. Sei bereit, Unterstützung und Hilfe anzubieten, wenn jemand aus deinem Netzwerk sie benötigt. Geburtstage, berufliche Meilensteine oder andere besondere Ereignisse sind gute Anlässe, um sich zu melden und deine Wertschätzung zu zeigen. Kommentiere und teile relevante Inhalte deines Netzwerks in sozialen Medien, um Interesse und Unterstützung zu vermitteln. Und falls dies in deiner Branche möglich ist, tritt einer Kammer oder Vereinigung bei, wo Berufsgruppen automatisch zusammenkommen.

WIRD KI BALD DEINEN JOB ERSETZEN?

In einer Welt, die sich ständig verändert und weiterentwickelt, wird die Rolle der Künstlichen Intelligenz (KI) für unsere Karrieren immer bedeutender. Statt KI als eine bedrohliche Kraft zu betrachten, die darauf abzielt, unsere Arbeitsplätze zu ersetzen, sollten wir sie jedoch vielmehr als einen kraftvollen Verbündeten ansehen, der uns dabei helfen kann, unseren Nutzen zu maximieren und unsere Fähigkeiten zu skalieren.

Lass mich dir die Geschichte eines Kumpels erzählen, die den Einfluss von KI auf seine Karriereentwicklung veranschaulicht. Er arbeitete als Finanzanalyst bei einer bekannten Investmentbank in Singapur. Er verbrachte die meiste Zeit seines Arbeitstages damit, durch riesige Datenmengen zu waten, Zahlen zu analysieren und Berichte zu erstellen. Es war ein mühsamer und zeitaufwendiger Prozess. Dann führte sein Vorgesetzter eine KI-gestützte Analyseplattform ein.

Anfangs war er skeptisch und in vielen Gesprächen erzählte er mir von seinen Sorgen. Er fürchtete, dass diese Technologie seine Rolle überflüssig machen könnte. Aber das Gegenteil geschah. Die KI übernahm die routinemäßigen, repetitiven Aufgaben, wodurch er mehr Zeit hatte, sich auf komplexere, strategische Aspekte seiner Arbeit zu konzentrieren. Er nutzte die KI, um tiefere Einblicke und präzisere Prognosen zu erstellen, was seinen Nutzen und somit seinen Wert im Unternehmen enorm steigerte. Er war nun nicht nur ein Analyst; er war ein strategischer Entscheidungsträger, der die KI nutzte, um bessere Ergebnisse zu erzielen.

Diese Geschichte zeigt, wie KI den Nutzen unserer Arbeit steigern kann. Statt uns zu ersetzen, kann sie uns zu höheren Leistungen befähigen. Im Fall meines Kumpels bedeutete dies, dass er weniger Zeit mit der Dateneingabe und mehr Zeit mit der Interpretation und Strategieentwicklung verbrachte. Die KI half ihm, seinen eigenen Wert zu steigern, indem sie ihm ermöglichte, komplexere und wertvollere Aufgaben zu übernehmen. In vielen Berufen, von der Medizin bis zum Marketing, ermöglicht KI Fachleuten, mehr zu tun, schneller zu lernen und besser zu skalieren. Ärzte nutzen KI zum Beispiel, um Diagnosen zu stellen und Behandlungspläne auszuarbeiten, indem sie auf riesige Datenmengen zurückgreifen, die weit über das hinausgehen, was ein menschlicher Geist allein verarbeiten könnte. Marketingexperten nutzen KI, um Kundenverhalten zu analysieren und personalisierte Kampagnen aufzubereiten, die zuvor undenkbar waren. KI sollte demnach nicht als Bedrohung, sondern als Werkzeug betrachtet werden, das Nutzen, Skalierung und somit unseren Wert steigert.

In diesem Kapitel haben wir die Wege erforscht, die man einschlagen kann, um nicht nur in seiner Karriere erfolgreich zu sein, sondern auch eine erfüllende, bedeutungsvolle Arbeit zu leisten. Wir haben gesehen, wie die Prinzipien der Wertformel – Nutzen, Menschen und Seltenheit – bei jedem Schritt des Karrierewegs angewendet werden können, um sich von der Masse abzuheben und wahrhaft außergewöhnlich zu sein. Wir haben auch die Herausforderungen und Strategien bei Gehaltsverhandlungen, Einstellungsgesprächen und Kündigungen besprochen. Das Kapitel soll dich motivieren, über Jobs und Karrieren hinauszudenken und deine Berufung zu finden, indem du Leidenschaft, Fähigkeiten und Marktnachfrage in Einklang bringst.

Action Plan

Falls du gerade von der ganzen Informationsflut überwältigt bist, habe ich hier fünf Tipps für dich:

1. Selbstbewertung: Notiere deine aktuellen Fähigkeiten und vergleiche sie mit den Anforderungen deiner Traumrolle. Wo siehst du Lücken? Welche Tätigkeiten machen dir Freude und lassen die Zeit vergessen? In welchen Bereichen wirst du oft um Rat oder Hilfe gebeten? Reflektiere, welche Aspekte deiner Arbeit du am meisten genießt und welche dir Energie rauben.
2. Fähigkeitsentwicklung: Identifiziere zwei Berciche, in denen du dich spezialisieren möchtest. Was kannst du bieten, das in deinem Arbeitsumfeld selten und wertvoll ist? Entwickle einen Plan zur Verbesserung dieser Fähigkeiten durch Kurse, Selbststudium oder praktische Projekte. Melde dich für Online-Kurse oder Workshops an, um deine Kenntnisse zu vertiefen und auf dem neuesten Stand zu bleiben.
3. Netzwerkaufbau: Erstelle eine Liste von Personen in deiner Branche, die du bewunderst, und nimm dir vor, sie zu kontaktieren. Plane, mindestens ein berufliches Netzwerktreffen pro Monat zu besuchen. Engagiere dich in professio-

nellen Online-Communitys, um Ratschläge zu teilen und zu erhalten.

4. Karriereplanung: Definiere klare kurz- und langfristige Karriereziele. Überlege, wo du in einem, in fünf und zehn Jahren sein möchtest. Was bedeutet für dich beruflicher Erfolg und wie misst du ihn? Sammle Beweise für deinen Beitrag zum Unternehmenserfolg, um für Gehaltsverhandlungen gewappnet zu sein. Übe, wie du deine Leistungen und Forderungen in einem Verhandlungsgespräch präsentierst.
5. Proaktive Haltung: Bleibe offen für neue Technologien und Methoden, die deinen Arbeitsplatz beeinflussen könnten. Überlege, wie du diese zu deinem Vorteil nutzen kannst.

Durch die Anwendung dieser Schritte und die Beantwortung dieser Fragen kannst du eine klarere Vorstellung davon bekommen, wie du deine Karriere proaktiv gestalten und kontinuierlich weiterentwickeln kannst.

Im nächsten Kapitel werden wir uns einem anderen, aber ebenso wichtigen Aspekt des Lebens zuwenden: Hobbys und Freizeit. Auch hier kann die Wertformel angewendet werden, um das Beste aus unserer freien Zeit zu machen. Wir beleuchten, wie Hobbys und Freizeitaktivitäten nicht nur zur persönlichen Freude und Entspannung beitragen können, sondern auch wie sie unsere Fähigkeiten verbessern, unseren Horizont erweitern und letztendlich auch unseren Wert in anderen Lebensbereichen erhöhen können. Freue dich auf ein Kapitel voller Einsichten und Inspirationen, wie man eine ausgeglichene, erfüllte und bereichernde Freizeit gestalten kann.

KAPITEL 10
HOBBYS, FREIZEIT, WACHSTUM

»Ich hasse Golf, ich hasse Golf, ich hasse Golf, ich hasse diesen Sport!!
Oh, wow … Was für ein guter Schlag!
Ich liebe diesen Sport und werde mein gesamtes Einkommen dafür ausgeben
und meine gesamte Lebenszeit dafür verschwenden!«

JEDER GOLFER

Willkommen zum vierten Lebensbereich und einem Kapitel, das sich einem sehr wesentlichen, aber doch häufig übersehenen Aspekt unseres Lebens widmet: Hobbys, Freizeit und persönliches Wachstum. Hier geht es nicht um monetären Wert oder Ruhm. Skalierung oder Seltenheit, wie wir sie in den vorherigen Kapiteln betrachtet haben, haben hier deutlich weniger Bedeutung. Stattdessen erkunden wir die unschätzbaren immateriellen Aspekte, die unser Leben bereichern und uns als Menschen definieren.

Hobbys sind nicht nur Zeitvertreib; sie sind ein Fenster zu unserer Seele, Kanäle für Leidenschaft und Kreativität und oft der notwendige Gegenpol zu den Anforderungen unseres Alltags. Sie bieten uns Ausgleich, erlauben uns, abzuschalten und zu entstressen. Sie fördern Freundschaften und Gemeinschaftsgefühl durch geteilte Interessen und Erlebnisse. In einer Welt, die häufig von Leistung und Ergebnissen getrieben ist, erinnern uns Hobbys daran, dass der Weg genauso wichtig ist wie das Ziel.

In diesem Kapitel betrachten wir Hobbys und das persönliche Wachstum durch die Linse der Wertformel, aber mit einem Twist. Hier ist der *Nutzen* das persönliche Wohlbefinden und die Freude. *Menschen* sind die Gemeinschaften und Freundschaften, die wir durch unsere Interessen bilden. *Seltenheit* ist das einzigartige Mosaik aus Erfahrungen und Erlebnissen, das jeder durch seine individuellen Hobbys schafft.

DAS TIMEHORIZON-PRINZIP

In meinem letzten Bestseller *Das Timehorizon Prinzip* betone ich die Bedeutung einer ausgeglichenen Lebensführung, in der private Interessen, berufliche Ambitionen und familiäre Verpflichtungen harmonisch aufeinander abgestimmt sind. Dieses Prinzip lässt sich auch durch die Linse der Wertformel betrachten. Hobbys spielen eine entscheidende Rolle in der Balance, die das Timehorizon-Prinzip anstrebt. Sie repräsentieren den ultimativen Nutzen in der Wertformel – nicht in monetären Werten oder beruflichem Erfolg, sondern im persönlichen Wohlbefinden und in der Lebensfreude. Durch Hobbys können wir entspannen, uns regenerieren und unsere Leidenschaften ausleben. Sie sind ein essenzieller Bestandteil unseres Lebens, der uns hilft, Stress abzubauen, unsere Kreativität zu fördern und unsere psychische Gesundheit zu stärken.

In Bezug auf die Wertformel sind bei Hobbys Skalierung und Seltenheit deutlich weniger relevant als der unmittelbare Nutzen, den sie bringen. Der wahre Wert liegt in der Freude, der Entspannung und der persönlichen Erfüllung, die Hobbys uns bringen. Indem wir uns bewusst Zeit für Hobbys nehmen, investieren wir in uns selbst und unser Wohlbefinden, was letztendlich auch zu größerer Produktivität und Zufriedenheit in allen Bereichen unseres Lebens führt.

KITESURFEN ODER GOLF

Immer wenn das Thema Hobbys aufkommt, erinnere ich mich an meine Kitesurfzeit zurück, als einer meiner besten Kumpels das Kiten aufhörte, um mit dem Golfen zu beginnen. Stell dir vor, ich stehe am Ufer des Achensees, mitten in den Tiroler Bergen, bereit für eine Runde Kitesurfen, als mein Freund auftaucht. Anstatt seinen Surfanzug und sein Kiteboard dabei zu haben, trug er ein Set Golfschläger. Verwirrt blickte ich ihn an und fragte: »Was ist los mit dir? Wieso tauschst du die Wellen gegen den Golfplatz?«

Er seufzte, ein Hauch von Resignation in seiner Stimme: »Es geht ums Networking, mein Freund. In meiner Branche werden offenbar alle wichtigen Deals und Verbindungen auf dem Golfplatz gemacht und eben nicht am Wasser. Ich dachte mir, wenn das der Platz ist, wo ich sein muss, um voranzukommen, dann soll es so sein. Also habe ich ein paar Lektionen genommen, ein Golfset gekauft und mich auf den Rasen gewagt.«

Ich konnte nicht anders, als zu lachen. »Und, isses so geil wie Kiten?«

Er zuckte mit den Schultern, ein schiefes Lächeln auf seinem Gesicht. »Ehrlich gesagt, ich kann keinen geraden Schlag machen und die meiste Zeit suche ich meine Bälle im Unterholz. Aber letzte Woche, während ich im Clubhaus saß, hatte ich ein zufälliges Gespräch mit jemandem, der sich als potenzieller Geschäftspartner herausstellte. In diesem Moment dachte ich mir: Vielleicht ist das Ganze gar nicht so schlecht. Vielleicht werde ich tatsächlich meine ganze Zeit und mein Geld in diesen Sport stecken!«

»Und dann?«, fragte ich, neugierig auf den Rest seiner Geschichte.

»Dann bin ich am nächsten Tag zurückgekehrt und habe meinen Ball in den Teich geschlagen. Doppelt. Aber weißt du was? Es hat mich nicht mal gestört. Es geht nicht um den Sport selbst, es geht darum, wo der Sport mich hinführen kann; es geht um die Leute, die ich treffe, die Gespräche, die ich führe. Vielleicht ist Golf nicht meine Leidenschaft, aber die Möglichkeiten, die sich mir dadurch eröffnen, sind es wert.«

Wir blickten auf den See, folgten wie in Trance den Windwellen, jeder in seine Gedanken versunken. Ich dachte darüber nach, wie Hobbys und Interessen uns auf unerwartete Wege führen können, wie sie Türen öffneten und uns mit Menschen verbanden, die wir sonst nie getroffen hätten. Und während ich mich wieder meinem Board zuwendete und er sich in Richtung Golfplatz aufmachte, wussten wir beide, dass wir auf unsere eigene Weise das finden würden, wonach wir suchten – seien es Wind und Wellen oder ein Hole-in-one auf dem Grün.

WERTFORMEL: NUTZEN AUS HOBBYS

Über die Zeit habe ich gelernt, dass es drei unterschiedliche Arten von Hobbys gibt, welche einen extremen Nutzen und damit Wert für unser Leben haben:

1. Hobbys, die fit machen
2. Hobbys, die uns kreativ machen
3. Hobbys, die uns beim Netzwerken helfen

Sportliche Hobbys tragen wesentlich zu unserer körperlichen und geistigen Gesundheit bei. Regelmäßige körperliche Betätigung hält nicht nur den Körper fit, sondern reduziert auch Stress und fördert die mentale Klarheit. Ob es sich um Laufen, Schwimmen, Kitesurfen oder eine Mannschaftssportart handelt – die regelmäßige Bewegung verbessert die Ausdauer, Kraft und Flexibilität und fördert gleichzeitig Disziplin und Zielstrebigkeit. Ein wöchentliches Fußballspiel mit Freunden kann zum Beispiel eine großartige Möglichkeit sein, fit zu bleiben und gleichzeitig die Teamfähigkeit zu stärken. Man lernt, als Teil eines Teams zu agieren, Strategien zu entwickeln und die Freude am gemeinsamen Erfolg zu teilen.

Kreative Hobbys wie Malen, Schreiben, Musizieren oder Handwerken eröffnen einen Raum für Selbstausdruck und geistige Erholung. Sie fordern uns heraus, neue Fähigkeiten zu erlernen und unsere Vorstellungskraft zu nutzen, was wiederum die Problemlösungsfähigkeiten und Innovationskraft in allen Lebensbereichen verbessern kann. Kreativität in der Freizeit bringt es vielleicht mit sich, dass man im Berufsleben neue Perspektiven und Lösungen sieht. Das Erlernen eines Musikinstruments kann zum Beispiel mehr als nur eine Quelle der Freude sein. Es verbessert unsere Geduld, Konzentration und das Gedächtnis und kann sogar die sozialen Fähigkeiten stärken, wenn man sich entscheidet, in einer Band oder einem Orchester zu spielen.

Hobbys für soziale Verbindungen und Freundschaften bieten eine wunderbare Plattform, um Menschen mit ähnlichen Interessen zu treffen und bedeutsame Beziehungen aufzubauen. Sie erweitern unseren sozialen Kreis und können uns in Netzwerken positionieren, die sowohl im persönlichen als auch im beruflichen Leben von Vorteil sind. Gemeinsame Aktivitäten schaffen eine natürliche Grundlage für Gespräche und Austausch, was zu dauerhaften Freundschaften oder beruflichen Kontakten führen kann. Ein Golfkurs mag nicht nur eine Möglichkeit sein, einen neuen Sport zu erlernen, sondern auch eine Chance, beruflich zu netzwerken. Wie die Geschichte meines Kumpels zeigt, kann das gemeinsame Interesse an einem Hobby zu unerwarteten beruflichen Chancen und wertvollen Kontakten führen.

Dasselbe gilt natürlich auch für Hobbys mit der Partnerin oder dem Partner und/oder der Familie. Hobbys, die man mit der ganzen Familie teilen kann, schaffen nicht nur Spaß und Freude, sondern stärken auch die familiären Bindungen und schaffen bleibende Erinnerungen. Wichtig ist hier, Alter und unterschiedliche Stärken auszugleichen. Gemeinsame Wanderungen oder Spaziergänge in der Natur bieten eine großartige Möglichkeit, die Schönheit der Umgebung zu erkunden und gleichzeitig körperlich aktiv zu sein. Es ist eine Chance, den Kindern die Natur näherzubringen und gemeinsam Abenteuer zu erleben. Gartenarbeit ist eine entspannende und lehrreiche Aktivität, bei der die ganze Familie beteiligt werden kann. Kinder lernen, woher Lebensmittel kommen, und die Verantwortung für das Pflanzen und Pflegen von Pflanzen kann ihnen Disziplin und Geduld beibringen. Gemeinsames Kochen oder Backen ist eine lustige und interaktive Weise, Zeit miteinander zu verbringen und gleichzeitig wichtige Lebenskompetenzen zu lehren. Es fördert die Teamarbeit und Kreativität und kann Kindern helfen, ein gesundes Verhältnis zum Essen zu entwickeln.

Julians Hobbys

Bei der Wahl eines Hobbys ist es einerseits wichtig, etwas zu finden, das persönliche Freude und Erfüllung bringt. Gleichzeitig kann die strategische Wahl eines Hobbys, das zu persönlichem Wachstum und erweiterten sozialen Netzwerken beiträgt, einen immensen Mehrwert für alle Aspekte des Lebens bieten. In meinem persönlichen Leben habe ich eine Leidenschaft für Aktivitäten entwickelt, die mir nicht nur Freude bereiten, sondern auch meine physische und mentale Gesundheit fördern. Meine absoluten Lieblingshobbys sind immer noch Wassersportarten wie Wellenreiten oder Kitesurfen, welche ich früher als Profi ausgeführt habe. Sie erfordern Geschick, Konzentration und ein ausgiebiges Verständnis für Wind und Wasser. Es ist für mich eine großartige Möglichkeit, dem Alltag zu entfliehen, mich mit der Natur zu verbinden und gleichzeitig meine Fitness zu stärken.

Golf ist ein weiteres Hobby, das ich genieße, oft gemeinsam mit meiner Frau oder guten Kumpels. Es bietet eine wunderbare Gelegenheit, Zeit miteinander in einer ruhigen, landschaftlich reizvollen Umgebung zu verbringen. Golf ist nicht nur ein entspannendes Spiel, sondern auch eine Übung in Geduld und Präzision, und es ermöglicht mir, mein Netzwerk zu erweitern und zu pflegen, da es oft eine soziale Komponente hat.

Laufen und Trainieren im Fitnessstudio sind weitere wichtige Bestandteile meines Lebens, häufig zusammen mit meiner Frau. Es ist für uns beide eine einfache und effektive Methode, um fit zu bleiben und Stress abzubauen. Gemeinsame Läufe bieten uns die Gelegenheit, unsere Gedanken zu teilen, Pläne zu schmieden oder einfach die gemeinsame Zeit zu genießen.

Schach ist ein Hobby, das ich besonders schätze, da es strategisches Denken, Vorausplanung und Geduld fördert. Obwohl es vielleicht physisch nicht so anspruchsvoll ist wie meine anderen Aktivitäten, bietet es eine einzigartige mentale Herausforderung und hilft mir, meine kognitiven Fähigkeiten zu schärfen.

Ich weiß, dass in meiner Auswahl an Hobbys wenig kreativ ausgerichtete Aktivitäten vorhanden sind. Ich möchte diese jedoch in Betracht ziehen, besonders da ich erkenne, wie wertvoll kreative Ausdrucksformen für das persönliche Wachstum und die emotionale Ausgeglichenheit sein können. Vielleicht kann ich in Zukunft Hobbys wie Malen, Basteln oder Musik erkunden, um meine kreative Seite zu fördern. Wenn meine Kinder älter werden, freue ich mich darauf, gerade solche Aktivitäten in unser Familienleben einzuführen; natürlich auch Dinge wie Skifahren, Wandern oder Brettspiele spielen. Diese Aktivitäten werden nicht nur die Bindung und das Zusammengehörigkeitsgefühl innerhalb der Familie stärken, sondern auch meinen Kindern helfen, eine Liebe zur Natur, zur Kunst und zum Sport zu entwickeln.

PERSÖNLICHES WACHSTUM

Persönliche Weiterentwicklung und Wachstum sind entscheidende Aspekte, die uns dabei helfen, nicht nur in unseren Karrieren, sondern auch in unserem Privatleben zu gedeihen. Sie sind der Schlüssel, um unseren inneren Wert zu maximieren, unsere Fähigkeiten zu erweitern und ein erfüllteres Leben zu führen. Der Nutzen, den wir aus persönlichem Wachstum ziehen, ist immens und kann unsere Lebensqualität in jeder Hinsicht verbessern.

Lesen ist eine der wertvollsten Gewohnheiten, die man für die persönliche Entwicklung kultivieren kann. Bücher öffnen uns die Türen zu neuen Welten, Ideen und Perspektiven. Sie können uns lehren, inspirieren und herausfordern. Ob es sich um fiktionale Geschichten handelt, die unsere Vorstellungskraft beflügeln, oder um Sachbücher, die uns in bestimmten Bereichen Expertenwissen vermitteln – das Lesen ist ein unermesslich wertvolles Werkzeug für Wachstum und Lernen.

Podcasts sind ein weiteres kraftvolles Medium für persönliches Wachstum. Sie bieten den Vorteil, dass man sie unterwegs hören kann, sei es beim Pendeln, Trainieren oder während alltäglicher Aufgaben. Sie bieten Zugang zu den Gedanken und Erfahrungen einiger der klügsten und inspirierendsten Menschen der Welt und decken eine breite Palette von Themen ab; von Business und Wissenschaft bis hin zu Gesundheit und Spiritualität.

Seit über zehn Jahren versuche ich jedes Jahr mindestens 50 gute Bücher zu lesen und/oder Podcasts zu hören. Persönlich finde ich, dass es nur wenige Dinge gibt, welche bei so wenig Preis so viel Nutzen und damit Wert für mich produzieren.

Seminare und Masterminds bieten eine interaktive Plattform für Lernen und Vernetzung. Sie ermöglichen es uns, uns mit Gleichgesinnten zu umgeben, von Experten zu lernen und uns in einer Umgebung zu engagieren, die auf Wachstum und Verbesserung ausgerichtet ist. Die Teilnahme an solchen Veranstaltungen kann tiefgreifende Auswirkungen auf unsere Einstellung, unser Wissen und unsere Fähigkeiten haben und uns neue Wege eröffnen, unser Potenzial zu entfalten.

Ein Investment in diese Ressourcen zur persönlichen Weiterentwicklung ist von unschätzbarem Wert. Sie bieten nicht nur sofortigen Nutzen in Form von Wissen und Inspiration, sondern auch langfristige Vorteile, indem sie unsere Denkweise prägen, unsere Fähigkeiten erweitern und uns helfen, besser auf die Herausforderungen und Möglichkeiten zu reagieren, die das Leben bietet. Dies ist der extrem hohe Nutzen, den persönliches Wachstum in der Wertformel bietet.

In diesem Kapitel haben wir die Bedeutung von Hobbys, Freizeit und persönlichem Wachstum erkundet und wie diese Aspekte zu unserer allgemeinen Lebensqualität und unserem Wohlbefinden beitragen. Während Hobbys uns Ausgleich und Freude bringen, ist persönliche Weiterentwicklung ein entscheidender Faktor, um unseren inneren Wert zu maximieren und ein erfülltes und erfolgreiches Leben zu führen.

Action Plan

Wenn du neue Hobbys erkunden willst und nach Strategien für persönliches Wachstum suchst, ist es hilfreich, konkrete Schritte zu haben. Hier sind einige Reflexionsfragen, die dir auf diesem Weg helfen können:

- Welche Hobbys oder Interessen regen deine Neugier am meisten an und warum?
- Nimm dir 20 Minuten Zeit und schreibe Hobbys und Aktivitäten auf, die du schon immer ausprobieren wolltest, aber

nie die Zeit dazu hattest. Wähle die zwei interessantesten aus und recherchiere online, wie du anfangen kannst.

- Was erhoffst du dir durch die Aufnahme eines neuen Hobbys? Wie passt das zu deinen übergeordneten Lebenszielen?
- Sprich mit Freunden, Familienmitgliedern oder Kollegen, um herauszufinden, wer ähnliche Interessen hat. Plane regelmäßige Treffen, um zusammen das neue Hobby auszuprobieren.
- Was hat dich in der Vergangenheit davon abgehalten, neue Hobbys oder Wachstumsstrategien zu erkunden? Wie kannst du diese Hindernisse überwinden?
- Wie fühlst du dich, wenn du über deine persönliche Entwicklung nachdenkst? Welche Bereiche möchtest du verbessern oder erweitern?
- Wie kannst du sicherstellen, dass du dir regelmäßig Zeit für dein neues Hobby oder deine Lernziele nimmst?

Indem du diese Schritte und Fragen regelmäßig in deine Routinen integrierst, kannst du neue Interessensfelder erforschen, deine Fähigkeiten erweitern und dein persönliches Wachstum kontinuierlich fördern.

Im nächsten Kapitel wenden wir uns einem weiteren wichtigen Aspekt unseres Lebens zu: der Liebe, Familie und erfüllenden Beziehungen. Wir erkunden, wie die Wertformel auf familiäre Dynamiken angewendet werden kann und wie wir harmonische und unterstützende Beziehungen aufbauen können, die unser Leben bereichern.

KAPITEL 11
LIEBE UND ERFÜLLENDE BEZIEHUNGEN

»Glück ist Liebe, nichts anderes. Wer lieben kann, ist glücklich.«

HERMANN HESSE

Der fünfte Lebensbereich widmet sich dem vielleicht wichtigsten Aspekt des menschlichen Daseins: Liebe und erfüllenden Beziehungen. Liebe in all ihren Formen ist das Fundament, auf dem unser Glück und Wohlbefinden ruhen. In diesem Kapitel erkunden wir, wie die Wertformel – Nutzen, Menschen und Seltenheit – in unseren Beziehungen Anwendung findet und wie sie uns helfen kann, intensives Glück und Zufriedenheit zu finden.

Liebe und Beziehungen entziehen sich oft den üblichen Maßstäben von Nutzen und Seltenheit, wie wir sie in anderen Lebensbereichen anlegen. Hier ist der Nutzen nicht materiell, sondern emotional und seelisch. Es geht um die Freude, das Wachstum und die Erfüllung, die wir erfahren, wenn wir echte Verbindungen mit anderen aufbauen. In der Liebe finden wir einen seltenen Schatz, der in seiner tiefsten Form einzigartig und unersetzlich ist. Die Menschen, die wir lieben und von denen wir geliebt werden, prägen unsere Erfahrungen und unsere Identität auf umfassende Weise.

Im Herzen des Menschseins liegt das unbestreitbare Bedürfnis nach Verbindung, Zugehörigkeit und Liebe. Hermann Hesse hat es treffend ausgedrückt: »Glück ist Liebe, nichts anderes. Wer lieben kann, ist glücklich.« Doch wie tiefgreifend ist der Einfluss von Liebe und Gemeinschaft auf unser Wohlbefinden und Verhalten? Ein faszinierendes Experiment mit Ratten bietet einen bemerkenswerten Einblick.

RATTENPARK

In den 1970er-Jahren führte der kanadische Psychologe Bruce K. Alexander ein Experiment durch, das als »Rattenpark-Studie« bekannt wurde.[11] In diesem Experiment wurden zwei Gruppen von Ratten in sehr unterschiedlichen Umgebungen untergebracht: Die eine Gruppe lebte isoliert in engen Käfigen, während die andere in einem reichhaltig ausgestatteten »Rattenpark« mit Pflanzen, Spielsachen, Leckereien und, was am wichtigsten war, anderen Ratten lebte. Beide Gruppen hatten Zugang zu zwei Wasserquellen: eine mit reinem Wasser und die andere mit Wasser, das mit Morphium versetzt war.

Die isolierten Ratten griffen massiv zur drogenhaltigen Lösung, manche bis zum Punkt ihrer Selbstzerstörung. Doch die Ratten im »Rattenpark«, umgeben von Spielmaterial, sozialen Interaktionen und einem stimulierenden Umfeld, zeigten wenig Interesse an den Drogen. Sie bevorzugten das reine Wasser. Sogar diejenigen, die zuvor isoliert gelebt und Drogen konsumiert hatten, änderten ihr Verhalten drastisch, nachdem sie in den Park versetzt wurden.

Da Ratten genetisch gesehen dem Menschen sehr ähnlich sind, wirft dieses Experiment wohl ein helles Licht auf die menschliche Natur selbst. Es deutet darauf hin, dass soziale Bindungen, Liebe und ein erfüllendes Umfeld nicht nur unsere Lebensqualität verbessern, sondern auch eine entscheidende Rolle beim Zugang zu destruktiven Verhaltensweisen spielen. In einer Welt, die oft von Isolation und Entfremdung geprägt ist, erinnert uns das »Rattenpark«-Experiment daran, wie essenziell Liebe, Freundschaft und Gemeinschaft für unser Wohlbefinden sind.

So wie die Ratten im »Rattenpark« das Bedürfnis nach der drogenhaltigen Flüssignahrung verloren haben, wenn ihnen der Zugang zu einer erfüllenden Umgebung und Gemeinschaft ermöglicht wurde, können auch wir Menschen unser tiefstes Potenzial für Glück und Zufriedenheit finden, wenn wir uns in liebevollen, unterstützenden Beziehungen befinden.

REZEPT FÜRS GLÜCKLICHSEIN

Forschungen haben sich eingehend mit den Faktoren beschäftigt, die zum Glücksgefühl beitragen, darunter Geld, Gesundheit und Beziehungen. Eine Studie der Purdue Universität fand zwar heraus, dass es einen optimalen Punkt beim Einkommen für Individuen und Haushalte gibt, jenseits dessen mehr Geld nicht unbedingt zu größerem Glück beiträgt (weltweit liegt dieses ideale Einkommen für Lebenszufriedenheit bei etwa 100.000 Euro pro Jahr).[12] Die Beziehung zwischen Geld und Glücksgefühl ist jedoch extrem komplex. Während ein gewisses Einkommen Stabilität und Komfort bieten kann, garantiert es kein anhaltendes Glück. Die Studie betont die Wichtigkeit, materielle Gewinne mit anderen Lebensprioritäten in Einklang zu bringen. Dies werden wir in späteren Kapiteln noch genauer besprechen.

Die Harvard Second Generation Study, die seit 1938 zwei Gruppen von Männern betrachtet, hat herausgefunden, dass gute Beziehungen uns glücklicher und gesünder halten als fast jeder andere beobachtete Faktor.[13] Der Studienleiter, Robert Waldinger, stellte fest, dass diejenigen, die mit 50 Jahren am zufriedensten in ihren Beziehungen waren, mit 80 Jahren immer noch am gesündesten waren. Die Qualität der Beziehungen war ein besserer Prädiktor für die körperliche Gesundheit als der Cholesterinspiegel. Die Studie fand auch heraus, dass (wie bei den Ratten) Einsamkeit tötet und dass das Leben in Konflikten sehr schlecht für die Gesundheit ist. Gute, warme Beziehungen bieten Schutz und ein Sicherheitsgefühl, das die Härten des Lebens abfedert.

Aus diesen Studien geht deutlich hervor, dass Geld zwar eine gewisse Ebene an Komfort und Sicherheit bieten kann, es aber die Qualität unserer Beziehungen und unsere Gesundheit sind, die eine wichtigere Rolle im langfristigen Glück und Wohlbefinden spielen. Diese Aspekte auszugleichen, anstatt sich ausschließlich auf finanziellen Erfolg zu konzentrieren, könnte zu einem erfüllteren und zufriedenen Leben führen.

Was Menschen wirklich glücklich macht, sind intensive, erfüllende Beziehungen: Einerseits gute Freundschaften, welche wir noch in Kapitel 13 besprechen, andererseits diejenigen mit dem Lebenspartner, den Geschwistern, Eltern und Kindern.

TIEFGEHENDE, ERFÜLLENDE BEZIEHUNGEN

Was macht eine Beziehung wirklich erfüllend? Es geht um das Geben ohne die Erwartung einer Gegenleistung, um das selbstlose Teilen von Zeit, Energie und Liebe. In einer Welt, die oft von Transaktionen geprägt ist, bietet die bedingungslose Liebe einen erfrischenden Kontrast, der unser Wohlbefinden auf tiefgreifende Weise nährt.

In Beziehungen wird die Wertformel – Nutzen, Menschen, Seltenheit – zu einem faszinierenden Tanz der menschlichen Interaktion. *Nutzen* in einer Beziehung bedeutet, dass beide Partner voneinander profitieren, aber nicht im materiellen Sinne. Stattdessen geht es um den emotionalen, geistigen und spirituellen Gewinn, den wir aus der intensiven Verbindung mit einem anderen Menschen ziehen. Es geht um die Freude, die Unterstützung und das Verständnis, das wir geben und empfangen. Diese Liebe und diesen Fokus richten wir auf nur ganz wenige Menschen. Anders als Geschäftsinhaber oder als Superstar, der versucht, »Energie« auf so viele Menschen wie möglich zu skalieren, gilt es bei erfüllenden Beziehungen, dies bei wenigen Menschen, dafür aber so tiefgründig wie möglich zu erreichen. Dies unterstreicht auch der Faktor *Seltenheit* in Beziehungen. Einerseits ist jede echte Beziehung aufgrund ihrer Einzigartigkeit und der spezifischen Dynamik zwischen den Menschen selten. Andererseits kann Seltenheit auch die besonderen Momente, Erlebnisse und die Qualität der Verbindung bedeuten, die man in einer Welt voller oberflächlicher Interaktionen findet. Diese Seltenheit ist es, die eine reiche und erfüllende Beziehung so wertvoll macht.

Wenn wir bewusst darauf hinarbeiten, den emotionalen Nutzen zu erhöhen, die Einzigartigkeit unserer menschlichen Verbindungen zu schätzen und die Seltenheit unserer tiefsten Beziehungen zu erkennen, können wir ein Netzwerk an Bindungen schaffen, das unser Leben mit Freude und Sinn erfüllt. Die Maximierung dieser Elemente führt zu substanziellen, erfüllenderen Beziehungen.

Es ist jedoch auch wichtig zu erkennen, dass niemand die ganze Zeit über glücklich ist. Die oben genannten Studien legen nahe, dass das Stärken von Beziehungen das Glück zwar erhöhen und ein Sicherheitsnetz für harte Zeiten bieten kann, dass es aber normal ist, nicht ständig glücklich zu sein. Jedes Leben ist voller Herausforderungen, doch starke Beziehungen helfen, diese Stürme zu überstehen.

BETTINA UND ICH

Manchmal, wenn Bettina, meine Ehefrau, und ich zusammen auf dem Sofa sitzen und über die verrückten Wendungen unseres Lebens lachen, fragen uns Freunde und Bekannte: »Wie macht ihr das bloß, dass ihr alles so gut gemeinsam meistert?« Das Geheimnis? Gemeinsame Prinzipien und Regeln. Zum Beispiel: ein Growth Mindset – die Überzeugung, dass wir gemeinsam wachsen und alles erreichen können, was wir uns vornehmen.

Ich erinnere mich an den Tag, als ich beschloss, vom sicheren Hafen der Medizin in die stürmischen Gewässer des Unternehmertums zu segeln. Viele sagten, es sei ein verrückter Schritt. Aber wir blickten einander an, und in Bettinas Augen sah ich nicht nur Liebe, sondern auch das Feuer der Entschlossenheit. »Wir schaffen das«, sagte sie, und in diesem Moment wusste ich, dass sie recht hatte. Nicht weil es einfach sein würde, sondern weil wir bereit waren, gemeinsam zu lernen, zu wachsen und uns den Herausforderungen zu stellen.

Unser Leben ist wie eine endlose Serie von Abenteuern, manche geplant, manche völlig unerwartet. Jedes neue Unternehmen, jeder Umzug und jede Herausforderung ist ein weiteres Kapitel in unserem gemeinsamen Buch des Lebens. Aber was uns wirklich zusammenhält, ist nicht nur die Liebe und der Respekt, den wir füreinander haben, sondern auch unser unerschütterlicher Glaube daran, dass wir gemeinsam alles erreichen können.

Und ja, wir streiten uns auch mal. Über das nächste Urlaubsziel oder ob die neue Couch wirklich ein guter Kauf war oder nicht. Aber am Ende des Tages wissen wir, dass es diese kleinen Dinge sind, die unsere Beziehung lebendig und echt machen. Wir lachen über unsere Fehler, lernen aus unseren Missverständnissen und wissen, dass jeder Tag mit dem anderen ein Geschenk ist.

Manchmal, wenn wir nach einem langen Tag zusammen auf dem neuen Sofa sitzen und in die Zukunft blicken, frage ich Bettina: »Glaubst du, wir sind verrückt, all das zu machen?« Sie lächelt dann, nimmt meine Hand und sagt: »Vielleicht ein bisschen. Aber ich würde es mit niemand anderem machen wollen.« Und genau das ist es, was unsere Beziehung ausmacht. Eine verrückte, wunderbare Reise, auf der wir zusammen wachsen, lachen, lieben und das Leben in all seinen Farben erleben.

ROLLENVERTEILUNG

In einer Beziehung ist die Rollenverteilung ein wesentlicher Aspekt, der oft über das harmonische Zusammenleben und das gegenseitige Glück entscheidet. Rollen in einer Beziehung sind so vielfältig und einzigartig wie die Paare selbst. Sie bewegen sich zwischen Tradition und Moderne, zwischen persönlichen Präferenzen und gesellschaftlichen Erwartungen.

Für Bettina und mich bedeutet das, dass wir uns in traditionelleren Rollen wiederfinden – ich in der maskulinen, sie in der femininen. Die Wertformel in Beziehungen betrachtet den *Nutzen* nicht nur im Sinne von praktischen Aufgaben, sondern auch als emotionale und psychologische Unterstützung. In unserer traditionellen Rollenverteilung finde ich Nutzen in der Sicherheit und Stärke, die ich der Familie bieten kann, während Bettina durch ihre Fürsorge und Empathie einen unschätzbaren emotionalen Kern schafft. Ich übernehme die Hauptverantwortung für die finanzielle Versorgung, während Bettina sich mehr auf die Kindererziehung und Pflege des Haushalts konzentriert. Auch hier liegt der Nutzen in der gegenseitigen Ergänzung der Rollen, wobei jeder Partner auf seine Weise zum gemeinsamen Wohlergehen beiträgt. Unsere Rollen ergänzen sich und schaffen eine Balance, die unsere Beziehung stärkt.

Es ist wichtig zu betonen, dass es kein »richtiges« oder »falsches« Modell gibt. Andere Paare finden vielleicht ihr Glück in einer völlig anderen Aufteilung der Rollen oder sie wechseln diese je nach Lebensphase und Umständen. Das Schlüsselwort hier ist »Klarheit«. Jeder Partner sollte seine Erwartungen, Wünsche und Grenzen klar kommunizieren. Dies hilft, Missverständnisse zu vermeiden und sicherzustellen, dass beide Partner sich wertgeschätzt und erfüllt fühlen. Die Herausforderungen und gleichzeitig die Schönheit in der Rollenverteilung liegen darin, ein Gleichgewicht zu finden, das beide Partner zufriedenstellt. Es geht darum, die Stärken und Vorlieben jedes Einzelnen zu erkennen und diese zum Vorteil der Beziehung zu nutzen. Es geht nicht darum, wer welche Aufgabe übernimmt, sondern darum, dass jeder Beitrag geschätzt wird und zum gemeinsamen Glück beiträgt.

In unserer Beziehung haben Bettina und ich gelernt, unsere Rollen nicht als starre Strukturen zu betrachten, sondern als flexible Rahmen, die es uns ermöglichen, einander zu unterstützen, zu wachsen und unsere Ziele zu erreichen. Wir respektieren und schätzen die Beiträge des anderen, egal, ob es um finanzielle Sicherheit, emotionale Unterstützung oder die tägliche Fürsorge geht.

WERTSCHÄTZUNG

Erfüllende Beziehungen bedeuten, ohne Erwartungen zu geben. Es ist die Freude am Geben selbst, nicht das Warten auf eine Gegenleistung. Es ist das Gefühl, dass das Glück unseres Partners unser eigenes Glück ist. Es ist, als würde man ein Stück von sich selbst geben, ohne etwas zurückzuverlangen. Aber paradoxerweise ist es oft so, dass wir, wenn wir ohne Erwartungen geben, so viel mehr zurückbekommen.

Wert liegt, wie bereits besprochen, im Auge des Betrachters. In einer Beziehung ist deshalb Wertschätzung ein essenzieller Bestandteil, der oft über das langfristige Glück und die Zufriedenheit entscheidet. Es geht dabei um mehr als nur ein flüchtiges »Danke« – es ist eine tiefe Anerkennung und ein echtes Verständnis für den Partner. Es bedeutet, dass wir uns aktiv dafür entscheiden, die positiven Aspekte unseres Partners und unserer Beziehung zu erkennen und zu schätzen. Dass wir uns die Zeit nehmen, wirklich zu hören, zu verstehen und zu fühlen, was der andere sagt und empfindet. Es ist ein bewusster Akt, in dem wir die Anstrengungen, die Opfer und die Liebe anerkennen, die unser Partner tagtäglich in die Beziehung einbringt.

In der Hektik des Alltags kann es leicht passieren, dass wir vergessen, wofür wir eigentlich dankbar sein sollten. In einer Beziehung sind es häufig die kleinen Dinge, die eine große Rolle spielen. Ein liebevolles Lächeln am Morgen, eine unterstützende Umarmung nach einem harten Tag oder ein einfaches »Ich bin für dich da« können Wunder wirken. Aber wahre Wertschätzung geht noch weiter. Eines Abends saß ich mit Bettina bei uns in Singapur auf unserer Terrasse und wir sprachen über unseren Tag. Sie erzählte mir von der Herausforderung, den hektischen Tag mit den drei Kindern und dem Teilzeitjob zu managen und wie sie alles gelöst hatte. Anstatt nur zu nicken und »gut gemacht« zu sagen, hielt ich einen Moment inne. Ich sah sie wirklich an, nicht nur als meine Frau, sondern als die außergewöhnliche, kompetente und fähige Frau, die sie ist. »Ich bin so beeindruckt, wie du das gehandhabt hast«, sagte ich. »Deine Kreativität und dein Engagement inspirieren mich jeden Tag.« In diesem Moment sah ich, wie sich ihre Augen mit Freude füllten. Es war ein einfacher Satz, aber er trug so viel Gewicht.

Wie auch in *Grenzenlos erfolgreich* ganz ausführlich beschrieben, geht es in guten Beziehungen darum, die positiven Aspekte und Höhepunkte zu feiern. Jedes Paar hat seine eigenen Geschichten, Erfolge und Herausforderungen, die man gemeinsam überwunden hat. Diese Momente anzuerkennen und zu feiern, stärkt die Bindung und erinnert uns daran, warum wir uns überhaupt auf diese Reise eingelassen haben. Es ist ein Beweis dafür, dass die Liebe, trotz aller Unwägbarkeiten des Lebens, eine konstante Quelle der Freude und Stärke ist.

KONFLIKTBEWÄLTIGUNG

Konflikte sind ein natürlicher Bestandteil jeder Beziehung. Sie entstehen oft aus der Wahrnehmung, dass wir mehr in die Beziehung investieren als unser Partner oder dass der Wert, den der Partner beiträgt, nicht anerkannt wird. Konflikte können jedoch auch eine Chance für Wachstum und Vertiefung der Verbindung sein, wenn sie konstruktiv angegangen werden.

Die meisten Konflikte in Beziehungen haben ihren Ursprung in einer von zwei Quellen: erstens ungleiches Geben und Nehmen mit dem Gefühl, dass man mehr in die Beziehung investiert als der Partner. Zweitens die mangelnde Wertschätzung, wenn man den Beitrag des Partners als selbstverständlich betrachtet, nicht anerkennt oder weil dieser keinen emotionalen Wert mehr liefert.

Lösungsansätze sind vielschichtig, beziehen sich aber letztendlich alle bei der Wertformel auf den Faktor *Nutzen*. Konflikte können durch die Routinen im Alltag und das Vergessen der besonderen Momente entstehen. Plane daher regelmäßige Dates, Überraschungen oder gemeinsame Aktivitäten, um die Beziehung lebendig zu halten und euch beide an den Wert eurer Partnerschaft zu erinnern. Erinnere dich an die Zeit, als die Beziehung begann. Was hat dich zum Partner hingezogen? Welche Gefühle, Hoffnungen und Träume hattest du? Diese Erinnerungen können helfen, die momentane Frustration zu relativieren und die positiven Aspekte der Beziehung wieder ins Licht zu rücken. Wie Bettina und ich selbst erfahren haben, ist eine Paartherapie nicht nur ein Werkzeug für Krisenzeiten, sondern auch eine präventive Maßnahme, um die Beziehung stark zu halten. Ein neutraler Dritter kann helfen, Muster zu erkennen, die Kommunikation zu verbessern und Verständnis füreinander zu vertiefen.

Konflikte sind unvermeidlich, aber sie müssen nicht destruktiv sein. Durch offene Kommunikation, gegenseitige Wertschätzung und Bereitschaft zum Wachstum können Konflikte zu umfassenderem Verständnis und stärkeren Bindungen führen. Erinnere dich an den Wert, den dein Partner und deine Beziehung in dein Leben bringen, und nutze Konflikte als Gelegenheit, diesen zu stärken und zu vertiefen.

LIEBE IN VERSCHIEDENEN LEBENSPHASEN

Liebe und Beziehungen durchlaufen im Laufe eines Lebens viele Entwicklungsstufen, ähnlich wie die Jahreszeiten sich wandeln. Jede Phase bringt ihre eigenen Herausforderungen und Freuden mit sich.

In der Jugend ist die Liebe oft wie ein aufblühender Frühlingsgarten – lebendig, neu und voller Farben. Alles fühlt sich intensiv an, jede Berührung ist elektrisierend und die Welt scheint sich nur um das Wirbeln des eigenen Herzens zu drehen. Die Liebe ist voller erster Male: der erste Kuss unter dem Sternenhimmel, das erste gemeinsame Konzert, das Herzklopfen bei jeder Begegnung. Doch wie der Frühling, der nicht ewig währt, muss man auch lernen, dass Beziehungen Wachstum und Pflege benötigen. Hier geht es darum, ein starkes Fundament zu bauen. Man muss lernen, zu kommunizieren, zu vertrauen und gemeinsame Interessen zu entdecken. Es ist normal, sich zu verändern und zu wachsen, damit auch die Beziehung sich weiterentwickeln kann.

Im Erwachsenenalter erreicht die Beziehung ihren vollen Blütezeitraum. Es ist eine Phase, in der Karriere, Familiengründung und gemeinsame Verpflichtungen in den Vordergrund treten. Die Liebe ist tief und reich wie ein Sommertag, kann aber auch von den Stürmen des Lebens herausgefordert werden. Durch die Wirbelwinde der Karrieren und die Geburt der Kinder verliert man leicht den Fokus aufeinander. Liebe bedeutet in dieser Phase, bewusst Zeit füreinander zu schaffen. Kleine Gesten der Wertschätzung können oft die größte Bedeutung haben. Im Vergleich zur »Jugend« muss man hier lernen, die Beziehung zu pflegen, auch wenn das Leben hektisch wird. Es geht um aktive Prioritäten, gemeinsame Zeit und das Erinnern an die Gründe, warum man sich einst ineinander verliebt hat.

Wenn die Kinder aus dem Haus sind und das Leben sich verlangsamt, bietet das reifere Alter Zeit für Reflexion. Es ist eine Zeit, in der Paare die Früchte ihrer gemeinsamen Jahre ernten und vielleicht auch einige Stürme überstehen müssen. Wenn zum Beispiel nach 30 Ehejahren plötzlich das Nest leer ist, müssen die Partner lernen, die Beziehung neu zu definieren und Wege zu finden, die gemeinsame Zeit wieder mit Leben zu füllen. Hier geht es vor allem darum, gemeinsame Interessen zu entdecken oder alte Leidenschaften wiederzubeleben. Man unterstützt einander durch die Veränderungen, die das Alter mit sich bringt, und man erinnert sich daran, dass die Liebe weiter wächst, auch wenn sich das Leben verändert.

Im hohen Alter, wenn die Tage ruhiger werden und die gemeinsame Vergangenheit länger ist als die Zukunft, wird die Liebe oft zu einer stillen, tiefen Verbundenheit. Es ist eine Zeit der Dankbarkeit und des umfassenden Verständnisses füreinander. Man spricht beim Spazierengehen weniger, denn nach einem Leben voller gemeinsamer Erfahrungen ist oft ein Blick oder ein Lächeln genug. Man hat gelernt, dass die Liebe nun ein ruhiger, beständiger Fluss ist, der einen durch die Jahre getragen hat. Hier geht es noch mehr um die kleinen Momente der Nähe und die jahrzehntelangen Erinnerungen. Man achtet noch mehr auf die Bedürfnisse des anderen und ist dankbar für die gemeinsame Zeit.

In jeder Phase unseres Lebens bietet die Liebe die Möglichkeit, zu wachsen, zu lernen und intensive Freude zu erfahren. Jede Phase bringt ihre eigenen Herausforderungen und Belohnungen mit sich. Das Geheimnis liegt vor allem darin zu verstehen, dass Beziehungen der Faktor Nr. 1 für ein glückliches Leben sind und sie es deshalb wert sind, dafür zu kämpfen.

Glück in der Liebe ist nicht nur ein emotionales Bedürfnis, sondern ein essenzieller Baustein für unser Wohlergehen. Liebe durchdringt jedes Element der Wertformel: Sie ist der ultimative Nutzen, der uns Erfüllung und Zufriedenheit bringt; sie ist die Verbindung zu den Menschen, die unser Leben bereichern, und sie ist die Seltenheit, die jede Beziehung einzigartig und kostbar macht. Das Geheimnis einer glücklichen Beziehung liegt nicht in großen Gesten oder perfekten

Umständen, sondern im täglichen Miteinander, in der gegenseitigen Unterstützung und im Wachstum zusammen. Liebe zu geben und zu empfangen ist eine der größten Freuden des Lebens und sie verlangt von uns, offen, ehrlich und verletzlich zu sein.

Action Plan

Während wir dieses Kapitel schließen, lade ich dich ein, die Liebe in deinem Leben zu feiern und zu pflegen. Erkenne ihre Kraft, ihre Schönheit und ihre Fähigkeit, alles zu transformieren. Und erinnere dich daran, dass jede Beziehung, egal ob romantisch, freundschaftlich oder familiär, eine Reise ist – eine Reise, die es wert ist, angetreten zu werden. Falls du Lust dazu hast, arbeite dazu diese Punkte für dich allein oder gemeinsam mit deinem Partner aus:

- Was schätze ich am meisten an meinem Partner/meiner Partnerin? Schreibe jede Woche in ein Tagebuch, wofür du in deiner Beziehung dankbar bist. Versuche sowohl die großen Dinge (wie Unterstützung in schwierigen Zeiten) als auch die kleinen Gesten (wie ein liebevoll zubereitetes Frühstück) zu erfassen. Nimm dir jeden Tag einige Minuten Zeit, um über die positiven Eigenschaften und Handlungen deines Partners nachzudenken. Schreibe eine Nachricht oder einen Brief, um deine Gedanken auszudrücken.
- In welchen Bereichen möchten wir als Paar wachsen? Überlege dir, welche persönlichen und gemeinsamen Ziele du in der Beziehung erreichen möchtest. Denke darüber nach, wie diese Ziele die Beziehung stärken und euch als Paar wachsen lassen.

- Welche gemeinsamen Träume möchten wir verwirklichen? Denke über Aktivitäten oder Erlebnisse nach, die du schon immer einmal mit deinem Partner erleben wolltest. Sammle Ideen und Vorschläge.
- Wie können wir sicherstellen, dass wir uns regelmäßig Zeit füreinander nehmen? Reflektiere über vergangene Konflikte und deine Reaktionen darauf. Überlege, wie du in Zukunft konstruktiver reagieren könntest.

Im nächsten Kapitel wenden wir uns einem weiteren substanziellen und prägenden Aspekt unseres Lebens zu: Kinder und Erziehung. Wir erkunden, wie die Wertformel in die Welt der Erziehung passt und wie wir durch unsere Kinder und unsere Rolle als Erziehende wachsen können. Wir diskutieren, wie wir unseren Kindern die besten Startbedingungen für ein glückliches, erfülltes Leben bieten können, wie wir sie lehren, ihren eigenen Wert zu erkennen, und wie wir durch sie lernen, die Welt aus einer neuen Perspektive zu sehen. Wir erkunden die Herausforderungen und Freuden des Elternseins und wie diese tiefgreifende Verantwortung unsere Liebe, Geduld und Weisheit formt und herausfordert. Freue dich auf ein Kapitel, das nicht nur das Herz der Familie berührt, sondern auch die Essenz dessen, was es bedeutet, zu lieben, zu lehren und zu lernen.

KAPITEL 12
KINDER UND ERZIEHUNG

»Zwei Dinge sollten Kinder von ihren Eltern bekommen: Wurzeln und Flügel.«

JOHANN WOLFGANG VON GOETHE

Mit dem sechsten Lebensbereich öffnen wir ein Kapitel, das sich einem der faszinierendsten und herausforderndsten Aspekte unseres Lebens widmet: Kinder und Erziehung. Gleich zu Beginn sei gesagt: Dies ist kein Elternratgeber. Davon gibt es mehr als genug, und oft scheint es, als ob das, was die einen als unumstößliche Wahrheit verkünden, von anderen komplett abgelehnt wird – ein amüsantes, aber auch verwirrendes Phänomen!

Als Vater von drei bezaubernden, aber manchmal auch herausfordernden Jungs im Alter von zweimal eineinhalb und einmal drei Jahren möchte ich meine Erfahrungen, Freuden und die täglichen Herausforderungen teilen, die diese besondere Phase der Kindheit mit sich bringt. Ich befinde mich gerade mitten in den Jahren, in denen die Grundsteine für die Entwicklung meiner Kinder gelegt werden, und ich konzentriere mich ganz darauf, sie durch diese prägenden Zeiten zu begleiten. In diesem Kapitel geht es also nicht um die Themen, die vielleicht später kommen werden, wie Pubertät, die Frage nach dem richtigen Alter für Handys oder Regeln für das Ausgehen. Vielmehr konzentriere ich mich auf die aktuellen und unmittelbaren Herausforderungen, die das Leben mit Kleinkindern mit sich bringt. Diese Jahre sind eine Zeit des intensiven Wachstums und der Entdeckung, sowohl für die Kinder als auch für mich als Elternteil. Jeder

Tag bringt neue Abenteuer, Lernerfahrungen und natürlich auch seine eigenen kleinen Krisen. Doch trotz aller Unvorhersehbarkeit und Herausforderungen sind es auch Jahre voller Wunder und Freude, in denen ich die Welt neu entdecken kann.

Ich werde keine universellen Wahrheiten verkünden oder Patentrezepte anbieten, denn jeder Weg in der Elternschaft ist einzigartig und jede Familie ist anders. Stattdessen lade ich dich ein, mit mir auf eine persönliche Reise zu gehen. Ich teile die Momente der Freude, die Herausforderungen, die Überraschungen und die tiefen Einsichten, die das Elternsein mit sich bringt. Nimm aus meinen Erzählungen mit, was für dich und deine Familie Sinn ergibt. Fühl dich frei, das zu übernehmen, was dir hilfreich erscheint, und den Rest einfach beiseitezulegen. Denn am Ende des Tages sind wir alle Lernende in der Schule des Lebens, stets bemüht, das Beste für unsere Kinder und uns selbst zu finden.

WERTFORMEL

In der Betrachtung der Wertformel im Kontext von Kindern und Erziehung tritt ein Faktor besonders hervor: die Bedeutung von Zeit, welche hier vielmehr zum absolut essenziellen Aspekt wird, der die Komponenten Nutzen und Seltenheit in sich vereint. Es geht dabei um qualitativ hochwertige, fokussierte Zeit mit unseren Kindern. Diese Art von Zeit ist so wertvoll, weil sie in unserer schnelllebigen, multitaskingorientierten Welt tatsächlich selten geworden ist. Der Spruch »die Tage vergehen langsam, die Jahre schnell« stimmt bei Kindern mehr denn je.

In diesen kostbaren Momenten, in denen wir alles andere ausschalten und uns voll und ganz auf unsere Kinder konzentrieren, schaffen wir nicht nur unvergessliche Erinnerungen, sondern legen auch das Fundament für eine reichhaltige und beständige Beziehung. Es sind diese Zeiten, in denen wir Geschichten lesen, zusammen spielen, Gespräche führen oder einfach nur zusammen sind, die unseren Kindern das Gefühl geben, wirklich gesehen, gehört und verstanden zu werden.

Dies ist oft leichter gesagt als getan. Die Herausforderungen des Alltags, berufliche Verpflichtungen und die ständige Präsenz digitaler Ablenkungen machen es schwierig, wirklich präsent zu sein. Doch die Anstrengung ist es wert. Fokussierte Zeit mit unseren Kindern zu verbringen bedeutet, ihnen zu zeigen, dass sie Priorität in unserem Leben haben. Es bedeutet, ihnen durch unser Handeln zu vermitteln, dass sie wertvoll und geliebt sind.

Hier geht es mir genau so wie jedem anderen berufstätigen Elternteil. Stell dir vor, es ist wieder einer dieser langen, kräftezehrenden Tage im Büro. Meetings reihen sich aneinander wie Perlen auf einer Schnur, und der Kopf summt vor Gedanken an Strategien, Zahlen und Deadlines. Ich fahre mit dem Lift hinunter in die Tiefgarage zum Auto, atme tief durch und mache mich auf den Weg nach Hause, wissend, dass ein ganz anderer Teil meines Lebens auf mich wartet.

Kaum habe ich den Fuß über die Haustürschwelle gesetzt, höre ich es schon: »Papa, Papa!« Meine drei kleinen Energiebündel stürmen auf mich zu, jedes von ihnen mit strahlenden Augen und einer eigenen Geschichte des Tages, die sie unbedingt teilen müssen. Oft ist es nicht so einfach, den Schalter umzulegen, die Gedanken an das Büro im Büro zu lassen und sich nur auf die kleinen Arme, die sich um meine Beine schlingen, und die süßen Stimmen, die um meine Aufmerksamkeit wetteifern, zu konzentrieren.

Ich schaffe das nicht immer, doch um dies besser zu meistern, nehme ich mir jeden Morgen, bevor der Tag im Büro beginnt, und jeden Abend, bevor die Kinder ins Bett gehen, ganz bewusst mindestens eine Stunde Zeit, nur für sie. Das Frühstück ist unsere heilige Zeit. Wir sitzen zusammen, essen Müsli oder Toast und ich lausche gebannt den aufregenden Abenteuern von Paw Patrol, Kindergarten und Playdates. Diese Momente sind wie ein Anker, der mir Kraft und Perspektive für den Tag gibt.

Das Abendessen und das anschließende Abendritual mit Bad und Schlafengehen sind unsere Zeit, um den Tag Revue passieren zu lassen, Geschichten zu lesen und über den Tag zu sprechen. Es sind die Momente, in denen ich mich bewusst davon abhalte, auf das Smartphone zu schauen oder über die Arbeit nachzudenken. Es ist nicht immer einfach. Manchmal schweifen die Gedanken ab, dann erinnert mich ein energisches »Papa, du hörst nicht zu!« daran, wo ich gerade wirklich gebraucht werde.

Diese täglichen Routinen sind zu einem festen Bestandteil unseres Familienlebens geworden. Sie sind meine Verbindung zu einer Welt, die so ganz anders ist als die des Business – eine Welt voller Fantasie, Spiel und bedingungsloser Liebe. Und während ich mich manchmal dabei ertappe, wie ich vom nächsten Meeting träume, während ich eine Spielzeugburg baue oder ein Kinderbuch vorlese, weiß ich, dass diese Momente mit den Kindern unbezahlbar sind. Sie sind eine Erinnerung daran, was im Leben wirklich zählt.

Also ja, ich bin Geschäftsmann, Visionär und ständig in Bewegung. Aber in erster Linie bin ich Vater. Und in den Augen meiner Kinder bin ich nicht der CEO von irgendetwas – ich bin einfach nur Papa. Und das ist vielleicht der wichtigste Titel, den ich je tragen werde.

VORLEBEN, NICHT VORREDEN

Es war an einem gemütlichen Familienabend, der Duft von frisch gekochtem Essen lag in der Luft und wir saßen alle am Esstisch – meine Frau, unsere drei Racker und ich. Wir waren mitten in einem Gespräch, als ich plötzlich bemerkte, dass unser ältester Sohn ganz vertieft auf ein ausgeschaltetes iPad starrte, welches auf dem Tisch lag. »Hey, du weißt doch, beim Essen keine Bildschirme!«, ermahnte ich ihn mit meiner »strengen« Papa-Stimme. Er schaute auf, ein wenig ertappt, aber mit einem schelmischen Funkeln in den Augen. »Aber Papa, das iPad ist doch aus … Und übrigens, du schaust auch auf dein Handy!«

Bamm! Erwischt. In diesem Moment war es, als ob ein Spiegel vor mir stünde. Ich hatte immer wieder gepredigt, dass Mahlzeiten eine bildschirmfreie Zeit sein sollten, eine Zeit, in der wir redeten, lachten und uns einfach als Familie genossen. Und da war ich, das üble Beispiel schlechthin, der das Handy oft genug unter dem Tisch versteckt hatte, um »wichtige« Nachrichten zu checken.

Kinder sind in der Tat kleine Kopiermaschinen. Sie beobachten uns, sie ahmen uns nach. Sie lernen von dem, was wir tun, nicht von dem, was wir sagen. In diesem Moment wurde mir klar, dass meine Worte nur dann Gewicht hatten, wenn meine Taten ihnen folgten. Wenn ich möchte, dass mein Sohn lernt, bei Tisch nicht auf Bildschirme zu starren, dann muss ich selbst mit gutem Beispiel vorangehen.

Die darauffolgenden Wochen wurden zu einer lehrreichen Zeit für uns beide. Ich nahm mir fest vor, das Handy während der Mahlzeiten beiseitezulegen und stattdessen ganz im Moment zu sein. Ich gebe zu, es war nicht leicht. Die Versuchung, nur kurz zu checken, ob eine »wichtige« Mail eingetrudelt war, war groß. Aber dann sah ich meinen Sohn, wie er mit glänzenden Augen von seinem Tag erzählte, und mir wurde bewusst, dass keine geschäftliche E-Mail jemals so wichtig sein könnte wie dieser Augenblick.

Es war eine wertvolle Erinnerung daran, dass Kinder nicht nur kleine Kopiermaschinen sind, sondern auch großartige Lehrer. Durch ihre Augen sehen wir uns selbst klarer und durch ihre Taten lernen wir, bessere Vorbilder zu sein. So wurde unser Esszimmer nicht nur zu einem Ort des Teilens von Mahlzeiten, sondern auch von Lektionen und Lachen – und für mich zu einer täglichen Erinnerung daran, dass das Vorleben so viel mächtiger ist als das Vorreden.

WURZELN GEBEN

Stell dir eine Familie vor, in der gewisse Abschnitte des Tages wie ein gut dirigiertes Orchester ablaufen: Jeden Morgen werden die Kinder zur gleichen Zeit wach. Das Frühstück geschieht zur selben Zeit. Fürs Mittagessen wird immer um 11:45 gedeckt. Die Abendroutine startet um 18:30 und läuft jeden Tag genau gleich. So sieht das Leben in unserer Familie während dieser Routinen tatsächlich aus. Wir glauben an die Kraft von Ritualen und haben unseren Kindern feste Strukturen und Abläufe gegeben, die ihnen Stabilität und Sicherheit bieten.

Johann Wolfgang von Goethes Eingangszitat – »Zwei Dinge sollten Kinder von ihren Eltern bekommen: Wurzeln und Flügel« – ist wie ein Leitstern für unsere Erziehung. Die Wurzeln, von denen Goethe spricht, sind nicht nur ein Zuhause oder materielle Dinge, sondern vor allem das Gefühl der Beständigkeit und Sicherheit, das durch regelmäßige Routinen entsteht. Unsere Kinder wissen, was sie erwarten können, und das gibt ihnen ein starkes Fundament, auf dem sie aufbauen können.

Natürlich gibt es Kritiker, die sagen, dass zu viel Routine die Kreativität einschränken könnte oder dass Kinder lernen sollten, mit Unsicherheit umzugehen. Aber wir haben festgestellt, dass unsere Kinder innerhalb dieser Strukturen gedeihen. Sie fühlen sich sicher, und diese Sicherheit gibt ihnen das Vertrauen, neue Dinge zu erkunden und ihre eigenen kreativen Wege zu gehen.

Studien bestätigen, dass Routinen Kindern helfen, sich in der Welt zurechtzufinden. Sie lernen Disziplin und Verantwortung und entwickeln ein Gefühl für Zeit und Organisation. Diese Fähigkeiten sind nicht nur in der Kindheit wichtig, sondern sie legen auch den Grundstein für das Erwachsenenalter. Kinder, die mit festen Routinen aufwachsen, tendieren dazu, selbstbewusster und selbstständiger zu sein.

KONSEQUENZEN

Liebe und Konsistenz sind zwei entscheidende Säulen einer Erziehung, die Kindern nicht nur ein Gefühl von Sicherheit gibt, sondern sie auch auf das Leben vorbereitet. Eine liebevolle, jedoch konsequente Erziehung schafft eine solide Basis, auf der Kinder Selbstvertrauen und Resilienz entwickeln können. Sie lernen, dass die Welt verlässlich ist und dass ihr Handeln Konsequenzen hat. Dies hilft ihnen, Verantwortung zu übernehmen und aus ihren Fehlern zu lernen.

Ich erinnere mich an ein Ereignis, das diese Prinzipien für meinen Sohn und mich lebendig machte. Es war ein ganz normaler Nachmittag in unserem Haus und wie so oft erkundete mein Sohn neugierig seine Umgebung. Seine Aufmerksamkeit richtete sich auf die Tür, die er fasziniert auf- und zuschwang. Ich hatte ihn bereits mehrmals gewarnt, dass er seine Finger schützen müsse, aber wie es Kinder so machen, waren die Versuchung und das Vergnügen zu groß.

Plötzlich passierte es: Ein Schrei und ich sah ihn mit Tränen in den Augen, die Hand an die Brust gepresst. Er hatte seine Finger eingeklemmt. In diesem Moment brach mir fast das Herz. Ich nahm ihn sofort in meine Arme, tröstete ihn und versorgte seine Hand. Aber gleichzeitig wusste ich, dass dies eine wichtige Lektion für ihn war.

Nachdem der erste Schreck vorbei war, setzte ich mich mit ihm hin und sprach behutsam darüber, was vorgefallen war. »Erinnerst du dich, als Papa gesagt hat, dass du aufpassen musst mit der Tür?«, fragte ich sanft. Er nickte, noch immer ein bisschen verängstigt. »Das ist genau der Grund, warum. Manchmal können Dinge, die Spaß machen, auch gefährlich sein. Und wenn wir nicht aufpassen, können wir uns wehtun.«

Dieser Moment war mehr als nur eine Lehre über Türen und Finger. Es war eine Lektion über das Leben. In einer liebevollen, jedoch konsequenten Art und Weise lernte mein Sohn, dass seine Handlungen Konsequenzen haben. Es war wichtig für ihn zu verstehen, dass ich als Elternteil Regeln nicht aufstelle, um den Spaß zu verderben, sondern um ihn zu schützen. Gleichzeitig sah er, dass ich da war, um ihn zu trösten und zu unterstützen, wenn etwas schiefgeht.

Eine liebevolle und konsequente Erziehung bedeutet nicht, hart oder unnachgiebig zu sein. Es geht darum, klare Grenzen zu setzen und gleichzeitig eine sichere Umgebung zu schaffen, in der Kinder aus ihren Fehlern lernen können. Es geht darum, sie zu ermutigen, die Welt zu erkunden, während wir sie vor den größten Gefahren schützen. Es geht darum, ihnen beizubringen, dass das Leben aus Aktion und Reaktion besteht und dass sie die Kraft haben, ihre eigene Geschichte zu schreiben.

Die Wurzeln, die wir unseren Kindern geben, sind also nicht nur Routinen, sondern auch die Gewissheit, dass sie geliebt und unterstützt werden, egal was passiert. Diese Wurzeln ermöglichen es ihnen, zu starken, selbstbewussten Individuen heranzuwachsen, die bereit sind, ihre Flügel auszubreiten und zu fliegen.

FLÜGEL VERLEIHEN

Die Förderung der Unabhängigkeit unserer Kinder ist ein entscheidender Schritt, um ihnen die »Flügel« zu verleihen, die sie brauchen, um ihre eigenen Wege zu gehen. Es ist eine Balance zwischen Führung und Freiheit, zwischen Rat und Raum, um eigene Erfahrungen zu machen. Wenn wir als Eltern unsere Kinder ermutigen, ihre einzigartigen Talente und Leidenschaften zu entdecken und zu verfolgen, tragen wir zur Entwicklung ihrer Seltenheit und Einzigartigkeit bei.

In meiner Familie ist das ein zentrales Thema. Jeder meiner drei Söhne ist auf seine eigene Weise besonders. Einer ist ein Sportfanatiker. Er liebt es, draußen zu sein, sich zu bewegen und seine Grenzen auszutesten. Der andere ist ein Bücherwurm. Ihn findet man oft in einer Ecke vertieft in ein Bilderbuch, das seine Fantasie anregt.

Und wiederum ein anderer ist ein kleiner Künstler, der uns mit seiner Kreativität und seinem Ideenreichtum überrascht. Sie sind so unterschiedlich wie Tag und Nacht, und das ist wunderbar.

Die Herausforderung und Freude als Elternteil besteht darin, jedes Kind in seinen einzigartigen Interessen und Talenten zu unterstützen. Für meinen sportbegeisterten Sohn bedeutet das, ihn zu Spielen und Trainings zu bringen, ihn zu ermutigen und an der Seitenlinie zu jubeln. Für den Bücherwurm bedeutet es, stets ausreichend Bilderbücher zu Hause zu haben. Und für den kreativen Geist bedeutet es, ihm Material und Raum zur Verfügung zu stellen, in dem er seiner Fantasie freien Lauf lassen kann.

Aber die Unterstützung geht über die Bereitstellung von Ressourcen hinaus. Es bedeutet auch, sie Fehler machen zu lassen, aus denen sie lernen können, um ihre eigene Identität zu formen. Es bedeutet, ihnen beizubringen, wie man Entscheidungen trifft, Verantwortung übernimmt und sich selbst und anderen gegenüber treu bleibt. Es bedeutet, ihnen beizubringen zu fliegen. Als Eltern müssen wir unsere eigenen Ängste und Unsicherheiten überwinden, um unseren Kindern zu erlauben, ihre eigenen Pfade zu erkunden. Das heißt nicht, dass wir sie ohne Aufsicht oder Führung lassen. Ganz im Gegenteil: Wir fungieren als Ratgeber und Unterstützer, die eingreifen, wenn nötig, die aber auch bereit sind, zurückzutreten und zuzusehen, wie sie in die Welt hinausfliegen.

Die Unabhängigkeit, die wir unseren Kindern verleihen, ist eines der größten Geschenke, das wir ihnen geben können. Es bereitet sie darauf vor, das Leben mit all seinen Herausforderungen und Möglichkeiten zu meistern. Es lehrt sie, ihren eigenen Wert zu erkennen und ihre Einzigartigkeit zu schätzen. Und es zeigt ihnen, dass wir, ihre Eltern, an sie glauben und ihre Fähigkeit, ihre eigenen Wege zu gehen, unterstützen.

BILDUNG

In unserem Haus gibt es eine klare Regel: Bildung und lebenslanges Lernen sind die Pfeiler, auf denen die Zukunft unserer Kinder ruht. Während es viele unterschiedliche Ansätze gibt, wie man Kinder erziehen und unterrichten kann, sind Bettina und ich in dieser Hinsicht ziemlich traditionell. Wir glauben fest daran, dass eine solide Bildung und ein kontinuierlicher Drang zum Lernen den Nutzen unserer Kinder maximieren kann – nicht nur in Form von Wissen, sondern auch in ihrer Fähigkeit, sich an eine sich ständig verändernde Welt anzupassen und darin zu gedeihen.

Von klein auf versuchen wir, unseren Kindern die Liebe zum Lernen zu vermitteln. Wir umgeben sie mit Büchern, erzählen Geschichten, spielen Lernspiele und betonen die Wichtigkeit von Neugier und Fragestellungen. Wir möchten, dass sie erkennen, dass Lernen nicht nur später in der Schule stattfindet, sondern ein lebenslanger Prozess ist, der Spaß macht und unglaublich bereichernd sein kann.

Der Fokus liegt bei uns schon im Kindergarten auf den STEM-Fächern (Science, Technology, Engineering, Mathematics). Natürlich zwingen wir unsere Kinder nicht, kleine Ingenieure oder Wissenschaftler zu werden. Aber wir stellen sicher, dass sie frühzeitig Zugang zu diesen Bereichen haben, auf eine Weise, die ihrem Alter angemessen und spielerisch ist. Durch Baukästen, Experimentier-Sets und ungezwungene Mathematik-Spiele fördern wir ihre natürliche Neugier und ihr Verständnis für die Welt um sie herum.

Es ist faszinierend zu sehen, wie sie von diesen Aktivitäten angezogen werden. Wenn sie beispielsweise herausfinden, wie man eine Brücke aus Bauklötzen baut, die stark genug ist, ihr Spielzeugauto zu tragen, oder wenn sie staunen, wie Pflanzen aus kleinen Samen wachsen, die sie selbst eingepflanzt haben. Diese Momente sind nicht nur lehrreich, sondern auch unglaublich wertvoll für ihre Entwicklung und Selbstwahrnehmung. Sie lernen, dass sie Schöpfer, Problemlöser und Denker sein können.

Doch während wir den Fokus auf Bildung legen, vergessen wir nie, dass jedes Kind einzigartig ist. Wir beobachten sorgfältig, wofür sie sich begeistern, und fördern diese Interessen individuell. Wenn einer unserer Söhne mehr in Bücher vertieft ist und der andere im Garten nach Insekten sucht, dann unterstützen wir beide in ihren Leidenschaften. Es ist dieser individuelle Ansatz, gepaart mit einem starken Bildungsfundament, der sie zu den seltenen, einzigartigen Individuen macht, die sie sind.

Wir sind uns bewusst, dass die Welt, in der unsere Kinder aufwachsen werden, sich von der, in der wir aufgewachsen sind, stark unterscheidet. Technologien, Berufe, sogar ganze Industrien werden sich wandeln. Aber was konstant bleiben wird, ist der Wert von Bildung und der Fähigkeit, zu lernen und sich anzupassen. Indem wir unseren Kindern ein starkes Bildungsfundament geben und gleichzeitig ihre individuellen Interessen und Talente fördern, bereiten wir sie darauf vor, in einer Welt voller Veränderungen nicht nur zu bestehen, sondern zu gedeihen.

In Singapur, wo wir leben, gibt es eine Schule, die so anders und innovativ ist, dass man sie fast mit einem Google Campus verwechseln könnte. Sie geht völlig neue Wege in der Bildung und es ist faszinierend zu sehen, wie sie traditionelle Lernkonzepte auf den Kopf stellt. Jedes Mal, wenn ich an dieser Schule vorbeifahre, kommt mir derselbe schelmische Gedanke: Was wäre, wenn wir einen unserer Zwillinge hierherschicken und den anderen auf eine traditionelle Privatschule? Ein echter A/B-Test in Sachen Erziehung!

Ich stelle mir vor, wie der eine Zwilling in einem Klassenzimmer sitzt, das mehr einem Technologielabor gleicht, und der andere in einer Umgebung mit traditionellen Regeln und klassischer Pädagogik lernt. Der eine steht einfach auf, geht in einen anderen Raum, weil er jetzt keine Lust mehr auf Mathematik hat, während der andere einen klar vorgegebenen Plan paukt. Ich male mir aus, wie wir am Ende des Schuljahres Bilanz ziehen: Wer hat mehr gelernt? Wer ist kreativer? Wer ist besser auf das echte Leben vorbereitet? Würden wir kleine Genies bekommen oder – wie ich scherzhaft sage – zwei »Schwammerln«?

Jedes Mal, wenn ich diesen Gedanken laut ausspreche, schüttelt Bettina nur den Kopf und lacht. »Du bist verrückt«, sagt sie, aber ich sehe das Funkeln in ihren Augen, das verrät, dass sie die Idee genauso unterhaltsam findet wie ich. Natürlich würden wir so etwas nie wirklich tun. Die Bildung und das Wohlergehen unserer Kinder sind uns viel zu wichtig, als dass wir sie zu Versuchskaninchen machen würden. Aber es ist lustig, darüber nachzudenken, wie unterschiedlich Bildungswege sein können und wie sie die Zukunft unserer Kinder prägen.

Tief im Inneren wissen wir beide, dass jede Entscheidung, die wir bezüglich ihrer Bildung treffen, aus Liebe und dem Wunsch heraus getroffen wird, ihnen das beste Fundament für ihr Leben zu geben. Aber ein kleiner Teil von mir wird immer neugierig bleiben, was aus einem solchen Experiment werden würde. Vielleicht in einem anderen Leben, wer weiß?

NÜTZLICH SEIN

Für manche mag es seltsam erscheinen, dass ich, der theoretisch nicht mehr arbeiten müsste, immer noch die Arbeit und Verantwortung wähle. Ich tue es, weil ich glaube, dass es wichtig ist, ein Vorbild für meine Kinder zu sein. Sie sollen sehen, dass Arbeit nicht nur eine Notwendigkeit ist, sondern auch eine Quelle des Stolzes und der Zufriedenheit sein kann. Sie sollen lernen, dass das Beisteuern zum Haushalt und das Übernehmen von Verantwortung nicht nur ihre Pflicht ist, sondern auch ein wichtiger Teil ihres Beitrags zur Familie. Es ist wichtig zu verstehen, dass man immer nützlich sein kann – und es auch sein *muss*, wenn man langfristig glücklich sein will.

Ich stehe etwa öfter an einem Samstagnachmittag bewaffnet mit einem Schlauch und einem Eimer Seifenwasser in der Auffahrt. Meine drei Söhne sind bei mir, jeder mit seiner eigenen kleinen Aufgabe. Der eine schrubbt die Reifen des Autos, der andere wischt die Fenster, und wiederum der andere, kaum dass er den Lappen richtig halten kann, versucht eifrig, dem Auto einen glänzenden Schein zu verleihen. Wir sind ein Team, eine Einheit, die zusammenarbeitet, um etwas Nützliches zu tun – das Auto zu waschen. Ehrlicherweise wäre ich allein schneller oder hätte sogar eine Haushaltshilfe, welche das für mich übernehmen würde, doch die Lektion und das Vorleben von »nützlich sein« ist, was zählt. »Jungs, super gemacht!«, rufe ich, als wir einen Schritt zurücktreten, um unsere Arbeit zu bewundern. Das Auto glänzt in der Sonne und die Kinder strahlen vor Stolz. »Seht, was ihr erreicht habt. Das ist euer Werk.« In diesen Momenten lehre ich sie nicht nur, wie man ein Auto wäscht, sondern auch, dass ihre Handlungen einen Unterschied machen. Dass ihre Bemühungen zählen.

Im Haus ist es ähnlich. Sie übernehmen kleine Aufgaben und helfen zum Beispiel beim Aufräumen ihrer Zimmer. Wir haben zwar eine Haushaltshilfe, doch diese lässt bewusst die eine oder andere Arbeit für die Kinder stehen. Manchmal murren sie, klar, sie sind schließlich Kinder. Aber sie lernen, dass jeder im Haus zur Familie beiträgt, dass jeder Teil des Teams ist. »Wir sind eine Familie, und in einer Familie hilft jeder mit«, erkläre ich ihnen. Ich möchte, dass sie verstehen, dass das Leben eine Reihe von Geben und Nehmen ist und dass das Zufügen von Wert und Nützlichkeit eine tiefgreifende Zufriedenheit bringen kann.

Natürlich achte ich darauf, dass die Aufgaben altersgerecht und sicher sind. Ich möchte, dass sie zwar lernen und wachsen, nicht aber überfordert oder frustriert werden. Und ich vergesse nie, ihre Bemühungen zu loben und zu feiern. Jedes abgeschlossene Projekt, jede erledigte Aufgabe wird anerkannt und gewürdigt. Sonst kann es passieren, dass das Kind sich »nutzlos« und dann »wertlos« fühlt, was genau das Gegenteil von dem ist, was man eigentlich erreichen will: Spaß zu haben am Nützlich-Sein. Das kann Arbeit, aber auch reines Spiel sein.

Zum Beispiel liebt es einer meiner Söhne, Lego zu spielen. Oft ist er ist ganz vertieft in seiner kleinen Welt, versucht ein kompliziertes Gebilde zu bauen, das er irgendwo gesehen hat. Seine kleine Stirn liegt in Falten, die Zunge ist konzentriert zwischen die Lippen geklemmt. Plötzlich rutscht ein Stein weg, das Konstrukt wackelt und stürzt schließlich in sich zusammen. Ein kleiner Seufzer der Enttäuschung entweicht ihm und ich sehe, wie seine Schultern sinken und er zu weinen beginnt.

»Zu schwierig, Papa. Ich kann das nicht«, sagt er mit einem Hauch von Resignation in der Stimme.

Ich rutsche zu ihm auf den Boden, lege eine Hand auf seine Schulter. »Hey, mein Großer, schau mich mal an«, sage ich. Seine großen Augen, so voller Fragen und ein wenig Selbstzweifel, treffen meine. »Du weißt, dass es völlig in Ordnung ist, wenn etwas nicht sofort klappt, oder? Das Wichtigste ist, dass du es versuchst und nicht aufgibst.«

Ich nehme ein paar Legosteine und fange an, etwas Einfaches zu bauen. »Schau, auch Papa baut nicht immer perfekt. Aber sieh mal, wie cool es ist, etwas zu erschaffen.«

Langsam kehrt ein Lächeln auf sein Gesicht zurück. Ich nutze diesen Moment, um ihm eine wichtige Lektion zu vermitteln. »Du bist nicht wertvoller oder weniger wertvoll, weil das klappt, was du baust. Du bist wertvoll, weil du du bist. Und alles, was du tust, auch wenn es manchmal nicht funktioniert, ist wichtig und etwas Besonderes.«

Wir bauen weiter, lachen über unsere schiefen Türme und abenteuerlichen Konstruktionen. Zwischen den Legosteinen und unserem Gelächter versuche ich, ihm beizubringen, dass der Prozess, das Ausprobieren und Entdecken, genauso wertvoll ist wie das fertige Produkt. Dass jeder Versuch, jeder kleine Schritt ein Teil seines Lernens und Wachsens ist. Und dass man nur einen Brief aufgibt … Eine Lektion, welche mich meine Mutter immer gelehrt hat.

»Siehst du«, sage ich, während wir unser buntes, unvollkommenes Lego-Dorf betrachten, »all das, was wir gebaut haben, ist etwas wert, weil wir es zusammen gemacht haben. Weil wir Spaß hatten und weil wir es gemeinsam versucht haben und nicht aufgegeben haben. Das ist es, was wirklich zählt.«

Ich hoffe, dass er diese Lektion mitnimmt, während er wächst und sich den Herausforderungen des Lebens stellt. Dass er versteht, dass seine Bemühungen, seine Kreativität und sein Mut, Dinge zu versuchen, ihn zu einem wertvollen, einzigartigen Individuum machen. Dass er lernt, sich selbst zu schätzen, nicht nur für seine Erfolge, sondern auch für seinen Mut, zu versuchen, zu scheitern und wieder aufzustehen.

Ich arbeite nicht an meinem Business, weil ich muss, sondern weil ich möchte, dass meine Kinder den Wert der Arbeit verstehen. Dass sie erkennen, dass Zufriedenheit oft aus dem Gefühl kommt, etwas erreicht zu haben. Nicht aufgegeben zu haben. Dass sie lernen, dass sie durch ihre eigenen Bemühungen und ihre eigene Arbeit etwas zur Welt beitragen können. Ich möchte, dass sie verstehen, dass sie nicht nur Konsumenten sind, sondern auch Produzenten, Schöpfer und Macher. Und jedes Mal, wenn ich ihre leuchtenden Augen sehe, wenn sie stolz ihre Arbeit präsentieren, weiß ich, dass ich ihnen eine der wertvollsten Lektionen des Lebens beibringe.

BEDINGUNGSLOSE LIEBE

Bei all dem Fordern, Lehren und der Strenge darf ein wesentliches Element nicht fehlen: die bedingungslose Liebe. Diese umfassende und unerschütterliche Art der Liebe ist das Fundament, auf dem wir eine starke, sichere und liebevolle Beziehung zu unseren Kindern aufbauen. Bedingungslose Liebe bedeutet, unsere Kinder so zu akzeptieren, wie sie sind, mit all ihren Stärken, Schwächen, Erfolgen und Fehlern. Es bedeutet, ihnen es nicht nur zu sagen, sondern vielmehr zu zeigen, dass unsere Liebe nicht von ihren Leistungen, ihrem Verhalten oder ihren Entscheidungen abhängt. Diese Art der Liebe bietet ihnen ein Sicherheitsnetz, das es ihnen erlaubt, die Welt zu erkunden, zu lernen und zu wachsen, in dem Wissen, dass sie immer einen sicheren Hafen haben, zu dem sie zurückkehren können.

Persönlich habe ich festgestellt, dass die bedingungslose Liebe zu meinen Kindern mich emotional geöffnet hat. Ich, der ich früher wie ein Stein war, kaum zu beeindrucken von den emotionalen Höhen und Tiefen des Lebens, finde mich nun bei sentimentalen Filmszenen oder rührenden Momenten mit meinen Kindern den Tränen nahe. Seit ich Vater geworden bin, zeigt sich eine neue Seite in mir. Diese bedingungslose Liebe hat mich weicher, empathischer und emotionaler gemacht. Es ist, als ob meine Kinder den Schlüssel zu einem Teil meines Herzens gefunden haben, von dem ich nicht einmal wusste, dass er existiert.

Es gibt Momente, in denen ich mit meinen Kindern spiele oder ihnen beim Schlafen zusehe und ich von einer Welle der Emotionen überwältigt werde. Diese kleinen Wesen, so unschuldig und voller Potenzial, haben mein Leben auf eine Art und Weise bereichert, die ich nie für möglich gehalten hätte. Ihre Freude ist meine Freude, ihr Schmerz ist mein Schmerz, und meine Liebe zu ihnen ist so grundlegend, dass sie jede Faser meines Seins durchdringt. Ja, es gibt Zeiten, da muss ich bei traurigen oder emotionalen Szenen in Filmen vorsichtig sein, um nicht vor meinen Kindern in Tränen auszubrechen. Es ist fast schon eine stehende Familienwitzelei geworden, dass der einst so stoische Vater jetzt der Erste ist, der nach den Taschentüchern greift. Aber diese Veränderung in mir ist etwas, das ich nicht missen möchte. Es ist ein Beweis für die Kraft der bedingungslosen Liebe und wie sie uns verändern und zum Besseren formen kann.

In der Erziehung geht es nicht nur darum, unseren Kindern die richtigen Werte und Fähigkeiten beizubringen. Es geht auch und vor allem darum, ihnen zu zeigen, dass sie geliebt werden, bedingungslos und unermesslich. Diese Liebe ist das größte Geschenk, das wir ihnen geben können, und das wertvollste Vermächtnis, das wir hinterlassen können.

Während es noch so viele Aspekte gibt, die wir darüber hinaus besprechen könnten, überlasse ich diese Themen den Experten. In diesem Kapitel haben wir uns auf die Kernaspekte konzentriert, die die Wertformel in der Kindererziehung widerspiegeln: den Nutzen von Zeit und Aufmerksamkeit, die Seltenheit jedes einzelnen Kindes und die Bedeutung der Menschen, die in ihrem Leben eine Rolle spielen. Es ist essenziell, dass wir als Eltern die Zeit, die wir mit unseren Kindern verbringen, maximieren und ihnen unsere ungeteilte Aufmerksamkeit schenken. Sie sind unsere Zukunft, und die Zeit, die wir in sie investieren, ist vielleicht die wertvollste von allem. Jedes Kind ist einzigartig und selten in seinen Fähigkeiten, Interessen und seiner Persönlichkeit. Unsere Aufgabe ist es, sie zu erkennen, zu fördern und ihnen zu helfen, zu den Menschen heranzuwachsen, die sie sein möchten. Die Menschen, die sie umgeben, einschließlich wir als Eltern, spielen eine entscheidende Rolle in ihrer Entwicklung. Die Beziehungen, die wir zu unseren Kindern aufbauen, die Werte, die wir vermitteln, und die Liebe, die wir geben, prägen sie für den Rest ihres Lebens.

Action Plan

Während wir dieses Kapitel abschließen, lade ich dich ein, über deine eigenen Kinder nachzudenken:

- Erkenne den einzigartigen Wert, den Kinder bieten, und die Freude und Herausforderungen, die sie in dein Leben bringen.

- Nimm dir einen Moment, um ihnen so oft wie möglich zu sagen: »Ich liebe dich!«, »Ich bin stolz auf dich!«. Nicht nur mit Worten, sondern auch durch deine Taten und die Zeit, die du mit ihnen verbringst. Lass sie wissen, dass sie geschätzt und geliebt werden, denn das ist das größte Geschenk, das wir ihnen geben können.
- Reflektiere, wann du wirklich die Arbeit oder den Lärm des Lebens beiseitelegen und deinen Kindern volle Aufmerksamkeit schenken solltest.

Im nächsten Kapitel werden wir uns einem anderen wichtigen Teil unseres sozialen Lebens zuwenden: Freundschaften. Wir werden die Wertformel in Bezug auf Familie, Freundschaften und Business-Netzwerke anwenden und dabei sehen, dass hier manchmal der Faktor Skalierung und manchmal der Faktor Nutzen wichtiger ist.

KAPITEL 13
FAMILIE, FREUNDSCHAFTEN, NETWORKING

»Nichts ist wertvoller als ein guter Freund, außer ein Freund mit Schokolade.«

CHARLES DICKENS

Wir sind im siebten Lebensbereich angelangt und damit im Kapitel über Freundschaften und Networking, einem Bereich, der unsere Lebensqualität und unseren Erfolg maßgeblich beeinflusst. In den vorherigen Kapiteln haben wir bereits die Kraft der Liebe näher betrachtet. In diesem Kapitel werden wir uns intensiv mit drei zentralen Arten von menschlichen Verbindungen auseinandersetzen: den Freundschaften, die unser Leben mit Freude und Unterstützung bereichern; den Business-Netzwerken, die entscheidend für unseren beruflichen Werdegang und Erfolg sind, und den Beziehungen zu unseren Geschwistern und Eltern, die die Basis unserer sozialen und emotionalen Entwicklung bilden. Diese Verbindungen sind das Lebenselixier unserer Existenz und formen in vielerlei Hinsicht, wer wir sind und wie wir die Welt erleben. Sie bieten uns Unterstützung, Herausforderung und unzählige Möglichkeiten für Wachstum und Entwicklung.

GESCHWISTER UND ELTERN

Ich selbst habe das Glück, eine solide und herzliche Beziehung zu meiner Schwester und meinen Eltern zu pflegen. Trotz der Entfernung zwischen Österreich und Singapur, wo ich seit 2016 lebe, und der Hektik des Alltags, die oft wenig Raum für regelmäßige persönliche Treffen lässt, bleibt unsere familiäre Verbindung stark und tief. Seit meinem 15. Lebensjahr, als ich begann, in den USA meinen eigenen Weg zu gehen, ist die Zeit, die wir gemeinsam verbringen, seltener geworden. Unsere Beziehung würde ich in ihrer Gesamtheit als gut betrachten – eine Beziehung, die zwar nicht perfekt, aber dennoch stark und bedeutungsvoll ist.

Die Beziehung zu meiner Schwester ist geprägt von einer tiefen Verbindung, die über die Jahre gewachsen ist. Wir teilen Erinnerungen aus unserer Kindheit, Lachen und Tränen, und unterstützen einander in unseren jeweiligen Lebenssituationen. Obwohl wir unterschiedliche Wege eingeschlagen haben, ist unsere Geschwisterlichkeit ein unsichtbares, aber starkes Band, das uns verbindet. Die Beziehung zu meinen Eltern ist ebenfalls von großer Bedeutung für mich. Unsere Gespräche, die gemeinsamen Feiern und die stillen, verständnisvollen Blicke sind wie Leuchtfeuer in meinem Leben. All dies bietet mir eine Basis von Liebe, Unterstützung und Weisheit, die mich stets begleitet und mir hilft, die Stürme des Lebens zu meistern.

Seit ich Vater geworden bin, hat sich die Beziehung zu meiner Schwester und meinen Eltern noch weiter intensiviert. Meine Schwester, die nun ebenfalls Mutter ist, und ich teilen jetzt nicht nur Kindheitserinnerungen, sondern auch die Herausforderungen und Freuden der Elternschaft. Unsere Gespräche haben eine neue Tiefe erlangt, indem wir Erfahrungen und Ratschläge austauschen und uns gegenseitig in unserer Rolle als Eltern unterstützen.

Die Beziehung zu meinen Eltern hat durch die Ankunft der Enkelkinder ebenfalls eine neue Dimension erreicht. Als Großeltern bringen sie eine zusätzliche Ebene der Liebe und Fürsorge in unsere Familiendynamik ein. Ihre Erfahrungen und Weisheit sind nun nicht nur für mich, sondern auch für meine Kinder von unschätzbarem Wert. Diese veränderte Familiendynamik hat zu einer intensiveren Wertschätzung und Verbundenheit zwischen uns allen geführt.

Willst du eine schockierende Studie hören? Schockierend, zumindest für mich. Sobald man 18 wird, hat man im Schnitt 90 Prozent der Zeit mit den Eltern und Geschwistern bereits verbracht, welche man je im Leben mit ihnen verbringen wird.[14] Wir verbringen danach zunehmend mehr Zeit mit dem eigenen Partner und den eigenen Kindern. Diese Erkenntnis erinnert mich immer an die Wichtigkeit, die verbleibende Zeit mit der eigenen Familie sinnvoll zu nutzen und sich auf qualitativ hochwertige Momente zu konzentrieren.

Gute Familiendynamiken können komplex und herausfordernd sein, doch sie sind für das Wohlergehen der Kinder und die eigene seelische Gesundheit von unschätzbarem Wert. Das Streben nach Harmonie und Verständnis innerhalb der Familie ist nicht nur eine Investition in das Glück der Kinder, sondern auch in die eigene innere Ruhe und Zufriedenheit. Es lohnt sich, Konflikte zu lösen und Beziehungen zu stärken, denn eine liebevolle und unterstützende Familie ist ein unermesslicher Schatz für alle Beteiligten. Auch wenn ich weiß, dass dies leichter gesagt als getan ist.

Um die Beziehung zu meiner Familie zu stärken und die Zeit, die wir zusammen verbringen, zu maximieren, habe ich einige bewährte Methoden, welche auch du ganz einfach für dich nutzen kannst. Nichts verbindet mehr als gemeinsames Essen. Wir organisieren regelmäßige Familienessen rund um Geburtstage oder Weihnachten. Diese Momente sind voller Fröhlichkeit und Geschichten, sie verbinden uns mit der Kindheit und schaffen neue Erinnerungen. Hin und wieder tauchen wir in alte Fotoalben ein, was immer zu herzhaften Lachern und tiefgründigen Gesprächen führt. Es ist wie eine Brücke zwischen den Generationen und die Fotos erinnern uns an unsere gemeinsame Geschichte. Hobbys wie Skifahren, Rodeln oder eine aufregende Wanderung, die wir gemeinsam machen, helfen uns, uns sportlich zu verbinden. Seit sich durch den finanziellen Wohlstand neue Reisemöglichkeiten aufgetan haben, planen wir Tagestrips in unterschiedliche Städte oder zu spannenden Sehenswürdigkeiten. Wie du noch in Kapitel 15 über »Unvergessliche Erlebnisse« erfahren wirst, geht es hier jedoch weniger um teure Dinge, sondern vielmehr um Kreativität, welche neue Perspektiven öffnet und gemeinsame Erinnerungen schafft, die ein Leben lang halten. Durch diese Aktivitäten stärken wir nicht nur unsere Bindung, sondern bereichern auch unser Leben mit Freude, Abenteuer und gegenseitigem Verständnis.

In all diesen Aktivitäten liegt ein Fokus auf Nutzen und Seltenheit, wie sie in der Wertformel beschrieben werden. Der Nutzen ergibt sich aus der Qualität der Zeit, die wir mit unseren Liebsten verbringen, und der emotionalen Erfüllung, die daraus resultiert. Die Seltenheit liegt in den einzigartigen Momenten und Erinnerungen, die wir schaffen, die in ihrer Art und Bedeutung nicht reproduzierbar sind. Indem wir diese besonderen Erlebnisse priorisieren, maximieren wir den Wert jeder gemeinsamen Minute.

FREUNDSCHAFTEN

Unser aller Leben ist durch soziale Medien und schnelle Kommunikation geprägt, die oftmals den Wert von Quantität über Qualität stellen. Wir zählen unsere Freunde auf Plattformen, feiern die Anzahl der Kontakte und verwechseln manchmal die Breite der Netzwerke mit der Tiefe echter Verbindungen. Doch wenn es um Freundschaften geht, ist es die Qualität, nicht die Quantität, die unser Leben wirklich bereichert.

Echte Freundschaften sind wie seltene Edelsteine. Sie benötigen Zeit, Pflege und die Bereitschaft, sowohl die guten als auch die schlechten Zeiten miteinander zu teilen. Diese tiefen Verbindungen bieten uns einen sicheren Raum, in dem wir uns öffnen, verletzlich sein und wachsen können. Im Gegensatz zu zahlreichen oberflächlichen Bekanntschaften, die vielleicht ein breites Netzwerk bieten, aber wenig emotionale Unterstützung, bieten echte Freundschaften einen unschätzbaren Wert: Sie nähren unsere Seele, fordern unser Wachstum heraus und stehen als feste Säulen in unserem Leben.

Ich habe im Laufe meines Lebens mehrere »beste Freunde« gehabt. Jeder repräsentierte eine andere Phase meiner Entwicklung, spiegelte meine Interessen, Werte und den Punkt meiner persönlichen Reise wider. Einige Freundschaften entstanden in meiner Kindheit, geprägt von Spaß und Spiel, andere während meiner intensiven Zeit beim Kitesurfen und wieder andere, als ich in die Welt des Unternehmertums eintauchte. Mit jedem neuen Kapitel meines Lebens erfuhr ich, dass sich meine Beziehungen ebenfalls veränderten. Manchmal wuchsen meine Freunde und ich in verschiedene Richtungen. Unsere Gespräche, die früher stundenlang über gemeinsame Träume und Pläne gingen, begannen sich zu verkürzen, bedingt durch unterschiedliche Interessen und Lebenswege. Diese Verschiebungen führten oft zu einer Distanzierung, manchmal sogar zum vollständigen Verlust des Kontakts. Es ist schmerzhaft, einen Freund zu »verlieren«, aber es ist auch ein natürlicher Teil des Wachstums. Jeder Mensch entwickelt sich weiter, und nicht alle Beziehungen können diese Veränderungen überleben.

Trotz der Veränderungen und des gelegentlichen Auseinandergehens gibt es eine Schönheit in der Beständigkeit mancher Freundschaften. Nach Jahren des Wachstums und des Wandels habe ich festgestellt, dass einige alte Freunde wieder in mein Leben treten. Es ist, als ob die Zeit und Entfernung, die uns einst trennten, nun Brücken sind, die uns auf einer ganz besonderen Ebene verbinden. Diese Wiederbegegnungen sind oft geprägt von einer Mischung aus Nostalgie und neuer Wertschätzung füreinander. Wir erkennen, dass trotz aller Veränderungen eine grundlegende Verbindung besteht, die die Zeit überdauert hat.

BILDUNG NEUER FREUNDSCHAFTEN

Ein entscheidender Moment in meinem Teenagerleben war, als ich mit 15 Jahren in die USA zog. Diese Jahre des Heranwachsens sind typischerweise geprägt von der Suche nach Zugehörigkeit und dem Aufbau von Freundschaften. Meine Erfahrung war jedoch anders. Anstatt in einen bereits bestehenden Freundeskreis hineinzuwachsen, stand ich vor der Aufgabe, von Grund auf neue Beziehungen in einem fremden Land zu knüpfen. Dies durchzieht mein Leben bis heute. Während meines Studiums und meiner Zeit als Profikitesurfer waren meine Umstände ähnlich unkonventionell. Während die meisten Studenten feste Freundeskreise in ihrer Universitätsstadt bildeten, war ich ständig unterwegs, teilte meine Zeit zwischen Wettkämpfen und Training auf der ganzen Welt auf. Diese Mobilität bot mir die einzigartige Gelegenheit, Freunde auf der ganzen Welt zu finden, was zweifellos ein großer Vorteil war. Ich knüpfte Kontakte zu Menschen aus verschiedenen Kulturen und mit völlig anderen Lebenswegen, was meinen Horizont erweiterte und mir eine vielfältige, globale Perspektive ermöglichte. Doch diese Art von Leben kam mit seinen eigenen Herausforderungen. Während ich Freunde auf verschiedenen Kontinenten hatte, fühlte ich oft die Abwesenheit von tiefen, lokal verankerten Beziehungen. Jedes Mal, wenn ich nach Innsbruck zurückkehrte, wurde mir bewusst, dass die Anzahl der engen Freunde begrenzt war, obwohl ich viele Bekannte hatte. Die ständige Bewegung und Veränderung erschwerten es, langfristige Bindungen aufzubauen und zu erhalten.

Diese Erfahrungen haben mich gelehrt, dass das Gleichgewicht zwischen der Aufrechterhaltung globaler Freundschaften und dem Aufbau lokaler Bindungen entscheidend ist. Beide Arten von Beziehungen haben ihren eigenen Wert und ihre Bedeutung. Während ich weiterhin die Welt bereise und neue Freundschaften schließe, bemühe ich mich auch, Zeit und Energie in die Pflege der wenigen, aber wertvollen Beziehungen zu investieren, die den Test der Zeit und Entfernung überstanden haben.

Wenn das Studium vorbei ist und wir uns in die verschiedenen Phasen des Erwachsenenlebens stürzen, stehen viele von uns vor der Herausforderung, neue Freunde fürs Leben zu finden. Es ist eine verbreitete Annahme, dass es im späteren Leben schwieriger sei, tiefe und dauerhafte Freundschaften zu schließen. Doch meine Erfahrung zeigt, dass es durchaus möglich ist, auch nach dem Studienalter bedeutungsvolle Beziehungen aufzubauen. Zwei Strategien haben sich dabei als besonders effektiv erwiesen: gemeinsame Hobbys und gezielte Mastermind-Gruppen.

Gemeinsame Hobbys mit Verbindungen durch geteilte Interessen sind hervorragend dazu geeignet, um auch im Erwachsenenalter neue Freunde zu finden. Für mich waren Aktivitäten wie Golf, Kitesurfen und Laufen nicht nur eine Quelle der Freude und Entspannung, sondern auch eine Plattform, um Gleichgesinnte zu treffen. Durch diese Aktivitäten habe ich Menschen kennengelernt, die ähnliche Interessen und Werte teilen. Gemeinsame Hobbys bieten die Möglichkeit, regelmäßig Zeit miteinander zu verbringen und so eine Bindung aufzubauen. Beim Golfen etwa teilt man die Freude an einem schönen Schlag oder die Frustration über einen verfehlten Putt. Beim Kitesurfen spürt man gemeinsam den Nervenkitzel und die Freiheit auf dem Wasser. Diese geteilten Emotionen und Erlebnisse können das Fundament für intensive und beständige Freundschaften bilden.

Gezielte Mastermind-Gruppen ermöglichen Verbindungen durch gemeinsame Ziele und sind eine weitere effektive Strategie, um nach dem Studienalter Freundschaften zu schließen. Diese sind Zusammenschlüsse von Menschen, die ähnliche berufliche oder persönliche Ziele verfolgen und sich gegenseitig unterstützen möchten. In meinem Fall habe ich einen starken Fokus auf Gruppen gelegt, die sich mit Themen wie Business, Finanzen und persönlicher Weiterentwicklung beschäftigen. Einige davon sind weltweit, andere lokal.

Ein konkretes Beispiel im DACH-Raum ist die I-Unlimited Lions Group (ILG), die wir für eine kleine, ausgewählte Anzahl an Menschen ins Leben gerufen haben. Diese Gruppe bietet nicht nur die Möglichkeit, von den Erfahrungen und Kenntnissen anderer zu lernen, sondern schafft auch einen Raum, in dem sich intensive, auf gegenseitiger Unterstützung basierende Beziehungen entwickeln können. In einer Mastermind-Gruppe teilt man nicht nur Wissen und Ressourcen, sondern auch Herausforderungen und Erfolge. Dieses gemeinsame Streben schafft eine einzigartige Verbindung zwischen den Mitgliedern.

WAHRE FREUNDE

Während der Reise des Lebens, besonders nachdem man aktiv neue Freundschaften im Erwachsenenalter gesucht hat, kommt unweigerlich der Punkt, an dem man erkennt, wer die *wahren* Freunde sind. Diese Erkenntnis ist oft klarer in Zeiten der Not. Ein echter Freund bietet nicht nur ein offenes Ohr, sondern auch ehrlichen Rat, praktische Hilfe und eine neue Sichtweise, wenn wir vor Herausforderungen stehen. Sie sind diejenigen, die uns Möglichkeiten aufzeigen, an die wir vielleicht noch nicht gedacht haben, und Türen öffnen, von denen wir nicht wussten, dass sie existieren. In meinen persönlichen Erfahrungen habe ich festgestellt, dass es die schwierigen Zeiten sind, die die wahren Freunde von den flüchtigen Bekanntschaften trennen; es sind die Menschen, die zu mir stehen, wenn alles andere wegzubrechen scheint. Aber dies ist auch ein Spiegelbild meiner eigenen Verpflichtungen. Ich frage mich oft: Stehe *ich* zu meinen Freunden, wenn sie durch schwere Zeiten gehen?

Vertrauen ist das Fundament, auf dem alles andere aufgebaut ist. Es ist das unsichtbare Band, das Freundschaften zusammenhält, durch gute wie durch schlechte Zeiten hindurch. Die Grundprinzipien einer Freundschaft – Loyalität, Unterstützung und Ehrlichkeit – sind nicht verhandelbar; sie sind das Herzstück, das einer Beziehung Bedeutung und Wert verleiht. Wenn diese Grundprinzipien verletzt werden, insbesondere in schwierigen Phasen, kann das Vertrauen, das einmal so stark war, schnell erodieren. Es ist eine tiefgreifende Enttäuschung, zu erleben, wie ein Freund in kritischen Momenten nicht unterstützt oder sogar hinter dem Rücken handelt. Solche Situationen können einen erheblichen Einfluss auf das persönliche Wohlbefinden und das Verständnis von Freundschaft haben.

Ein konkretes Beispiel aus meinem eigenen Leben soll dies illustrieren: Während einer besonders herausfordernden Phase Ende 2023 in meiner Firma Cake war es eine kleine Gruppe von Freunden, die wirklich zu mir standen. Einige meiner engsten Freunde gingen weit über das hinaus, was ich erwartet hätte. Sie boten nicht nur moralische Unterstützung, sondern nahmen sich auch Zeit, um sich mit mir durch die Herausforderungen zu arbeiten, brachten neue Ideen ein und halfen mir, die Energie zu finden, die letztendlich zur Rettung beitrug. Genauso gab es Leute, welche sonst, wenn die Sonne schien, gerne zur Stelle waren, aber dann, bei Regen, plötzlich mit Abwesenheit glänzten. Das Erkennen und Pflegen wahrer Freundschaften ist eine Kunst, die Engagement und Intuition erfordert.

Es ist wichtig, diejenigen zu schätzen, die zu uns stehen, und ebenso wichtig ist es, dass wir ihnen gegenüber die gleiche Loyalität und Unterstützung zeigen. In echten Freundschaften finden wir nicht nur Sicherheit und Freude, sondern auch ein Netzwerk, das uns hilft, zu wachsen und zu gedeihen, unabhängig von den Herausforderungen, denen wir gegenüberstehen.

FREUNDSCHAFTEN VERTIEFEN

Wenn es darum geht, Freundschaften fürs Leben zu pflegen, steht ein persönlicher Tipp von mir an vorderster Stelle: gemeinsame Reisen unternehmen. Dieses Konzept wird ausführlicher in Kapitel 15, »Unvergessliche Erlebnisse«, behandelt, aber seine Bedeutung und Wirksamkeit sind so prägnant, dass es einen besonderen Platz in unseren Überlegungen zu lebenslangen Freundschaften verdient. Reisen mit Freunden sind mehr als nur gemeinsame Urlaubserlebnisse. Aus der Reise ergibt sich eine intensive, oft transformative Erfahrung, die Bindungen stärken und tiefere Verständnisebenen eröffnen kann. Man erlebt gemeinsam neue Kulturen, Abenteuer und Herausforderungen. Diese geteilten Erlebnisse schaffen starke Erinnerungen und Anekdoten, die die Freundschaft noch Jahre später bereichern und beleben. Wenn man zusammen unterwegs ist, werden oft die unterschiedlichen Persönlichkeiten und Vorlieben deutlich. Das gemeinsame Navigieren durch diese Unterschiede kann zum Verständnis füreinander beitragen und die Toleranz und Akzeptanz stärken. Reisen bringt auch unweigerlich unerwartete Situationen mit sich. Gegenseitiges Unterstützen stärkt das Vertrauen und zeigt, dass man sich aufeinander verlassen kann. Im hektischen Alltag ist es oft schwierig, ungestörte Zeit mit Freunden zu verbringen. Reisen schafft diesen Raum, fernab der täglichen Routinen und Verpflichtungen.

In all meinen Mastermind-Gruppen, auch im Inner Circle oder in der ILG, planen wir regelmäßige Trips. 2024 unternehmen wir mit einer kleinen Gruppe einen megacoolen Trip nach Schweden, mit Schneemobilen, Nordlichtern, Eisautorennen und vielem mehr. Wir teilen atemberaubende Anblicke der ewigen Weiten des Schnees, aber auch die Herausforderungen bei der Anpassung an die Höhenlage. Solche Reisen sind nicht immer einfach, aber die gemeinsame Erfahrung und das gegenseitige Unterstützen schweißen zusammen. Sie bieten eine einzigartige Mischung aus Abenteuer, Herausforderung und Erholung, die Freundschaften auf eine Weise festigen kann, wie es wenige andere Erfahrungen vermögen. In Kapitel 15 wird dieses Thema weiter vertieft, um noch mehr Einblicke und Anregungen zu bieten, wie Reisen Freundschaften bereichern und ein Leben lang erhalten kann.

Zusammenfassend lässt sich sagen, dass die Qualität und Tiefe der Beziehungen entscheidend ist für lebenslange Freundschaften – ähnlich wie bei familiären Bindungen. Es geht darum, weniger Wert auf die Anzahl der Freunde zu legen und stattdessen in intensivere, bedeutungsvollere Beziehungen zu investieren. Die Wertformel in diesem Kontext legt nahe, dass der wahre Wert einer Freundschaft durch den Nutzen bestimmt wird. In diesem Sinne sind echte, tiefgreifende Freundschaften selten und wertvoll und sollten gepflegt werden.

TIEFE VOR WEITE

Vor einiger Zeit war ich auf einem Event, das junge, aufstrebende Unternehmer zusammenbrachte. Die Energie war elektrisierend, die Ambitionen groß und die Träume noch größer. Ich hatte die Gelegenheit, mit vielen talentierten jungen Menschen zu sprechen, ihre Visionen zu hören und ihre Pläne für die Zukunft zu diskutieren. Einer dieser jungen Leute war besonders ehrgeizig. Mit 20 Jahren hatte er bereits eine klare Vorstellung davon, wie er sein erstes Unternehmen aufbauen und ein Vermögen machen wollte. Seine Augen glänzten, als er von den Millionen sprach, die er verdienen wollte, und von dem Einfluss, den er haben würde.

Während ich ihm zuhörte, fühlte ich eine Mischung aus Bewunderung und Besorgnis. Bewunderung für seinen Antrieb und seine Klarheit, aber auch Besorgnis darüber, was er vielleicht auf seinem Weg opfern könnte. Ich erinnerte mich an meine eigenen frühen Tage, den unerbittlichen Fokus auf Erfolg und die Momente, in denen ich fast vergessen hätte, was wirklich zählt.

Als er fertig war, nickte ich anerkennend und sagte dann: »Ich habe keinen Zweifel, dass du deine Ziele erreichen wirst. Du hast die Energie, die Intelligenz und die Entschlossenheit. Aber darf ich dir einen

Wunsch mit auf den Weg geben?« Er sah mich neugierig an. »Bevor du Multimillionär wirst, wünsche ich dir, dass du die Liebe deines Lebens findest und ein paar echte Freunde. Denn glaube mir, in der umgekehrten Reihenfolge kann es unglaublich schwierig werden. Schau, dass du Tiefe vor Weite findest. Tiefe bei Freundschaften und Liebe, Weite im Unternehmertum, so wie es die Wertformel lehrt.«

Ich erzählte ihm von den vielen Superstars, die am Gipfel ihres Erfolgs völlig allein sind. Ich erwähnte Kanye West, einen der brillantesten Musiker unserer Zeit, dessen persönliches Leben und Kämpfe trotz seines immensen Reichtums und Ruhms häufig in den Medien diskutiert werden. »Geld und Erfolg können vieles kaufen, aber echte Liebe und wahre Freundschaften, die über die Jahre wachsen, sind unbezahlbar. Diese Beziehungen sind das Fundament, auf dem alles andere aufgebaut ist. Sie sind dein Anker, wenn die Wellen hochschlagen, und dein Kompass, wenn du den Weg verlierst.«

Er hörte still zu, seine Augen reflektierten eine Mischung aus Nachdenklichkeit und Überraschung. Ich fuhr fort: »Wenn du erst einmal reich und berühmt bist, wird es schwer zu wissen, ob die Menschen deinetwegen oder wegen deines Geldes bei dir sind. Aber wenn du jemanden an deiner Seite hast, der dich liebt, bevor der ganze Wahnsinn beginnt, jemanden, der bei dir bleibt, egal was passiert, dann hast du etwas gefunden, das wertvoller ist als alles Geld der Welt.«

Wir sprachen noch eine Weile weiter und ich konnte sehen, wie meine Worte in ihm nachklangen. Als wir uns verabschiedeten, dankte er mir für das Gespräch und sagte, dass er darüber nachdenken würde. Ich weiß nicht, wohin sein Weg ihn führen wird, aber ich hoffe, dass er neben all seinem Erfolg auch Liebe und echte Freundschaften findet. Denn am Ende des Tages sind es diese Beziehungen, die unserem Leben seine wahre Bedeutung geben.

BUSINESS UNTER FREUNDEN

Bevor wir zum Thema Netzwerken wechseln, vielleicht noch eine letzte Frage, welche ich oft gestellt bekomme: »Sollte man ein Business gemeinsam mit Freunden aufbauen?« Hier hat sich meine Meinung über die letzten zehn Jahre drastisch verändert, da ich ausschließlich negative Erfahrungen damit gemacht habe. Während ich einst dachte, dass die Gründung eines Unternehmens mit Freunden ideal sei, haben meine Erlebnisse mich gelehrt, vorsichtiger zu sein. Heute würde ich fast davon abraten.

Bei TenX und Cake habe ich beide Male mit Freunden zusammengearbeitet. Anfangs schien die Idee perfekt: Wir kannten und vertrauten einander, teilten ähnliche Visionen und waren begeistert von der Möglichkeit, gemeinsam etwas zu erschaffen. Doch trotz des anfänglichen Optimismus führten diese Partnerschaften letztendlich zu negativen Erfahrungen, bis hin zu Rechtsstreitigkeiten. Die Herausforderungen, mit Freunden ein Geschäft zu führen, waren vielfältig. Unterschiedliche Arbeitsstile, Meinungsverschiedenheiten über die Richtung des Unternehmens und die Schwierigkeit, Geschäfts- und Freundschaftsbeziehungen zu trennen, führten zu Spannungen und Konflikten.

Eines der größten Probleme bei der Gründung eines Unternehmens mit Freunden ist die Tendenz, professionelle Grenzen zu übersehen. Emotionale Bindungen können zu einer Minderung der Objektivität führen und es kann schwierig sein, kritische geschäftliche Entscheidungen zu treffen, ohne persönliche Beziehungen zu gefährden. Vielleicht gibt es auch unterschiedliche Verpflichtungsgrade und Erwartungen an das Geschäft, was zu Missverständnissen und Frustrationen führt.

Mit zunehmendem Alter und mehr Erfahrung habe ich gelernt, dass man im Laufe der Zeit Menschen besser kennenlernt. Reife und Lebenserfahrung ermöglichen es, potenzielle Geschäftspartner – ob

Freunde oder nicht – sorgfältiger auszuwählen und zu bewerten. Es wird leichter, zwischen persönlicher Zuneigung und professioneller Eignung zu unterscheiden. Schau dir an, wie jemand Menschen behandelt, die in einer sozial schlechteren Position sind. Genau so wirst du wahrscheinlich selbst behandelt werden, wenn du einmal sozial schlechter gestellt sein solltest. Im jungen Alter ignoriert man so etwas leicht und redet sich ein, dass dies nur eine Ausnahme war. Ich würde daher heute empfehlen, gerade im jungen Alter eher nicht mit Freunden zusammen ein Business aufzubauen, sondern dies lieber später mit mehr Erfahrung zu tun.

Trotz meiner überwiegend negativen Erfahrungen gibt es eine bemerkenswerte Ausnahme: die Zusammenarbeit mit meiner Ehefrau Bettina. Unsere Beziehung hat sich als eine seltene Kombination erwiesen, in der persönliche und berufliche Harmonie perfekt koexistieren. Unsere gemeinsame Arbeit ist von Respekt, Verständnis und einer klaren Kommunikation geprägt, die es uns ermöglicht, sowohl geschäftlich als auch privat erfolgreich zu sein. Auch wenn es oft ratsam ist, Vorsicht walten zu lassen, so hat mir diese Partnerschaft gezeigt, dass es immer Ausnahmen gibt, die die Regel durchbrechen.

BUSINESS-NETWORKING

Egal, ob du Arbeitgeber oder Arbeitnehmer bist, im Geschäftsleben ist das richtige Business-Netzwerk nicht nur eine Ergänzung, sondern oft ein entscheidender Faktor für den Erfolg. Ein starkes und gut gepflegtes Netzwerk kann Türen öffnen und Zugang bieten zu neuen Ressourcen, neuem Wissen, neuen Partnerschaften und Möglichkeiten. Durch die Interaktion mit Kollegen, Mentoren, Beratern und Branchenexperten gewinnt man Einblicke, die einen dazu befähigen, informierte Entscheidungen zu treffen und gemeinsam Lösungen für komplexe Probleme zu finden.

Zum Beispiel belegt die Studie »Business Networking Relationships for Business Success« ganz klar, wie entscheidend Netzwerke für den beruflichen Erfolg sind.[15] Die Studie betont, dass effektives Networking essenziell zum Geschäftserfolg beiträgt, und zeigt auf, dass erfolgreiche Menschen häufig über ein starkes Netzwerk verfügen, das es ihnen ermöglicht, Informationen zu teilen, strategische Partnerschaften zu bilden und neue Geschäftsmöglichkeiten zu erschließen. Networking ist eines der wichtigsten Werkzeuge für Unternehmenswachstum, Innovationsförderung und die Schaffung von Wettbewerbsvorteilen. Die Studie hebt auch die Rolle von Vertrauen und gegenseitigem Nutzen in Netzwerkbeziehungen hervor, da diese Faktoren wesentlich für den Aufbau und die Aufrechterhaltung von starken und dauerhaften Geschäftsbeziehungen sind.

Wenn du also bisher wenig Fokus auf dein Business-Netzwerk gelegt hast, so solltest du dies rasch ändern. Meiner eigenen Erfahrung nach sind gute geschäftliche Netzwerke oft eine Quelle für neue Möglichkeiten – sei es eine Kundenempfehlung, eine Partnerschaft oder eine Investitionsmöglichkeit. Ein starkes Netzwerk führt auch zu mehr Glaubwürdigkeit und zu einem besseren Ruf, denn Empfehlungen und positive Mundpropaganda durch vertrauenswürdige Netzwerkmitglieder können von unschätzbarem Wert sein. So wird Vertrauen aufgebaut und der Kontakt zu Kunden, Investoren und Partnern erleichtert.

Aus meinen Erfahrungen habe ich wertvolle Strategien entwickelt, die sich als besonders effektiv erwiesen haben. Ähnlich wie im persönlichen Bereich sind Mastermind-Gruppen auch im Geschäftsleben ein mächtiges Werkzeug. Sie bieten eine Plattform für Gleichgesinnte, sich regelmäßig zu treffen, Wissen zu teilen, sich gegenseitig herauszufordern und zu unterstützen. Häufig ist für den Zugang zu diesen Gruppen eine finanzielle Investition erforderlich. Diese Einstiegshürde ist wie ein Filter, der sicherstellt, dass alle Mitglieder ernsthaft engagiert und wertvoll für die Gruppe sind. Die Investition zahlt sich in

Form von wertvollen Ratschlägen, Einsichten und Geschäftsmöglichkeiten aus.

Für professionelle Berufe wie Anwalt, Arzt und andere gibt es oft Kammern oder Berufsverbände. Diese Organisationen bieten hervorragende Möglichkeiten, sich mit Kollegen zu vernetzen, die ähnliche Herausforderungen und Ziele teilen. Sie bieten häufig Weiterbildungen, Ressourcen und Veranstaltungen, die speziell auf die Bedürfnisse der Mitglieder zugeschnitten sind.

Obwohl Networking-Events eine beliebte Methode zum Aufbau von Kontakten sind, lohnen sie sich meist nur, wenn eine gewisse Vorauswahl der Teilnehmer stattfindet. Events, die auf bestimmte Branchen, Interessen oder Berufsniveaus abzielen, sind oft wertvoller, da sie relevantere Verbindungen bieten. Die Qualität der Beziehungen, die man bei solchen selektiven Veranstaltungen aufbaut, ist in der Regel höher als bei allgemeinen Meetups.

In meinem Buch *25 Geschichten für mein jüngeres Ich* beschreibe ich ein Sternesystem zur Bewertung von Kontakten. Die Idee ist, Personen mit ein bis fünf Sternen zu klassifizieren, wobei drei Sterne jemandem entsprechen, der auf meinem Level ist, vier Sterne jemandem, der leicht über mir steht, und zwei Sterne kennzeichnen einen Kontakt, der sich leicht unter mir befindet. Personen mit fünf Sternen sind weit über meinem Level. Ich konzentriere mich darauf, regelmäßig mit Personen mit drei und vier Sternen in Kontakt zu bleiben, da dies realistische und wertvolle Verbindungen sind. Personen mit fünf Sternen sind oft unerreichbar, und auch wenn sie inspirierend sein können, sind sie nicht immer zugänglich.

ONLINE VS. OFFLINE

In der heutigen vernetzten Welt werden Online-Tools wie LinkedIn und Xing immer relevanter für das Business-Networking. Sie bieten Plattformen, auf denen Fachleute ihr Profil präsentieren, sich mit anderen verbinden und berufliche Möglichkeiten erkunden können. Diese Tools haben die Art und Weise, wie wir netzwerken, revolutioniert, indem sie uns ermöglichen, über geografische Grenzen hinweg Kontakte zu knüpfen. Doch während sie unbestreitbare Vorteile bieten, teile ich, basierend auf persönlichen Erfahrungen, auch Bedenken hinsichtlich ihrer Oberflächlichkeit. Für mich persönlich sind diese Tools großartig, um in Kontakt zu bleiben, aber es ist eine Herausforderung, über sie intensive und bedeutungsvolle Verbindungen aufzubauen. Beispielsweise nahm ich während der Covid-19-Pandemie an einer Mastermind-Gruppe teil, welche sich aufgrund höherer Effizienz nur online treffen würde – selbst nach den Lockdowns. Trotz der anfänglichen Begeisterung und Beteiligung stellte ich fest, dass die virtuelle Natur der Interaktionen eine Barriere darstellte für die echte Verbundenheit mit anderen, die in mehrmals pro Jahr stattfindenden persönlichen Treffen durchaus entsteht. Die Gruppe löste sich schließlich auf, da die Mitglieder nicht das Ausmaß an Engagement und Nähe fanden, das sie suchten.

Während Online-Tools für mich beim Business-Networking eine wichtige Rolle spielen und zahlreiche Vorteile bieten, sehe ich sie daher vielmehr als Ergänzung und nicht als Ersatz für persönliche Interaktionen. Für den Aufbau tiefer und dauerhafter Beziehungen sind persönliche Treffen, gemeinsame Reisen oder auch Telefonate und Videochats viel wirksamer. Online-Plattformen sind hervorragende Werkzeuge, um Kontakte zu knüpfen und aufrechtzuerhalten, aber sie sollten in Kombination mit direkteren Kommunikationsformen genutzt werden, um echte Tiefe in professionellen Beziehungen zu erreichen. Der Schlüssel liegt in einem ausgewogenen Ansatz, der die Stärken beider Welten nutzt.

Basierend auf eigenen Erfahrungen möchte ich betonen, dass der wirkliche Wert und die Substanz von Geschäftsbeziehungen oft erst dann zum Vorschein kommen, wenn Interaktionen über organisierte Veranstaltungen und formelle Meetings hinausgehen. Ein Austausch außerhalb dieser strukturierten Kontexte bietet einzigartige Möglichkeiten, die Beziehungen zu vertiefen und das gegenseitige Verständnis zu stärken. Informelle Treffen, sei es ein spontanes Mittagessen, ein gemeinsamer Kaffee oder eine ungeplante Diskussion erlauben ein Kennenlernen in einem entspannteren Rahmen. In solchen Momenten sind die Gespräche oft offener und persönlicher. Man teilt nicht nur berufliche, sondern auch persönliche Einsichten, was zu mehr Verständnis für den anderen und zu einer echten Verbindung führen kann.

Zum Beispiel traf ich mich mit einem potenziellen Geschäftspartner zunächst auf einer Kryptokonferenz. Während dieses Treffen durchaus informativ war, war es jedoch erst unser anschließendes Gespräch in einem Café, das wirklich den Weg für eine zukünftige Zusammenarbeit ebnete. Wir sprachen über unsere Branchenerfahrungen, aber auch über persönliche Interessen und Ziele. Dadurch erlangte jeder Einblick in die Einsichten des anderen, was Verständnis und Respekt schaffte – eine solide Grundlage für unsere zukünftige Zusammenarbeit.

WERTFORMEL BEIM BUSINESS-NETWORKING

Im Kontext des Business-Networking ist die Wertformel eine dynamische Gleichung, die eine Balance zwischen der Tiefe und der Breite des Netzwerks verlangt. Diese Balance zu finden ist besonders im geschäftlichen Umfeld entscheidend, da es hier nicht nur um Qualität, sondern auch um die Vielfalt und Reichweite der Kontakte geht. Tiefe in einem Geschäftsnetzwerk bezieht sich auf enge, vertrauensvolle Beziehungen zu einer kleineren Gruppe von Personen. Diese Beziehungen sind oft geprägt von wiederholter Interaktion, gegenseitigem Vertrauen und einem weitreichenden Verständnis füreinander. Sie sind eine Quelle für fundierten Rat, starke Unterstützung und wertvolle Einblicke. In schwierigen Zeiten sind es oft diese intensiven Beziehungen, die die notwendige Unterstützung und Ressourcen bieten.

Auf der anderen Seite steht die Breite des Netzwerks, die sich auf eine größere Anzahl von Kontakten mit einer weniger intensiven Beziehung zu jedem Einzelnen bezieht. Eine breite Vernetzung ermöglicht Zugang zu einer Vielzahl von Ressourcen, Informationen und Gelegenheiten. Dadurch erhöht sich die Wahrscheinlichkeit, die richtigen Personen für spezifische Bedürfnisse oder Projekte zu finden. Breite ist besonders wichtig, um neue Perspektiven zu gewinnen, Trends zu erkennen und die Sichtbarkeit in der Branche zu erhöhen.

Die Herausforderung im Business-Networking liegt darin, die richtige Balance zwischen Tiefe und Breite zu finden. Zu viel Fokus auf Tiefe kann bedeuten, dass man Chancen und vielfältige Perspektiven verpasst. Andererseits kann ein zu breites Netzwerk ohne ausreichende Tiefe zu oberflächlichen Verbindungen führen, die wenig echten Wert bieten. Im Gegensatz zu persönlichen Freundschaften oder familiären Beziehungen, wo die Qualität oft über die Quantität gestellt wird, erfordert ein effektives Business-Netzwerk eine sorgfältige Abwägung beider Aspekte. Es ist wichtig, sowohl in tiefe Beziehungen zu investieren, die langfristigen Wert und Unterstützung bieten, als auch ein breites Netzwerk zu pflegen, um Vielfalt und umfassende Möglichkeiten zu sichern.

Die Erstellung und Aufrechterhaltung der perfekten Balance zwischen Tiefe und Breite ist ein kontinuierlicher Prozess und kann sich im Laufe der Zeit ändern, je nach persönlichen und geschäftlichen Zielen. Netzwerker sollten stets flexibel bleiben, ihre Strategie anpassen und sowohl die Tiefe als auch die Breite ihres Netzwerks bewusst entwickeln. Die effektive Anwendung der Wertformel im Business-Networking erfordert ein Verständnis dafür, dass sowohl tiefgreifende als auch umfangreiche Beziehungen ihre eigenen einzigartigen Werte und Beiträge zum Geschäftserfolg liefern.

In diesem Kapitel haben wir uns intensiv mit den komplexen und vielschichtigen Beziehungen beschäftigt, die unser Leben bereichern: Familie, Geschwister, Freundschaften und Business-Netzwerke. Jede dieser Beziehungen spielt eine einzigartige Rolle in unserem Leben und trägt auf ihre Weise zu unserem Wohlbefinden und Erfolg bei.

Familie und Geschwister bilden oft das Fundament unseres sozialen Supports. Hier haben wir gelernt, dass die Qualität dieser Beziehungen weit wichtiger ist als die Quantität. Eine unterstützende und liebevolle Verbindung bietet einen unschätzbaren Rückhalt in allen Lebenslagen. Wir haben auch erkannt, wie entscheidend es ist, die Zeit, die wir mit unseren Liebsten haben, wertzuschätzen, da das Leben unvorhersehbar ist. Bei Freundschaften haben wir die Bedeutung von substanziellen Verbindungen betont, die über gemeinsame Interessen und Werte gestärkt werden. Gemeinsame Reisen und Erlebnisse können diese Bindungen weiter vertiefen. Sowohl bei der Familie als auch bei guten Freunden zählt also vor allem Nutzen und Seltenheit in der Wertformel. Im Bereich des Business-Networking haben wir allerdings gesehen, dass eine Balance zwischen Tiefe und Breite, zwischen seltenem Nutzen und Skalierung entscheidend ist. Während tiefe Beziehungen unerlässlich für Vertrauen und langfristige Unterstützung sind, ermöglicht die Breite des Netzwerks Zugang zu einer Vielzahl von Ressourcen und Informationen.

Action Plan

Reflektiere am Ende dieses Kapitels über folgende Punkte, falls du das willst:

- Wie sehen die verschiedenen Beziehungen in deinem Leben gerade aus? Wie geht es dir mit deiner Familie? Bist du mit der Tiefe und Breite deines Netzwerks zufrieden?
- Wie könntest du deine bestehenden Beziehungen vertiefen oder dein Netzwerk erweitern? Denke dabei an die Wertformel: Nutzen, Seltenheit und Bedeutung.
- Wie kannst du sicherstellen, dass deine Beziehungen einen echten Wert bieten, sowohl für dich als auch für die anderen?
- Hast du eine Sterneliste für dein Business-Netzwerk?

Im nächsten Kapitel wenden wir uns einem anderen entscheidenden Aspekt unseres Lebens zu: Fitness und Gesundheit. Wir diskutieren praktische Tipps und Strategien, um einen gesunden Lebensstil in unser geschäftiges Leben zu integrieren und so unser Wohlbefinden und unsere Lebensqualität zu verbessern. Wir sehen uns auch an, wie die persönliche Wertformel Fitness und Gesundheit weiter optimiert werden kann.

KAPITEL 14
FITNESS UND GESUNDHEIT

»Der Weg, Gesundheit zu erhalten, besteht darin, zu essen, was du nicht willst, zu trinken, was du nicht magst, und zu tun, was du lieber nicht tun möchtest.«

Mark Twain

In diesem Kapitel, dem achten Lebensbereich, möchte ich nicht versuchen, ein erschöpfendes Handbuch zu allen Aspekten der körperlichen und geistigen Gesundheit zu präsentieren. Ich will auch nicht dieselben Punkte auflisten, welche ich bereits in *Grenzenlos erfolgreich* oder *Das Timehorizon Prinzip* beschrieben habe. Stattdessen konzentriere ich mich darauf, einige persönliche Erfahrungen und Erkenntnisse zu teilen, die mir auf meiner eigenen Reise zur Erhaltung und Verbesserung meiner Gesundheit und meines Wohlbefindens geholfen haben.

Dieses Kapitel ist inspiriert von der Überzeugung, dass persönliche Geschichten und gelebte Erfahrungen oft mehr Resonanz finden und hilfreicher sein können als allgemeine Ratschläge. Ich teile mit dir, was *für mich* funktioniert hat, in der Hoffnung, dass du darin Inspiration oder Bestätigung für deine eigenen gesundheitlichen Bemühungen findest. Doch es ist ebenso wichtig zu betonen: Nimm mit, was dir hilft und was für dich Sinn ergibt, und lass den Rest weg.

Als Arzt bin ich mir der Verantwortung bewusst, die mit der Diskussion über Gesundheitsthemen einhergeht. Daher ist es mir ein besonderes Anliegen zu betonen, dass, obwohl ich mein medizinisches Wissen und meine professionellen Erfahrungen in die Diskussion einbringe, dies kein Ersatz für eine persönliche Beratung durch deinen Arzt oder einen anderen Gesundheitsfachmann ist. Jeder Gesundheitszustand, jede Bedingung und jeder Körper ist anders, und daher ist es entscheidend, dass du alle Informationen, Ideen und Vorschläge, die ich hier teile, mit deinem Arzt des Vertrauens abklärst.

In diesem Kapitel erkunden wir gemeinsam, wie die Prinzipien der Wertformel auf unser körperliches und geistiges Wohlbefinden angewendet werden können. Wir werden uns mit der Bedeutung von Fitness und einer ausgewogenen Ernährung, der Rolle der mentalen Gesundheit und der Wichtigkeit der präventiven Medizin auseinandersetzen. Dabei wird stets der Fokus darauf liegen, wie du dein Leben so gestalten kannst, dass du nicht nur länger, sondern auch besser lebst. Es geht vor allem darum, sich wohlzufühlen, Energie zu haben und jeden Tag mit Freude und Vitalität zu begrüßen.

UNTERSCHIEDLICHES ALTER, UNTERSCHIEDLICHE GESUNDHEITSZIELE

Abhängig vom Alter ergeben sich selbstverständlich komplett unterschiedliche Ziele, was Gesundheit, Fitness und Vitalität angeht.

Frühe Kindheit (bis 10 Jahre): In dieser lebensfrohen und energiegeladenen Phase soll Kindern die Freude an der Bewegung vermittelt werden. Sie sollen spielerisch grundlegende motorische Fähigkeiten entwickeln und verschiedene Sportarten und Aktivitäten ausprobieren. Ziel ist es, die Basis für eine lebenslange Liebe zur Bewegung zu schaffen und gleichzeitig die individuellen Vorlieben und Talente der Kinder zu fördern.

Jugend (11–18 Jahre): Jugendliche entdecken oft ihr Potenzial für ernsthaftes Training und Wettbewerbe. In dieser Zeit stehen die Spezialisierung und Verbesserung in ausgewählten Sportarten, die Entwicklung von Teamarbeit und sozialen Kompetenzen sowie die Etablierung gesunder Lebensgewohnheiten im Vordergrund. Für viele ist diese Phase entscheidend, um die Grundlagen für eine sportliche Karriere oder ein lebenslanges Engagement für Fitness zu legen.

Frühes Erwachsenenalter (18–25 Jahre): In dieser Phase des Lebens könnten die Ziele sowohl auf das Erreichen eines bestimmten Leistungsniveaus im Sport als auch auf die Förderung eines ausgewogenen Lebensstils ausgerichtet sein. Während einige ihren sportlichen Höhepunkt erreichen wollen, suchen andere nach Wegen, Fitness und Gesundheit langfristig in ihren Alltag zu integrieren.

Junges Erwachsenenalter (26–39 Jahre): Dies ist eine Zeit, in der viele sich beruflich etablieren und möglicherweise auch eine Familie gründen. Die Ziele verschieben sich häufig von der intensiven Leistung hin zur Aufrechterhaltung der Fitness und Gesundheit. Es geht darum, eine Balance zu finden, die es ermöglicht, trotz möglicherweise begrenzter Zeit aktiv und gesund zu bleiben.

Mittleres Erwachsenenalter (40–59 Jahre): In dieser Lebensphase konzentrieren sich viele darauf, ihre Gesundheit und Fitness zu erhalten und Verletzungen zu vermeiden. Das Ziel ist, aktiv und beweglich zu bleiben und gleichzeitig die Lebensqualität durch regelmäßige körperliche Aktivität zu verbessern.

Älteres Erwachsenenalter (60–79 Jahre): Trotz möglicherweise nachlassender körperlicher Leistungsfähigkeit bleibt Aktivität ein wesentlicher Faktor des Wohlbefindens. Viele ältere Erwachsene bleiben durch sanftere Sportarten oder regelmäßige Bewegung aktiv, um ihre Gesundheit zu fördern und das Leben zu genießen.

Älteste Lebensphase (80 Jahre und darüber): Auch in dieser Phase kann körperliche Aktivität entscheidend sein, um die Gesundheit zu unterstützen und die Lebensqualität zu erhalten. Die Ziele konzentrieren sich oft darauf, aktiv und so unabhängig wie möglich zu bleiben und das Wissen und die Erfahrung, die über ein Leben gesammelt wurden, an jüngere Generationen weiterzugeben.

Egal, welches Ziel rund um Gesundheit und Fitness angestrebt wird, die Grundkonzepte bleiben dieselben. Im Kern steht die Frage: Was bist du bereit, jetzt zu opfern, um das zu erreichen, was du eigentlich wirklich willst? Diese Frage bringt uns zum moralischen Konflikt zwischen unmittelbarer Befriedigung und langfristigen Zielen.

BELOHNUNGSAUFSCHUB

Der Tausch, den wir täglich erleben, ist im Wesentlichen ein Handel zwischen kurzfristigem Vergnügen und langfristiger Zufriedenheit. Ein Stück Kuchen jetzt zu essen kann sofortige Freude bringen, aber die Entscheidung, es nicht zu tun, kann zu einer besseren Gesundheit und einem besseren Wohlbefinden in der Zukunft führen. Die Wahl, nicht ins Fitnessstudio zu gehen, schenkt uns heute vielleicht ein paar zusätzliche Stunden der Entspannung, doch die Entscheidung, trainieren zu gehen, kann unsere Lebensqualität und Lebensdauer erhöhen.

Es erfordert Selbstdisziplin, langfristige Gesundheit und Fitness über kurzfristige Wünsche zu stellen. Diese Disziplin kommt nicht von außen; sie ist ein Ausdruck unserer Werte und Überzeugungen. Sie erfordert Selbstkenntnis und ein Verständnis darüber, was wir wirklich vom Leben wollen. Es ist der Prozess, in dem wir unsere impulsiven Wünsche erkennen und bewerten, ob sie mit unseren langfristigen Zielen übereinstimmen. Fitness und Gesundheit sind damit nicht nur physische Zustände, sondern auch philosophische Aspekte. Sie repräsentieren unsere Einstellung gegenüber dem Leben selbst. Entscheiden wir uns für das Leben in vollen Zügen und dafür, das volle Potenzial unseres Körpers und Geistes auszuschöpfen? Oder entscheiden wir uns für die leichtere, unmittelbare Befriedigung, die vielleicht unsere Lebensqualität und -dauer verkürzt?

Die Fähigkeit, Befriedigung aufzuschieben, ist eng mit Erfolg und Zufriedenheit verbunden. Im Kontext von Fitness und Gesundheit bedeutet dies, bewusst Entscheidungen zu treffen, die unseren langfristigen Zielen dienen, selbst wenn sie kurzfristige Opfer erfordern. Es ist eine Investition in die Zukunft, eine Glaubensbekundung, dass das, was wir wirklich wollen, mehr wert ist als momentane Freude.

Die Wertformel, die sich hier auf Nutzen und Seltenheit konzentriert, bietet eine leistungsstarke Linse, durch die wir unsere Entscheidungen in Bezug auf Fitness und Gesundheit betrachten können. Diese Formel gewinnt in diesem Bereich eine besondere Dringlichkeit, denn es geht um nichts Geringeres als unser eigenes Leben und unseren Körper. Hier gibt es keine Skalierung, keinen Ersatz – zumindest noch nicht. Derzeit gibt es keine Möglichkeit, unsere Gesundheit und Lebensspanne zu skalieren – wir können nicht einfach »mehr« davon kaufen oder auf magische Weise ersetzen, was wir verloren haben. Jeder Tag, jede Entscheidung zählt. Dies könnte sich in der Zukunft mit fortschreitender Medizin und Technologie ändern, aber bis dahin ist es unerlässlich, dass wir unseren Körper und unsere Gesundheit als das kostbare, nicht skalierbare Gut behandeln, das sie sind.

Angesichts der Wertformel wird klar, dass unser Tun bezüglich Fitness und Gesundheit tiefgreifende Bedeutung hat. Es handelt sich um Investitionen in unser wertvollstes Gut: unser eigenes Leben. Jede Entscheidung für gesunde Ernährung, für Bewegung, für Stressmanagement und für präventive Pflege dient dazu, den immensen Nutzen unseres einzigen Lebens und Körpers zu maximieren. Wir sind tagtäglich mit schnellen Lösungen und kurzfristigen Befriedigungen konfrontiert; umso mehr ist es ein Akt des Mutes und der Weisheit, stattdessen für langfristige Gesundheit und langfristiges Wohlbefinden zu optieren. In dieser Wahl liegt nicht nur die Pflege des Körpers, den wir haben, sondern auch die Schaffung des Lebens, das wir wirklich wollen.

LONGEVITY 2.0

Seit ich *Das Timehorizon Prinzip* Anfang 2019 geschrieben habe, haben sich mein Verständnis von und meine Perspektive auf Gesundheit und Langlebigkeit erheblich erweitert. Diese Entwicklung wurde stark von einer Begegnung mit einem Unternehmerfreund aus den USA beeinflusst, der sich schon extrem früh mit Longevity 2.0 auseinandergesetzt hat. Dieser Bereich umfasst fortschrittliche und oft avantgardistische Ansätze zur Verlängerung des Lebens und zur Verbesserung der Gesundheit, einschließlich Therapien wie Stammzellenbehandlungen und Ozontherapie.

2020 erzählte er mir von Bryan Johnsons Protokoll[16], einem umfassenden und intensiven Ansatz zur Optimierung des menschlichen Körpers und Geistes. Bryan, ein Unternehmer und Self-Made-Millionär, ist für seine extremen Maßnahmen bekannt, die seine Lebensspanne verlängern und seine Lebensqualität verbessern sollen. Seine Methoden, die von einem strengen Diät- und Fitnessplan bis hin zu fortschrittlichen medizinischen Verfahren reichen, haben mich fasziniert und gleichzeitig dazu angeregt, meine eigenen Annahmen über Gesundheit und Langlebigkeit zu überdenken. Damals, 2020, war dies alles noch recht neu für mich, doch die Geschichten und Erfahrungen meines Freundes öffneten mir die Augen für die Welt der Longevity 2.0. Darin werden traditionelle Ansichten über Gesundheit und Altern infrage gestellt und der Fokus stattdessen auf Spitzeninnovationen und die neuesten wissenschaftlichen Erkenntnisse gerichtet. Ich begann zu erkennen, dass Gesundheit und ein langes Leben nicht nur durch die üblichen Maßnahmen wie Ernährung und Bewegung erreicht werden können, sondern auch durch revolutionäre medizinische Therapien und Technologien.

Seit dieser Erkenntnis hat sich meine Haltung zur Gesundheitspflege und Langlebigkeit dramatisch gewandelt. Ich habe begonnen, sehr intensiv über die Möglichkeiten der modernen Medizin und Wissenschaft nachzudenken und wie sie auf mein Leben angewendet werden könnten. Ich bin offener geworden für innovative Behandlungen und Therapien, die über traditionelle Methoden hinausgehen, und habe ein starkes Interesse an der Erforschung und möglichen Integration dieser Praktiken entwickelt. Obwohl ich von den Möglichkeiten, die Longevity 2.0 bietet, fasziniert bin, bleibe ich vorsichtig und kritisch. Ich respektiere die bahnbrechende Arbeit von Menschen wie Bryan Johnson, aber ich bin mir auch der Risiken und unerforschten Territorien bewusst, die solche extremen Maßnahmen mit sich bringen können. Für mich geht es darum, ein Gleichgewicht zu finden zwischen dem Aufgreifen innovativer Gesundheits- und Langlebigkeitsstrategien und dem Verbleiben innerhalb sicherer und ethisch verantwortungsvoller Grenzen.

MEIN 20/80-ANSATZ

Auf meiner eigenen Reise hin zur Optimierung von Gesundheit und Langlebigkeit wende ich den 20/80-Pareto-Ansatz an. Dieser besagt, dass oft 20 Prozent der Anstrengungen 80 Prozent der Ergebnisse liefern. Die Extremvarianten von Bryan oder auch eine angepasste Variante davon, welche mein Kumpel mir vorgeschlagen hat, wären mir zu intensiv und nicht langfristig umsetzbar. Ein paar der Techniken und Methoden, die ich persönlich nutze, sowie zusätzliche Longevity-Strategien erkläre ich im Folgenden.

Regelmäßige Gesundheitschecks bieten einen Überblick über den allgemeinen Gesundheitszustand und helfen, potenzielle Probleme frühzeitig zu erkennen. Sie sind ein wesentlicher Bestandteil meines proaktiven Gesundheitsmanagements. Regelmäßig lasse ich einen Ganzkörper-Magnetresonanztomografie-(MRT)-Scan machen, der ein umfassendes Bild von dem liefert, was in meinem Körper vorgeht. Dieses Verfahren kann dabei helfen, versteckte Probleme zu identifizieren, bevor sie zu ernsthaften Erkrankungen führen. Die Gefahr dabei ist jedoch auch, dass man sich unnötig über etwas Sorgen macht, wie ich gleich noch erzählen werde.

Jährliche Bluttests liefern mir wichtige Informationen über verschiedene Gesundheitsaspekte wie beispielsweise Hormonspiegel, Nährstoffmängel und Anzeichen für chronische Krankheiten. Genetische Tests geben mir Aufschluss über die Prädisposition für bestimmte Krankheiten, nicht nur bei mir, sondern auch bei meinen Kindern.

Kryotherapie, bei der der Körper extrem tiefen Temperaturen ausgesetzt wird, nutze ich fast wöchentlich aufgrund ihrer entzündungshemmenden und schmerzlindernden Eigenschaften. Zu Hause habe ich auch ein eigenes Eisbad, welches die Durchblutung verbessert und meine allgemeine Regeneration fördert. Myofasziale Therapie hilft mir, Schmerzen zu lindern, die Beweglichkeit zu verbessern und die allgemeine Körperhaltung zu fördern.

Kalorienrestriktion oder intermittierendes Fasten gehören zu meinen beliebtesten Praktiken, um hoffentlich meine Lebensspanne zu verlängern und das Risiko für diverse Krankheiten zu reduzieren. Ich nehme verschiedene Nootropika und Supplements als Nahrungsergänzungsmittel und kognitive Verstärker, um die Gehirngesundheit zu fördern und meine Lebensqualität zu verbessern.

Was ich leider nie wirklich schaffe, in eine regelmäßige Disziplin zu bringen, sind Meditation und Mindfulness-Übungen. Diese Praktiken könnten zwar Stress reduzieren, jedoch gehe ich stattdessen lieber in die Sauna oder mache einen Spaziergang.

Beim Umgang mit High-End-Gesundheitsbehandlungen ist es wichtig, über den Preis hinauszuschauen und den wahren Wert zu betrachten, den sie in Bezug auf deine spezifischen Gesundheitsziele und Lebensumstände bieten. Eine kritische, gut informierte Perspektive, die sowohl die wissenschaftlichen Beweise als auch deine persönlichen Werte berücksichtigt, ist entscheidend, um Wege zu finden, die nicht nur ökonomisch, sondern auch hinsichtlich deiner langfristigen Gesundheit und deines Wohlbefindens sinnvoll sind. Die meisten Angebote, die ausgezeichnete Resultate liefern, kosten ohnehin nicht viel, ganz im Gegenteil: Sonne, frische Luft, Sport, eine Ernährung ohne viel Zucker oder frittierte Zutaten und genug Schlaf liefern wahrscheinlich schon 80 bis 90 Prozent der möglichen Resultate und sind für die meisten Menschen absolut erreichbar.

HOBBYS, DIE FIT MACHEN

Im Laufe der Jahre hat sich der Faktor Fitness von einer bloßen Routine zur Steigerung der körperlichen Gesundheit zu einem integralen Bestandteil meines sozialen und emotionalen Wohlbefindens entwickelt. Ich habe gelernt, dass Fitness nicht nur eine Frage des Trainings ist, sondern eine Lebensweise, die Freude, Gemeinschaft und persönliche Erfüllung bringt.

Ein gutes Beispiel sind die regelmäßigen Gym-Sessions und Laufausflüge gemeinsam mit Bettina. Diese Aktivitäten wurden zu mehr als nur Trainingseinheiten; sie wurden zu unserer gemeinsamen Zeit, in der wir uns unterstützen, motivieren und unsere Beziehung stärken. Das Gewicht der Hanteln wurde leichter, als unsere Gespräche und Lachen den Raum erfüllten. Jeder Kilometer, den wir zusammen liefen, brachte uns nicht nur körperlich vorwärts, sondern festigte auch unsere Verbindung.

Golf wurde zu einer weiteren Leidenschaft, die mir nicht nur half, aktiv zu bleiben, sondern auch, wertvolle Zeit mit Freunden zu verbringen. Die Stunden auf dem Golfplatz sind mehr als nur Sport; sie sind gefüllt mit Gesprächen, Naturerlebnissen und freundschaftlichem Wettbewerb. An jedem Loch, bei jedem Schlag habe ich nicht nur meine Technik verbessert, sondern auch die Bindungen zu meinen Freunden gestärkt.

Während Kitesurfen früher reiner Wettkampf für mich war, ist es heute ein persönliches Vergnügen und eine gemeinsame Freude, Zeit mit Gleichgesinnten zu verbringen. Wir teilen nicht nur die Leidenschaft für den Sport, sondern auch die Geschichten unseres Lebens.

All diese Aktivitäten reflektieren die Wertformel – sie maximieren den Nutzen und kombinieren viele besprochene Bereiche. Jede Gym-Session, jeder Lauf, jedes Golfspiel und jeder Kitesurfausflug bietet einzigartige Momente. Sie fördern nicht nur meine körperliche Gesundheit, sondern bereichern auch mein soziales Leben und mein emotionales Wohlbefinden.

ZU VIEL DES GUTEN

In meinem Bestreben nach optimaler Gesundheit und Langlebigkeit habe ich viele Strategien verfolgt, von strengen Diäten bis hin zu regelmäßigen medizinischen Untersuchungen. Doch diese Reise war nicht ohne emotionale Turbulenzen. Was mir besonders im Gedächtnis geblieben ist, war die Episode, als bei einem routinemäßigen Ultraschallscan ein Fleck auf meiner Leber entdeckt wurde.

Die Tage zwischen dem ersten Befund und der endgültigen Beurteilung durch ein Kontrast-MRT waren einige der emotional anstrengendsten meines Lebens. Das Warten auf die Ergebnisse fühlte sich endlos an. Während dieser Zeit schwankte mein Geist zwischen Hoffnung und Angst, und ich bereitete mich auf das Schlimmste vor. Die Gedanken kreisten unaufhörlich – ein mögliches Leberzellkarzinom, die Ungewissheit über die Zukunft, die Frage nach dem Warum. Diese Phase des Wartens war eine schwere emotionale Prüfung.

Als die endgültigen Ergebnisse eintrafen, stellte sich heraus, dass der Fleck nur eine kleine, harmlose Fetteinlagerung war. Die Erleichterung war immens, doch die Erfahrung hinterließ eine tiefe Spur in meinem Bewusstsein. Sie war eine harte Lektion über die

Unvorhersehbarkeit des Lebens und die Grenzen meiner Kontrolle. Sie lehrte mich, dass ich auch die Unvorhersehbarkeit und die kostbare Natur jedes gelebten Augenblicks anerkennen muss, während ich nach einem langen und gesunden Leben strebe. Es geht nicht darum, Unvermeidliches zu verhindern, sondern darum, mit Anmut und Würde zu leben, unabhängig von den Umständen. Die Episode war für mich letztlich eine Erinnerung daran, das Leben in all seinen Facetten zu genießen und jeden Tag als das Geschenk zu schätzen, das es ist.

MENTALE STÄRKE

Eine der besten Fragen, wenn es um mentale Stärke geht, lautet: »Bist du bereit zu sprinten, wenn die Distanz unbekannt ist?« Die Bereitschaft zu sprinten, ohne das Ende der Strecke zu sehen, erfordert zwei Dinge:

1. Ein tiefes Vertrauen in sich selbst.
2. Ein tiefes Vertrauen in den Weg.

Wenn du das Erste, aber nicht das Zweite hast, wirst du es nicht schaffen. Wenn du das Zweite, aber nicht das Erste hast, wirst du es ebenfalls nicht schaffen. Du brauchst beides.

Ein tiefes Vertrauen in sich selbst bedeutet mehr als nur Selbstbewusstsein. Es geht darum, an die eigenen Fähigkeiten und die eigene Ausdauer zu glauben, auch wenn der Weg schwierig oder das Ziel nicht in Sicht ist. Es ist die Überzeugung, dass du, egal, wie ungewiss der Pfad ist oder wie unerreichbar das Ziel scheint, die Kraft und Entschlossenheit hast durchzuhalten.

Ein tiefes Vertrauen in den Weg bedeutet, an den tieferen Sinn und Zweck deines Tuns zu glauben. Es geht darum, sich mit einer Sache zu identifizieren, die größer ist als man selbst, und zu wissen, dass jeder Schritt, auch wenn er klein oder unsicher erscheint, Teil eines größeren Ganzen ist. Es ist die Überzeugung, dass das, wofür du kämpfst oder arbeitest, es wert ist, all deine Energie und Leidenschaft zu investieren.

Doch wie kann man diese mentale Stärke entwickeln? Entscheidend dabei ist, sich mit großartigen Menschen zu umgeben und großartige Inhalte zu konsumieren. Umgeben von Menschen, die dich inspirieren und herausfordern, und von Inhalten, die dich zum Nachdenken anregen und ermutigen, wächst du über dich hinaus. Sie sind wie Nährstoffe für deine Entschlossenheit und deinen Glauben.

Großartige Menschen sind jene, die selbst Hindernisse überwunden haben, die unbeirrt ihren Weg gehen und die mit ihrer Einstellung und ihrem Handeln ein Vorbild sind. Sie sind Mentoren, Freunde, Kollegen oder auch historische oder öffentliche Figuren, deren Geschichten und Erfahrungen dir zeigen, was möglich ist.

Großartige Inhalte können Bücher, Artikel, Podcasts, Filme oder Vorträge sein – alles, was dein Denken erweitert, dich inspiriert und dir praktische Werkzeuge an die Hand gibt, um deine mentale Stärke zu entwickeln.

Mentale Stärke ist wie ein Muskel, der trainiert werden muss. Sie entwickelt sich durch Herausforderungen, durch das Überwinden von Rückschlägen und durch das ständige Streben, über sich hinauszuwachsen. Sei hartnäckig. Sei zäh. Und erinnere dich: Der Weg mag unbekannt sein, aber mit einem tiefen Glauben an dich selbst und deine Mission kannst du jede Distanz überwinden.

Wir haben in diesem Kapitel gemeinsam eine Reise durch die vielschichtigen Bereiche von Fitness und Gesundheit unternommen, die eng mit der eigenen Philosophie des Lebens und der Praxis der Selbstfürsorge verbunden sind: Von den Freuden, die gemeinsame Sporterlebnisse mit sich bringen können, über die starken emotionalen Turbulenzen, die mit der Sorge um die eigene Gesundheit einhergehen, bis hin zu den Erkenntnissen über die Grenzen unserer Kontrolle und die Wichtigkeit, jeden Moment zu schätzen.

Die Wertformel – besonders die Betrachtung von Nutzen und Seltenheit – hat uns einen Rahmen geboten, um unsere Gesundheitsentscheidungen zu bewerten. Sie erinnert uns daran, dass wahre Gesundheit nicht nur in der Abwesenheit von Krankheit besteht, sondern in der Qualität unseres Lebens. Der Nutzen eines gesunden Lebensstils ist nicht nur in Jahren gemessen, sondern in der Tiefe und Fülle der Erfahrungen, die diese Jahre enthalten.

Action Plan

- Reflektiere, was du kurz- und langfristig mit deiner Gesundheit und Fitness erreichen möchtest. Schreibe diese Ziele auf.
- Nutze jede Gelegenheit, um aktiver zu sein. Nimm die Treppe anstelle des Aufzugs, mache einen kurzen Spaziergang während der Mittagspause oder führe ein zehnminütiges Work-out zu Hause durch. Kleine Änderungen können große Wirkungen haben.
- Nimm dir täglich Zeit für mentale Entspannung und Reflexion. Das kann Meditation sein, aber auch tiefe Atemübungen oder einfach ein ruhiger Spaziergang. Notiere, wofür du dankbar bist oder was dich beschäftigt, um Klarheit und Ruhe zu finden.
- Suche nach einer Community oder Gruppe, die ähnliche Gesundheits- und Fitnessziele hat. Finde einen lokalen Lauftreff, eine Online-Fitnessgruppe oder einen guten Freund, mit dem du regelmäßig spazieren gehst. Gemeinsam motiviert man sich und hält sich eher an seine Ziele.

Während Gesundheit und Fitness die Grundlage für ein erfülltes Leben bilden, sind es die Erlebnisse, die ihm Farbe und Textur verleihen. Im nächsten Kapitel werden wir uns der Welt der Reisen und der Macht von Erlebnissen zuwenden. Wir erkunden, wie Erlebnisse nicht nur unsere Sinne bereichern, sondern auch unser Verständnis der Welt erweitern können, unsere Kreativität anregen und schlussendlich unsere Beziehungen vertiefen.

KAPITEL 15
UNVERGESSLICHE ERLEBNISSE

»Das Schönste, was wir erleben können, ist das Geheimnisvolle.«

ALBERT EINSTEIN

Unvergessliche Erlebnisse sind der neunte Lebensbereich. Sie sind oft kombiniert mit starken Emotionen, die sich in einem einzigen Moment manifestieren. Sie brennen sich in unser Gedächtnis ein und hinterlassen Spuren, die unser Denken, Fühlen und Handeln prägen. Viele dieser tiefen emotionalen Momente entstehen aus negativen Erfahrungen – sie sind dramatisch, intensiv und oft schmerzhaft. Doch dieses Kapitel ist einer anderen Art von tiefgreifenden Erlebnissen gewidmet: den positiven, die unser Leben mit Freude, Staunen und Zufriedenheit erfüllen.

Wir werden uns auf zwei Hauptaspekte konzentrieren, die solche positiven Erlebnisse schaffen: Reisen und die Macht positiver Momente im Alltag. Reisen ist eine universelle Sehnsucht, eine Flucht aus dem Alltäglichen und ein Tor zu neuen Welten, Kulturen und Perspektiven. Es bietet uns unzählige Möglichkeiten, Momente von unvergleichlicher Schönheit, großer Verbundenheit und echtem Staunen zu erleben. Aber nicht nur in der Ferne, auch im Alltag, inmitten unserer Routinen, können wir bewusst Momente schaffen, die reich an positiven Emotionen sind.

In diesem Kapitel erkunden wir, wie diese Momente entstehen, was sie so kraftvoll macht und wie wir sie bewusst in unser Leben mit der Familie integrieren können. Ich erzähle dir persönliche Geschichten, diskutiere eigene Strategien und beschreibe die Wissenschaft hinter den Emotionen, die diese Erlebnisse so intensiv machen. Ziel ist es, ein tieferes Verständnis dafür zu entwickeln, wie wir unser Leben mit Erlebnissen füllen können, die nicht nur unvergesslich, sondern auch zutiefst bereichernd sind. Ganz egal ob nur für uns allein oder, noch wichtiger, mit den wichtigsten Menschen um uns herum.

GELD MACHT GLÜCKLICH

Das altbekannte Sprichwort »Geld macht nicht glücklich« hat seine Berechtigung, doch es erzählt nur einen Teil der Geschichte. Richtig eingesetzt kann Geld tatsächlich ein Schlüsselfaktor für langfristiges Glück und Zufriedenheit sein, besonders wenn es darum geht, unvergessliche Erlebnisse mit tollen Menschen zu schaffen. Im Folgenden werden wir uns darauf konzentrieren, wie Geld den Faktor »Nutzen« in der Wertformel positiv beeinflussen und zu einem glücklicheren und erfüllteren Leben beitragen kann. Es geht darum, in Erfahrungen zu investieren, die unser Leben bereichern und uns auf tieferer Ebene erfüllen.

Studien ergeben ganz eindeutig, dass der Kauf von Objekten oft nur eine kurzfristige Befriedigung bringt. Neue Dinge sind aufregend, aber dieser Reiz verblasst schnell und bald suchen wir nach dem nächsten Kauf, um das Glücksgefühl erneut zu erleben. Menschen gewöhnen sich rasch an neue materielle Güter, ein Phänomen, das als »hedonistische Adaptation« bekannt ist. Außerdem neigen wir dazu, unseren Besitz ständig mit dem anderer zu vergleichen, was zu einem endlosen Zyklus von Unzufriedenheit und Begehren führen kann.

Im Gegensatz zu materiellen Dingen tendieren Erlebnisse dazu, langfristiges Glück zu fördern. Sie werden Teil unserer Identität, fördern soziale Verbindungen und sind weniger anfällig für Vergleiche mit anderen. Mit Geld erhält man Zugang zu einzigartigen Erlebnissen, Reisen und Abenteuern, die den eigenen Horizont erweitern und emotionale Erinnerungen schaffen. Geld bietet die Freiheit zu wählen, wie, wo und mit wem du deine Zeit verbringen möchtest. Diese Kontrolle über die eigenen Umstände ist ein wesentlicher Faktor für das Wohlbefinden. Finanzielle Sicherheit kann Stress reduzieren, der mit Unsicherheit und Mangel verbunden ist. Dies schafft eine solide Basis, von der aus man das Leben genießen und sich auf die Schaffung positiver Erfahrungen konzentrieren kann. Geld ermöglicht es auch, mit anderen zu teilen und großzügig zu sein, was zu tieferen sozialen Bindungen und einem gesteigerten Sinn für Wohlbefinden führen kann.

Während Geld sicherlich dabei hilft, den Zugang zu einzigartigen Erfahrungen zu erleichtern, ist es letztlich die Kreativität, die die unvergesslichsten und bedeutungsvollsten Momente schafft. Ein perfektes Beispiel hierfür ist eine Reise, die ich mit Bettina nach Island unternommen habe und die uns zeigte, dass man für prägende Erlebnisse nicht unbedingt tief in die Tasche greifen muss.

Unsere Island-Reise war weit entfernt von Luxus und Komfort. Wir entschieden uns für kleine Hostels, reisten mit einem kleinen Mietwagen und lebten quasi wie Backpacker. Diese Zeit ohne opulente Hotels oder extravagante Restaurants lebte von der rohen, unverfälschten Schönheit Islands und der Einfachheit unseres Daseins. Statt viel Geld für teure Ausflüge auszugeben, suchten wir nach weniger bekannten, aber nicht weniger schönen Orten. Wir ließen den Moment entscheiden und folgten oft spontanen Einfällen, die uns zu unglaublichen Naturwundern führten. Die Einfachheit unserer Reise erlaubte es uns, ohne Ablenkung durch Luxus, Komfort oder Social Media, eine tiefere Verbindung zur Natur und zueinander zu entwickeln. Wir teilten Momente der Stille, des Staunens und der Bewunderung, die uns einander und dem Land näherbrachten.

Die Reise war nicht ohne Herausforderungen. Das Navigieren in einem fremden Land, das Aushandeln der besten Routen und Unterkünfte, das Anpassen an wechselhaftes Wetter – all dies erforderte Teamarbeit und Verständnis. Einmal blieben wir am Berg hängen und mussten beinahe abgeschleppt werden. Diese gemeinsam gemeisterten Schwierigkeiten schweißten uns zusammen und machten die Erfahrung noch wertvoller.

Die Reise lehrte uns, dass Einfachheit und Bescheidenheit oft die reichsten Erfahrungen bieten. Die Abwesenheit von Luxus lenkte unseren Fokus auf das, was wirklich zählt – die Schönheit um uns herum und die Gemeinschaft, die wir teilten. Anstatt Geld für konsumorientierte Erfahrungen auszugeben, investierten wir unsere Zeit und Energie in kreative Wege, die Insel zu erkunden. Diese Art der Reise war nicht nur kostengünstiger, sondern auch emotional lohnender. Jahre später sind es nicht die bequemen Betten oder Gourmet-Mahlzeiten, an die wir uns erinnern. Es sind die unerwarteten Abenteuer, die atemberaubenden Aussichten, die herzlichen Lacher und die stillen Momente der Verbindung, die dauerhaft in unserem Gedächtnis bleiben.

RICHTIG REISEN

Die besten Reisen und die unvergesslichsten Erlebnisse sind oft diejenigen, die zwei wesentliche Elemente miteinander verbinden: das Verlassen der Komfortzone und das Teilen von Momenten mit Menschen, die uns am Herzen liegen. Diese Kombination schafft eine kraftvolle Mischung aus persönlichem Wachstum, Abenteuer und umfassender Verbindung, die die Erlebnisse weit über das Gewöhnliche hinaushebt.

Das Verlassen der Komfortzone ist eine Einladung zum Wachstum. Ob es das Navigieren in einer unbekannten Stadt, das Überwinden einer physischen Herausforderung oder das Eintauchen in eine fremde Kultur ist – diese Erfahrungen erweitern unseren Horizont, testen unsere Grenzen und lehren uns mehr über uns selbst. Neue Erfahrungen, die uns herausfordern, bleiben länger in Erinnerung. Sie regen uns an, kreativ zu denken, flexibel zu reagieren und uns selbst in einem neuen Licht zu sehen.

Erlebnisse mit Menschen zu teilen, die man liebt oder schätzt, vervielfacht den Wert dieser Momente. Gemeinsames Lachen, geteilte Probleme und zusammen überwundene Hindernisse schaffen intensive Bindungen und Erinnerungen, die ein Leben lang anhalten. Auf diesen Fundus an Erinnerungen kann man lange zurückblicken und sich an der Verbundenheit und den gemeinsam erlebten Geschichten freuen.

Es geht klarerweise darum, die richtige Balance zwischen Abenteuer und Sicherheit, zwischen Herausforderung und Entspannung zu finden. Zu wissen, wann man sich pushen und wann man sich zurücklehnen und genießen soll, ist der Schlüssel zu einer erfüllenden Reise. Solche Erfahrungen sind mehr als nur einfache Ausflüge – sie sind Abenteuer, die uns prägen, unsere Beziehungen vertiefen und uns Erinnerungen schenken, die ein Leben lang Bestand haben. Indem wir bewusst Reisen und Erlebnisse suchen, die diese beiden Elemente kombinieren, können wir ein Leben voller Farbe, Freude und tiefer menschlicher Verbindung führen.

FÜNF ARTEN ZU REISEN

Jede Reise bietet ihre eigenen einzigartigen Chancen, Herausforderungen und Freuden. Je nachdem, mit wem wir reisen oder ob wir allein unterwegs sind, verändert sich die Art der Erfahrung grundlegend. Dies führt für mich zu fünf Arten von Reisen:

1. Reisen mit der Familie mit Fokus auf die Kinder
2. Reisen mit Bettina, also mit der Partnerin

3. Reisen mit Kumpels
4. Reisen mit Eltern und Geschwistern
5. Reisen allein

Familienreisen mit Kindern sind Gelegenheiten für gemeinsame Entdeckungen und Lernen. Sie bieten Kindern die Chance, neue Orte, Kulturen und Ideen zu erkunden, was ihre Neugier und ihr Verständnis für die Welt fördert. Diese Reisen stärken die Familienbande durch geteilte Abenteuer und Erlebnisse. Sie schaffen Erinnerungen, die Kinder in ihr Erwachsenenleben mitnehmen und die die Familienmitglieder noch enger zusammenbringen. Wir suchen uns zum Beispiel oft spezielle Kinderhotels, welche perfekt für unsere kleinen Sprösslinge sind.

Reisen mit der Partnerin oder dem Partner kann eine romantische und erneuernde Erfahrung sein. Es bietet die Möglichkeit, die Beziehung zu vertiefen, gemeinsam Neues zu entdecken und Zeit abseits des Alltagsdrucks zu genießen. Solche Reisen können auch Herausforderungen und Wachstumsmomente bieten, wenn man gemeinsam Schwierigkeiten meistert und neue Erfahrungen macht, und können so zu einem tieferen Verständnis füreinander führen und die Partnerschaft stärken. Bettina und ich machen öfter Wochenendtrips oder romantische Getaways. Gerade mit den Kindern zu Hause wollen wir derzeit nicht allzu lange weg sein.

Reisen mit Freunden ist oft gleichbedeutend mit Abenteuer, Spaß und Freiheit. Es ist eine Zeit, in der man die Routinen des Alltags hinter sich lässt und zusammen etwas Neues erlebt. Diese Reisen können bestehende Freundschaften stärken und neue schaffen. Gemeinsame Erlebnisse sind oft die Grundlage für lang anhaltende Bindungen und gemeinsame Geschichten. Solche Erlebnisse sind perfekt in Mastermind-Gruppen oder rund um gemeinsame Hobbys.

Reisen mit Geschwistern und/oder Eltern kann eine Rückkehr zu den Wurzeln und eine Wiederbelebung von Kindheitserinnerungen sein. Familientraditionen können geteilt oder sogar neu geschaffen werden. Solche Reisen bieten eine seltene Möglichkeit für generationenübergreifende Verbindung und Verständnis, indem sie allen Altersgruppen ermöglichen, Zeit miteinander zu verbringen und voneinander zu lernen. In unserer Familie funktioniert dies derzeit hervorragend in Kombination mit den Enkelkindern.

Obwohl ich selbst noch nie wirklich allein gereist bin, wird das Alleinreisen oft als eine der tiefgreifendsten Erfahrungen beschrieben. Es bietet Unabhängigkeit, fördert die Selbstentdeckung und schenkt die einzigartige Freiheit, Entscheidungen zu treffen und eigene Interessen zu verfolgen. Wer allein unterwegs ist, kann wirklich auf die eigene innere Stimme hören, ohne Ablenkung oder Kompromisse. Viele finden in der Stille und Freiheit des Alleinreisens zu tiefen Einsichten und persönlichem Wachstum. Vielleicht probiere ich es mal aus.

Unsere Familienreise auf die Malediven im Jahr 2023 war eine außergewöhnliche Erfahrung, die alle Elemente einer unvergesslichen Reise vereinte. Es war eine Reise, die nicht nur die Schönheit eines exotischen Ortes in den Mittelpunkt stellte, sondern auch intensive und vielfältige Erlebnisse bot – sowohl als Familie und in der Partnerschaft als auch allein in der Einsamkeit der Natur. Die Malediven mit ihren leuchtenden Farben, der reichen Meereswelt und den warmen Sandstränden boten den perfekten Ort für Abenteuer mit den Kindern. Das gemeinsame Schnorcheln, die Entdeckung der farbenfrohen Unterwasserwelt und das Spielen am Strand schufen unvergessliche Erinnerungen. Der Kidsclub bot den Kleinen eine super Abwechslung und uns Eltern eine tolle Auszeit. Die atemberaubenden Sonnenuntergänge, die ruhigen Abendessen am Strand und die exotische Atmosphäre der Malediven waren die perfekte Kulisse für romantische Momente gemeinsam mit Bettina. Diese Zeit erlaubte es, die täglichen Sorgen zu vergessen und die Verbindung zueinander zu vertiefen. Gemeinsame Spa-Besuche oder einfach nur das Entspannen in einer Hängematte, während die sanften Wellen im Hintergrund plätscherten, schenkten uns wertvolle Momente der Ruhe und Erholung. Die Malediven sind ein Paradies für Wassersportler und ich nutzte die Gelegenheit, allein Zeit auf dem Wasser zu verbringen. Das Kitesurfen und Wellenreiten ermöglichte mir eine intensive Verbindung zur Natur und eine wertvolle Zeit der Selbstreflexion. Jeder Aspekt dieser Reise trug auf seine eigene Weise zu einer ganzheitlichen Erfahrung bei, die sowohl bereichernd als auch erinnerungswürdig war. Sie zeigte, dass die besten Reisen diejenigen sind, die eine Balance zwischen Gemeinschaft und Individualität, zwischen Abenteuer und Entspannung finden. Sie sind eine Erinnerung daran, dass das Leben reich an Möglichkeiten ist, Momente von tiefer Bedeutung und Freude zu schaffen, wenn wir offen sind, sie zu suchen und zu erleben.

DIE MACHT DER MOMENTE

Religiöse Feste und Traditionen sind oft reich an Ritualen und Aktivitäten, die Menschen zusammenbringen, wichtige Zeitpunkte im Jahr markieren und Gelegenheiten bieten für Reflexion und Erneuerung. Auch wenn du selbst nicht religiös bist, kannst du Elemente dieser Traditionen übernehmen oder dich von ihnen inspirieren lassen, um eigene unvergessliche Momente zu gestalten.

Weihnachten ist ein Fest der Gemeinschaft. Falls du Weihnachten nicht direkt feiern willst, plane zum Beispiel trotzdem ein jährliches Treffen mit Familie und Freunden, um eure Verbindungen zu stärken. Dies könnte ein gemeinsames Essen, ein Spieleabend oder ein Austausch von Geschichten und Erinnerungen sein. Der Geist des Gebens ist ein zentraler Aspekt von Weihnachten. Du könntest eine Tradition des Teilens und der Großzügigkeit einführen, indem du Zeit mit denen verbringst, die Unterstützung benötigen, oder indem du personalisierte Geschenke kreierst, die zeigen, dass du dir Gedanken gemacht hast.

Viele Kulturen haben Feste, die das Licht feiern, wie Diwali oder Chanukka. Du könntest eine eigene Lichterfeier gestalten, bei der du dein Zuhause mit Kerzen oder Lampions dekorierst und eine Zeit der Ruhe und Besinnung einplanst. Gestalte eigene Feiern, die an die Veränderungen der Jahreszeiten oder andere natürliche Zyklen angelehnt sind; möglich wären etwa Wandertage im Herbst, Picknicks im Frühling oder Strandtage im Sommer.

Erschaffe dir Rituale, die wichtige Lebensübergänge oder Errungenschaften markieren, wie Karrierefortschritte, persönliche Meilensteine oder das Ende eines herausfordernden Projekts. Religionen tun dies auf hervorragende Art und Weise und man kann dies exzellent übernehmen.

Baue auch Momente der Stille und Meditation in deinen Alltag ein, ähnlich den kontemplativen Praktiken vieler Religionen. Dies kann ein täglicher Spaziergang sein, eine Meditationsübung oder einfach eine stille Stunde bei Kerzenschein. Plane regelmäßige Zeiten des Rückzugs und der Selbstreflexion, ähnlich spirituellen Retreats. Diese können dazu dienen, Bilanz zu ziehen, Ziele zu setzen und sich auf das Wesentliche zu besinnen. Auch das regelmäßige Fasten, welches in vielen Kulturen vorkommt, ist aus gesundheitlicher Sicht extrem sinnvoll.

Solche unvergesslichen Erlebnisse müssen nicht immer groß und außergewöhnlich sein; oft sind es die kleinen, bedeutungsvollen Rituale und Traditionen, die am längsten im Gedächtnis bleiben. Indem du Elemente aus religiösen Traditionen adaptierst oder eigene Rituale und Feste erschaffst, kannst du dein Leben mit Momenten füllen, die nicht nur Freude und Gemeinschaft bringen, sondern auch Tiefgang und Sinnhaftigkeit. Es geht darum, bewusst Räume zu schaffen, in denen du und deine Lieben innehalten, reflektieren und das Leben in all seinen Facetten feiern könnt.

Wir haben zum Beispiel bei uns in der Familie den amerikanischen Brauch von Thanksgiving eingeführt. Thanksgiving ist für uns ein Symbol für Dankbarkeit und Gemeinschaft. Es findet jedes Jahr am letzten Wochenende im November statt und hat sich zu einer unserer wertvollsten Traditionen entwickelt.

Thanksgiving ist eine Zeit, in der wir innehalten, reflektieren und all das Gute in unserem Leben würdigen. Jeder in der Familie teilt, wofür er im vergangenen Jahr besonders dankbar ist, was zu tiefgründigen und oft emotionalen Gesprächen führt. Das Thanksgiving-Dinner ist das Herzstück des Festes. Wir bereiten traditionelle Speisen zu, die oft eine persönliche Note erhalten, um die kulinarischen Vorlieben aller Familienmitglieder widerzuspiegeln.

Das Wochenende markiert für uns auch den offiziellen Beginn der Weihnachtszeit. Nach dem Fest beginnen wir mit den Weihnachtsvorbereitungen, was die Vorfreude und Aufregung noch verstärkt. Wir beginnen über Geschenkideen nachzudenken, Weihnachtsdekorationen zu planen und uns auf eine Zeit der Besinnlichkeit und des Feierns einzustimmen.

Thanksgiving ist kein Fest, das ich früher mit meinen Eltern gefeiert habe, aber in unserer Familie mit Bettina und den Kindern ist es mittlerweile eine bedeutungsvolle Tradition, die uns daran erinnert, was im Leben wirklich zählt: Liebe, Dankbarkeit, Familie und Gemeinschaft. Wir teilen während dieser Zeit nicht nur unser Essen, sondern auch unsere Geschichten, Hoffnungen und Träume. Durch diese jährliche Tradition schaffen wir eine Kultur der Wertschätzung und des Zusammenhalts, die uns durch das ganze Jahr trägt und unser familiäres Band stärkt.

SELTENHEIT ALS MULTIPLIKATOR

Der Faktor Seltenheit spielt eine entscheidende Rolle bei der Gestaltung von unvergesslichen Erlebnissen und wirkt als Multiplikator für unsere emotionalen Reaktionen. In der Wertformel für Erlebnisse erhöht Seltenheit den wahrgenommenen Wert und die Intensität der Erfahrung. Seltene Erlebnisse sind per definitionem nicht alltäglich. Sie treten nicht regelmäßig in unserem Leben auf, weshalb wir sie tendenziell mehr würdigen. Wenn etwas selten ist, widmen wir ihm mehr Aufmerksamkeit und sind eher geneigt, den Moment vollständig zu erleben und zu schätzen. Ohne diese Spitzen und Täler würde unser Leben flach und eintönig erscheinen. Seltene Erlebnisse durchbrechen die Monotonie und bereichern unser Leben mit Tiefe und Farbe. Diese gesteigerte Wertschätzung intensiviert unsere Emotionen und macht das Erlebnis prägender.

Wir neigen dazu, routinemäßige Ereignisse zu vergessen, aber die seltenen, einzigartigen Momente prägen sich tief in unser Gedächtnis ein. Dies liegt daran, dass sie uns aus unserer Komfortzone herausführen und uns dazu bringen, intensiver zu fühlen – sei es Freude, Überraschung, Ehrfurcht oder sogar Angst. Diese starken Emotionen verstärken das Erlebnis und machen es unvergesslich. Die Erinnerungen werden dann oft zu Geschichten, die wir immer wieder gerne erzählen, und festigen sich als bedeutende Markierungen in unserem Lebensverlauf.

In diesem Kapitel haben wir zwei Wege erkundet, wie wir durch unvergessliche Erlebnisse unser Leben bereichern können. Von abenteuerlichen Reisen mit Freunden und der Familie bis hin zu bedeutenden Momenten haben wir gesehen, wie diese Erfahrungen intensive emotionale und psychologische Wirkungen haben und unser Dasein auf bedeutende Weise prägen. Jedes Erlebnis trägt zum Nutzen unseres Lebens bei, indem es Freude, Wissen, Verständnis oder emotionale Verbindungen bietet. Die Investition in Erlebnisse ist eine Investition in unser Wohlbefinden und unser Wachstum. Die Seltenheit und Einzigartigkeit eines jeden Erlebnisses erhöht seinen Wert. Indem wir Situationen schaffen, die einzigartig und selten sind, maximieren wir die Wertschätzung und Erinnerung dieser Momente.

Action Plan

- Denke einmal selbst zurück an die unvergesslichen Erlebnisse in deinem Leben. Welche Emotionen rufen sie hervor? Wie haben sie dich geformt und beeinflusst?
- Überlege dir, wie du zukünftig Erlebnisse gestalten kannst, die nicht nur kurzfristig Freude bringen, sondern auch langfristig zum Nutzen deines Lebens beitragen.
- Wie kannst du die Seltenheit und Einzigartigkeit dieser Erlebnisse maximieren?
- Gibt es jemanden in deinem Leben, mit dem du endlich eine Reise machen oder solche Erlebnisse teilen solltest?

Während Erlebnisse uns persönlich bereichern, gibt es eine weitere Dimension des menschlichen Daseins, die genauso bereichernd ist – die der Wohltätigkeit. Im nächsten Kapitel werden wir uns damit befassen, wie das Geben von Wert an andere nicht nur das Leben der Empfänger, sondern auch unser eigenes Leben bereichert, obwohl wir nicht direkt einen Preis dafür erhalten.

KAPITEL 16
WOHLTÄTIGKEIT UND SPENDEN

»Niemand ist nutzlos in dieser Welt, der einem anderen die Bürde leichter macht.«

CHARLES DICKENS

Willkommen zum letzten Kapitel und zehnten Lebensbereich. Es ist der Teil unseres Lebens, welcher sich einem der nobelsten Aspekte des menschlichen Daseins widmet: der Wohltätigkeit. Im Kern jeder Wohltätigkeitsaktion liegt eine scheinbar selbstlose Tat, ein Akt des Gebens, bei dem der Geber keinen offensichtlichen materiellen Gewinn erhält. Auf den ersten Blick scheint Wohltätigkeit ein perfektes Beispiel für eine Handlung zu sein, die hohen Wert liefert, ohne einen Preis dafür zu verlangen.

Doch hier kommen wir zu einem interessanten Paradoxon der Wohltätigkeit: Während die Handlung als *Wert* eingebracht wird, und zwar in Form von Zeit, Geld oder anderen Ressourcen, gibt es oft auch einen *Preis* für den Geber, der nicht immer sofort offensichtlich ist. Der Preis kann emotionaler, psychologischer oder sogar sozialer Natur sein. Das Gefühl, einen Unterschied gemacht zu haben; die Zufriedenheit, geholfen zu haben, und das gesteigerte Selbstwertgefühl sind nur einige Beispiele für die »Belohnungen«, die der Geber erhält.

DIE WERTFORMEL BEI WOHLTÄTIGKEIT

In der Welt der Wohltätigkeit scheint der Nutzen eindeutig auf der Seite des Empfängers zu liegen. Bei egal welcher Ressource, die dem Bedürftigen zur Verfügung gestellt wird, ist der unmittelbare Nutzen klar erkennbar. Die Seltenheit dieser selbstlosen Taten fügt einen weiteren Wert hinzu, da echte Großzügigkeit in einer oft egozentrischen Welt als etwas Besonderes und Wertvolles angesehen wird.

Auf den ersten Blick ergeben sich dadurch hauptsächlich zwei Möglichkeiten der Wohltätigkeit: Sachspenden inklusive Geld und das Investieren von Zeit oder Arbeit. Beide fokussieren vor allem auf Nutzen und Seltenheit. Etwas an andere zu geben ist eine der grundlegendsten und erfüllendsten menschlichen Handlungen. Beim Geben eines hohen seltenen Nutzens spüren wir Genugtuung und Freude, was wiederum die intrinsische Motivation verstärkt und das kontinuierliche Engagement in wohltätige Aktivitäten fördert.

Forschungen zeigen, dass das Geben an andere Glücksgefühle auslösen kann. Dies wird oft als »Helfer-Hoch« bezeichnet, ein Zustand des Wohlbefindens und der Zufriedenheit, der aus altruistischem Verhalten resultiert. Dopamin, ein Neurotransmitter, der mit Belohnung und Freude verbunden ist, wird freigesetzt, wenn wir anderen helfen, und wir fühlen uns glücklich. Wohltätigkeit kann ein intensives Gefühl von Sinn und Zweck im Leben vermitteln. Indem wir zur Verbesserung des Lebens anderer beitragen, fühlen wir uns mit der breiteren Gemeinschaft verbunden und erkennen, dass unsere Handlungen über unser individuelles Selbst hinaus Bedeutung haben.

In der Diskussion über Wohltätigkeit gibt es jedoch noch ein weiteres Konzept der Wertformel, das es zu berücksichtigen gilt: Skalierung. Während individuelle wohltätige Handlungen einen unbestreitbaren Wert haben, stellt sich die Frage, wie dieser Nutzen vergrößert und auf mehr Menschen oder sogar die globale Ebene ausgeweitet werden kann. Wie kann man also Wohltätigkeit skalieren, um einen größeren und nachhaltigeren Einfluss zu erzielen? Es ist eine ähnliche Frage wie im Unternehmertum: Mehr Nutzen verteilt auf weniger Leute oder weniger Nutzen verteilt auf mehr Leute?

Skalierung in diesem Kontext bedeutet, die Reichweite und Wirkung wohltätiger Aktionen zu erhöhen. Einige Strategien dafür wären die Ausweitung von Programmen, die Erhöhung der finanziellen Mittel, die Verbesserung der Effizienz oder die Einführung innovativer Lösungen. So etwas kann durch Fundraising-Kampagnen, Partnerschaften mit Unternehmen oder die Einrichtung von Stiftungen erschaffen werden. Mehr Geldmittel ermöglichen es wohltätigen Organisationen, ihre Programme auszuweiten und mehr Menschen zu erreichen. Durch die Zusammenarbeit mit anderen Organisationen, Regierungen oder internationalen Agenturen können Wohltätigkeitsorganisationen ihre Ressourcen bündeln, Wissen teilen und ihre Wirkung vergrößern. Technologische Lösungen helfen dabei, Prozesse zu automatisieren, Ressourcen effizienter zu nutzen und Innovationen zu fördern. Beispielsweise können soziale Medien genutzt werden, um Bewusstsein zu schaffen und Spenden zu sammeln, während Datenanalytik dabei helfen kann, die effektivsten Strategien zu identifizieren.

Genau wie im Unternehmertum kommt mit der Skalierung die Herausforderung, die Qualität der Hilfe zu erhalten. Es ist wichtig, dass die Expansion nicht auf Kosten der Sorgfalt und Aufmerksamkeit geschieht, die jedem Einzelnen gegeben wird. Während schnelles Wachstum attraktiv sein kann, ist es entscheidend, dass Skalierungsstrategien nachhaltig sind und langfristig positive Auswirkungen haben. Wenn man sich durch die Skalierung von den Empfängern der Hilfe entfernt, kann das persönliche Glücksgefühl, das man durch direktes Geben erlebt, abnehmen. Man sieht vielleicht nicht die unmittelbaren Auswirkungen der eigenen Bemühungen; und die persönliche Verbindung zu denen, die man unterstützt, ist oft weniger greifbar. Die emotionale Beteiligung ist geringer und man vermisst dann das Gefühl der Genugtuung, das mit persönlicher Wohltätigkeit einhergeht.

Ähnlich wie bei tiefen Freundschaften oder Liebesbeziehungen bietet die direkte Interaktion und das persönliche Engagement ein intensiveres Gefühl der Erfüllung und des Glücks. Dieser Ansatz hat jedoch seine Grenzen. Die Reichweite ist limitiert und die Ressourcen können nur eine kleinere Anzahl von Menschen erreichen. Man steht vor der Schwierigkeit, mit begrenzten Mitteln einen maximalen Einfluss zu erzielen, und muss oft unangenehme Entscheidungen darüber treffen, wo und wie man diese Mittel am besten einsetzt. Die Herausforderung besteht also darin, eine Balance zwischen den Ansätzen zu finden.

Während der Hauptantrieb für Wohltätigkeit nicht Anerkennung sein sollte, ist es natürlich und angenehm, Wertschätzung für gute Taten zu erhalten. Diese Anerkennung kann die eigene Selbstwahrnehmung stärken und zu weiterem positiven Handeln motivieren. Wer regelmäßig spendet und sich für wohltätige Aktivitäten engagiert, trägt dazu bei, eine positive Reputation aufzubauen, die Vertrauen und Respekt bei anderen fördert. Die Teilnahme an Wohltätigkeitsveranstaltungen und -initiativen kann den Aufbau eines Netzwerks von Gleichgesinnten unterstützen, was zu helfenden Gemeinschaften und weiteren Möglichkeiten für positive Aktionen führt.

Die Entscheidung zwischen Reichweite und persönlicher Verbindung in der Wohltätigkeit ist keine einfache. Jeder Ansatz hat seine Vorzüge und Herausforderungen. Letztendlich muss es das Ziel sein, einen Weg zu finden, der sowohl eine bedeutende Wirkung erzielt als auch persönliche Erfüllung und Freude bietet. Durch das Verständnis der eigenen Werte und Prioritäten und das bewusste Streben nach einer Balance, die diesen entspricht, kann man hoffentlich sowohl in der Breite als auch in der Tiefe wirken.

EIGENE WOHLTÄTIGKEIT

Bettina und ich haben im Laufe der Jahre einen Ansatz zur Wohltätigkeit entwickelt, der nicht nur unseren Wunsch nach persönlicher Beteiligung widerspiegelt, sondern auch unser Ziel, einen weitreichenden Einfluss zu haben. Wir glauben fest daran, dass Wohltätigkeit ein integraler Bestandteil eines erfüllten Lebens ist, und haben uns daher verpflichtet, regelmäßig zu spenden.

Unsere Wohltätigkeitsstrategie umfasst sowohl direkte als auch über Organisationen skalierende Spenden. Dies ermöglicht es uns, die Vorteile beider Ansätze zu nutzen und eine Balance zwischen persönlicher Genugtuung und breiter Wirkung zu finden. Unsere direkten Spenden gehen unmittelbar an Individuen oder lokale Projekte. Wir können auf diese Weise die unmittelbaren Auswirkungen unserer Unterstützung sehen und eine persönliche Verbindung zu den Empfängern aufbauen. Die Emotionen, die mit diesen direkten Aktionen einhergehen, sind oft intensiv und gehen nah. Wir hören Geschichten, sehen in Gesichter und verstehen wirklich, wie unsere Hilfe das Leben anderer verändert.

Wir erkennen darüber hinaus die Bedeutung und Notwendigkeit, auf einer größeren Ebene zu helfen. Deshalb spenden wir auch an sorgfältig ausgewählte Organisationen, die sich auf Familien und Kinder konzentrieren. Diese Organisationen haben die Fähigkeit, unsere Spenden zu skalieren und einen weitreichenden Einfluss zu erzielen. Obwohl wir dabei nicht immer die direkte emotionale Verbindung spüren, wissen wir, dass unser Beitrag dabei hilft, größere und tiefgreifendere Veränderungen zu bewirken.

Unser besonderes Interesse gilt Familien und Kindern. Wir glauben, dass die Unterstützung von Familien und die Bereitstellung von Ressourcen und Chancen für Kinder zu einer besseren Zukunft für alle führt. Indem wir Familien stärken und Kindern helfen, ihr volles Potenzial zu erreichen, investieren wir in die Zukunft unserer Gesellschaft.

Im Jahr 2023 hatten wir mit unserer Firma Cake die Gelegenheit, an einer besonders erfüllenden Wohltätigkeitsaktion teilzunehmen. Wir entschieden uns, in Singapur von Tür zu Tür zu gehen, um älteren bedürftigen Menschen direkt zu helfen. Dieses Erlebnis war einzigartig und bereichernd, da es einen Mix aus Geldspenden und persönlicher Arbeit beinhaltete. Die Idee zu dieser Aktion entstand aus unserem Wunsch, einen direkten und bedeutungsvollen Einfluss zu haben. Wir wollten nicht nur spenden, sondern auch persönlich mit den Menschen interagieren, denen wir helfen. Nach sorgfältiger Planung und Koordination mit lokalen Wohltätigkeitsorganisationen, die uns Einblick in die Bedürfnisse der Gemeinschaft gaben, begannen wir unsere Mission.

Jede Tür, die sich uns öffnete, zeigte uns ein anderes Leben, andere Geschichten und Herausforderungen. Wir trafen auf ältere Menschen, die oft vergessen oder übersehen werden, und hatten die Möglichkeit, ihnen zuzuhören, ihre Geschichten zu hören und ihre Dankbarkeit zu spüren. Die Mischung aus Geldspenden und persönlichem Einsatz ermöglichte es uns, auf unterschiedliche Bedürfnisse einzugehen. Während das Geld praktische Hilfe für Dinge wie Nahrung und Medizin bot, gab unsere persönliche Anwesenheit und Arbeit den Menschen ein Gefühl der Wertschätzung und des Respekts. Die Reaktionen, die wir erhielten, waren überwältigend. Viele waren überrascht und zutiefst dankbar für die unerwartete Hilfe, manche weinten Tränen der Erleichterung. Diese persönlichen Interaktionen machten die Erfahrung für uns alle unvergesslich und bestärkten uns in der Überzeugung, dass Wohltätigkeit weit über materielle Hilfe hinausgeht.

Die wahrscheinlich unvergesslichste Spendenerfahrung war eine Mastermind-Reise nach Kenia. Es war nicht nur eine Reise zu einem entfernten Ort, sondern auch eine Reise zu tieferen menschlichen Verbindungen und zum Kern dessen, was es bedeutet, einen positiven Einfluss zu haben. Der Plan war, einen kompletten Neubau einer Schule nicht nur zu finanzieren, sondern auch beim Bau mitzuhelfen.

Der physische Prozess des Schulbaus war sowohl herausfordernd als auch ungemein lohnend. Jeder von uns brachte verschiedene Fähigkeiten und Perspektiven ein, aber alle teilten das gleiche Ziel: eine Umgebung zu schaffen, die den Kindern Bildung und Hoffnung geben würde. Den Fortschritt zu sehen, Wände und Dächer selbst zu errichten und allmählich einen Ort des Lernens und Wachsens entstehen zu lassen, war eine kraftvolle Erfahrung.

Noch unvergesslicher als der physische Bau waren die emotionalen persönlichen Begegnungen. Das Lachen der Kinder, die uns umgaben, ihre Neugier und Freude waren ansteckend und erinnerten uns daran, dass unser Einsatz nachhaltige Auswirkungen hatte. Dass wir uns mit der lokalen Gemeinschaft über ihre Geschichten, Hoffnungen und Träume austauschten, verlieh unserem Projekt eine tiefere Bedeutung und Dringlichkeit.

Die gemeinsame Arbeit an diesem bedeutungsvollen Projekt hatte auch einen starken Einfluss auf die Beziehungen innerhalb unserer Mastermind-Gruppe. Gemeinsame Herausforderungen und Erfolge, die Zufriedenheit, zusammen etwas Wertvolles geschaffen zu haben, verstärkten unsere Bindung. Die Reise war nicht nur eine Gelegenheit, anderen zu helfen, sondern auch ein Raum, um voneinander zu lernen, sich gegenseitig zu inspirieren und eine Gemeinschaft des Engagements und der Fürsorge zu schaffen.

Die Reise nach Kenia war eine jener Erfahrungen, die noch lange nach der Rückkehr nachhallen. Sie hat uns gelehrt, über unsere eigenen Grenzen hinauszusehen und die Kraft der Zusammenarbeit und des gemeinsamen Ziels zu erkennen. Die Aktion hat uns gezeigt, dass Wohltätigkeit und Engagement in vielfältigen Formen auftreten können und dass jeder Beitrag, groß oder klein, zählt. Sie war ein lebendiger Beweis dafür, dass unvergessliche Erlebnisse oft die sind, die von uns verlangen, uns mit anderen und der Welt um uns herum auf einer tieferen Ebene zu verbinden. Wir wurden noch einmal daran erinnert, dass wir nicht nur das Leben anderer verbesserten, sondern damit auch das Geschenk erhielten, durch diese Taten unser eigenes Leben zu bereichern.

In diesem Kapitel haben wir also die Beziehung zwischen Wohltätigkeit und der Wertformel erkundet. Wir haben gesehen, wie das Geben, ob in Form von Zeit, Geld oder Ressourcen, einen unschätzbaren Nutzen für andere darstellt und gleichzeitig auch eine seltene und wertvolle Erfahrung für den Geber selbst ist. Wir haben die unterschiedlichen Facetten des Gebens betrachtet, von direkten persönlichen Aktionen bis hin zur skalierenden Wirkung durch Organisationen und die damit verbundenen emotionalen Auswirkungen und psychologischen Vorteile.

Action Plan

- Denke nun einmal über deine eigenen Erfahrungen und Überzeugungen bezüglich Wohltätigkeit nach.
- Wie siehst du deine Rolle in der Welt der Wohltätigkeit?
- Welche Arten des Gebens findest du am erfüllendsten?
- Wie kannst du deine persönlichen Werte und Ressourcen nutzen, um sowohl anderen zu helfen, als auch deinen eigenen inneren Reichtum zu mehren?

Im letzten Kapitel bringen wir nun all die gelernten Konzepte dieses Buches zusammen, um ein Leben voller grenzenlosem Erfolg, ultimativer Freude und absoluter Zufriedenheit zu leben.

KAPITEL 17
GRENZENLOSER ERFOLG, ULTIMATIVE FREUDE, MAXIMALE ZUFRIEDENHEIT

»Wenn ich nur drei simple Konzepte meinen Kindern vermachen könnte, so wäre es die Emotionskontrolle aus Grenzenlos erfolgreich, *das Timehorizon-Prinzip und die Wertformel.«*

Julian Hosp

Inmitten der festlichen Ruhe und Reflexion der Weihnachtszeit 2023 finde ich mich in einer Phase des persönlichen Umbruchs und der Herausforderung. Ein öffentlich gewordener Rechtsstreit mit meinem Geschäftspartner bei Cake, der zugleich ein enger Freund war, wirft seine Schatten auf diese sonst so besinnliche Zeit. Diese Erfahrung ist zutiefst enttäuschend und schmerzlich, vor allem da aus einer Beziehung, die auf gemeinsamen Visionen und großem Vertrauen aufgebaut war, ein Konflikt entstanden ist, der uns beide in eine unnötig öffentliche und angespannte Lage bringt.

Inmitten dieses persönlichen Sturms suche ich nach einem Weg, Abstand von dem ganzen Drama zu gewinnen, und finde Zuflucht in der Selbstreflexion und im Schreiben. Vor einigen Monaten stellte mir ein Mitglied meines Inner Circle eine bedeutungsvolle Frage: »Wenn du nur drei einfache Konzepte deinen Kindern vermitteln könntest, welche wären das?« Diese Frage löste in mir einen Strom von Gedanken aus und führte mich zu drei Kernkonzepten, die ich als unverzichtbar erachte: Erstens die Emotionskontrolle aus *Grenzenlos erfolgreich*, meinem Bestseller aus 2016. Zweitens das Timehorizon-Prinzip aus meinem gleichnamigen Bestseller von 2019. Und drittens die Wertformel aus dem Buch, das ich hier schreibe.

Das Konzept, dass Wert aus Nutzen, Skalierung und Seltenheit entsteht und unterschiedlich angewendet werden kann, schlummerte seit Jahren in mir und bildete den Anstoß für dieses Buch. Anstatt mich also dem Schmerz und der Verwirrung der aktuellen Ereignisse hinzugeben, entschied ich, mich auf das zu konzentrieren, was ich selbst kontrollieren kann. So setzte ich mich hin und begann, all das zu Papier beziehungsweise in den Computer zu bringen, was ich über die Wertformel und ihre Anwendung im Leben gelernt und erdacht hatte.

Bücher werden normalerweise geschrieben, um zu skalieren; um Wissen, Geschichten und Ideen in der Wertformel über so viele Menschen wie möglich zu verbreiten und um – wie bei einem guten Unternehmen – ein breiteres Publikum zu erreichen. Doch dieses Buch hat einen anderen Zweck. Mir selbst liefert es Wert über den Nutzen als eine Art therapeutische Reflexion, ein Mittel, um meine Gedanken zu ordnen, meine Kreativität zu kanalisieren und vielleicht eine Art von Heilung und Verständnis in einer schwierigen Zeit zu finden. Es ist ein Buch, das zwar von meinen eigenen Erfahrungen und Einsichten geprägt ist, aber vielleicht auch anderen, die ähnliche Herausforderungen durchleben oder einfach nur auf der Suche nach Orientierung sind, von Nutzen sein kann.

Da sitze ich nun, am Ende eines langen, intensiven Weges. Ich denke zurück an den Tag vor knapp zwei Jahren, an dem ich vor meinem Laptop saß und 10 Millionen Dollar an Bitcoins verkaufte – ein Moment, der nicht nur ein finanzielles, sondern auch ein emotionales Abenteuer markierte. Es war ein Akt, der sowohl mein Portfolio als auch mein Verständnis von Wert und Preis tiefgreifend beeinflusste. Dieser Moment war mehr als eine Transaktion; er war ein Symbol für die Entscheidungen, die wir treffen, die Risiken, die wir eingehen, und die Werte, die wir im Leben hochhalten.

Die Auseinandersetzung mit der Wertformel, besonders in schwierigen Zeiten wie diesen, war nicht nur eine intellektuelle Übung. Es war eine notwendige Reflexion, die mir half, Klarheit inmitten des Chaos zu finden und Entscheidungen zu treffen, die nicht nur auf finanziellen Überlegungen basieren, sondern auch darauf, was langfristig für mich und die Menschen, die mir am Herzen liegen, am wertvollsten ist. Diese Erkenntnisse sind das wahre »Fuck You Money« – ein Zustand des Geistes, der Freiheit und Klarheit bringt, unabhängig von den Zahlen auf dem Konto.

Die Themen dieses Buches haben mich durch verschiedene Facetten des Lebens geführt, jede mit ihrer eigenen Beziehung zur Wertformel. Vom Thema Beziehungen über Gesundheit, Wohltätigkeit bis hin zu unvergesslichen Erlebnissen – jedes Kapitel trug dazu bei, ein tieferes Verständnis von dem zu formen, was wirklich zählt. Es war eine Reise, die mich dazu zwang, meine eigenen Überzeugungen zu hinterfragen, meine Ansichten zu überdenken und letztendlich zu einem reicheren, bewussteren Leben zu führen.

Nun, da ich dieses Buch kurz vor dem Sommer 2024 schließe, ist es mehr geworden als eine Sammlung von Gedanken und Theorien. Es ist ein Manifest, ein persönlicher Leitfaden, der mir hilft, durch die stürmischen Gewässer des Lebens zu navigieren. Es ist eine Erinnerung daran, dass die Fähigkeit, zwischen Preis und Wert unterscheiden zu können, der Schlüssel zu einem erfüllten und sinnvollen Leben ist.

Und so, während ich die letzten Worte hier tippe, blicke ich auf meinen Sohn, nun zwei Jahre älter, der immer noch lachend in meinen Armen liegt. In seinen Augen sehe ich die Zukunft, eine Welt voller Möglichkeiten und Herausforderungen. Ich sehe die Bedeutung von allem, was ich tue – nicht in den Zahlen auf meinem Bildschirm, sondern in den Momenten, die wir teilen, den Lektionen, die ich weitergeben kann, und der Liebe, die uns verbindet. Diese Realisierung, diese Verbindung von allem, was ich gelernt habe, ist der wahre Wert, den ich aus dieser Reise ziehe. Es ist der Schatz, den ich bewahren und nutzen werde, um nicht nur mein Leben, sondern auch das Leben derer, die ich liebe, zu bereichern.

In der abschließenden Betrachtung dieses Buchs wird klar, dass Erfolg ein vielschichtiges Konzept ist, das sowohl objektive als auch subjektive Dimensionen umfasst. Die Kunst, ein Leben voller grenzenlosem Erfolg, ultimativer Freude und maximaler Zufriedenheit zu führen, liegt in der Fähigkeit, diese beiden Dimensionen zu verstehen und harmonisch zu verbinden.

Objektiver Erfolg wird oft anhand von messbaren Standards wie Reichtum, Wohlstand und Ruhm definiert. In der Wertformel liegt der Fokus hier auf der Skalierung über Menschen. Es geht darum, wie weit deine Wirkung, dein Einfluss und deine Leistungen reichen. Objektiver Erfolg ist sichtbar und oft gesellschaftlich anerkannt. Er bietet eine Plattform für weitere Errungenschaften und kann eine Quelle des Stolzes und der Anerkennung sein. Doch objektiver Erfolg allein bietet keine Garantie für persönliches Glück oder Erfüllung.

Subjektiver Erfolg hingegen ist tief verwurzelt in persönlichen Werten, Überzeugungen und Erfahrungen. In der Wertformel konzentriert sich dieser Aspekt auf den Nutzen. Er umfasst intensive, erfüllende Beziehungen, unvergessliche Erlebnisse und das Gefühl, wahrhaftig mit dem eigenen Leben zufrieden zu sein. Subjektiver Erfolg ist oft weniger sichtbar für die Außenwelt, aber er ist immens kraftvoll und prägend für das individuelle Glück und Wohlbefinden. Er beruht auf der Qualität der Erfahrungen und Verbindungen, nicht auf ihrer Quantität.

Die Kombination beider Erfolgsarten führt zu grenzenlosem Erfolg, ultimativer Freude und maximaler Zufriedenheit. Etwas, nach dem so viele Menschen im Leben streben und das nur so wenige erreichen. Indem man die Skalierung und Reichweite des objektiven Erfolgs mit der Tiefe und Bedeutung des subjektiven Erfolgs verbindet, schafft man ein Leben, das nicht nur nach außen hin erfolgreich wirkt, sondern auch innerlich erfüllend ist.

Die Herausforderung besteht darin, ein Gleichgewicht zwischen diesen beiden zu finden. Zu viel Fokus auf den objektiven Erfolg kann dazu führen, dass das Leben reich an materiellen Gütern, aber arm an emotionaler Erfüllung ist. Andererseits besteht bei der ausschließlichen Konzentration auf subjektiven Erfolg die Gefahr, dass man Möglichkeiten zur Verbesserung der eigenen Situation oder zur positiven Beeinflussung der Welt verpasst.

Ein grenzenlos erfolgreiches Leben erkennt den Wert beider Dimensionen und strebt danach, sie in Einklang zu bringen. Es bedeutet, Ziele zu verfolgen, die nicht nur zu persönlichem Reichtum oder Ruhm führen, sondern auch zu echter Zufriedenheit und Freude. Es bedeutet, in Beziehungen und Erlebnisse zu investieren, die langfristig zum eigenen Wohlbefinden beitragen. Und es bedeutet, stets auf der Suche nach Wegen zu sein, um den eigenen Erfolg zu skalieren und gleichzeitig die Qualität seines Lebens zu erhalten und zu verbessern.

Im Laufe des Buches entstand in mir eine tiefere Erkenntnis, eine, die den Kern meiner Mission als Arzt, Kryptoexperte, Unternehmer und Mentor widerspiegelt. Mein Bestreben war es stets, Wissen und Ressourcen so zu nutzen, dass außergewöhnliche Ergebnisse erzielt werden, egal ob im Finanz-, Unternehmer-, Familien- oder Privatbereich. Dieses Buch ist ein Zeugnis und ein Leitfaden dafür, wie jeder von uns seine eigene Formel für ein wertvolles Leben finden und umsetzen kann.

Die Formel *Wert* = *Nutzen* × *Seltenheit* × *Menschen* ist mehr als eine Gleichung; sie ist ein Lebensprinzip. Sie lehrt uns, dass der wahre Wert unserer Handlungen sich nicht nur in persönlichem Gewinn bemisst, sondern in dem positiven Einfluss, den wir auf andere haben. Jedes Kapitel dieses Buches erweckt diese Formel zum Leben, indem es praktische Wege aufzeigt, wie wir unseren Nutzen maximieren, Seltenheit schätzen und letztlich einen positiven Einfluss auf so viele Menschen wie möglich ausüben können.

Meine übergeordnete Mission, die dieses Buch trägt, ist es, eine Million Menschen im DACH-Raum dabei zu unterstützen, die Wertformel erfolgreich anzuwenden. Ich träume von einer Region, die aufblüht durch herausragende Investoren, florierende Unternehmen und starke Beziehungen. Eine Gemeinschaft, angeführt von vorbildlichen Familienvätern und -müttern, die nicht nur ihre Familien, sondern auch ihre Gemeinschaften darüber hinaus stärken.

Als Arzt begann meine Reise mit dem Wunsch, die Lasten anderer zu erleichtern. Bei Cake und in der Welt der Kryptowährungen strebte ich danach, Fairness und Zugänglichkeit in diese Community zu bringen und Leute kryptofit zu machen. Jede dieser Stationen hat mir gezeigt, dass die Anwendung der Wertformel in verschiedenen Lebensbereichen nicht nur möglich, sondern unerlässlich ist, um echte, nachhaltige Veränderungen zu bewirken.

Nun, da du die letzten Seiten dieses Buches durchblätterst und die Geschichten und Lektionen in dich aufgenommen hast, lade ich dich ein, Teil dieser Mission zu werden. Nutze die Wertformel, um dein Leben und das der Menschen um dich herum zu bereichern. Sei ein Leuchtfeuer des Wandels in der Gemeinschaft, indem du Nutzen schaffst, Seltenheit wertschätzt und dieses Wissen und die Fähigkeiten mit so vielen Menschen wie möglich teilst. Zusammen können wir den DACH-Raum und die Welt stärken, nicht nur durch florierende Unternehmen und Finanzen, sondern auch durch tiefe menschliche Verbindungen und eine Kultur, die den Wert eines jeden Einzelnen erkennt und fördert. Lass uns gemeinsam diese Reise fortsetzen und eine Zukunft gestalten, die reich an Wert, Erfüllung und gemeinsamem Wohlstand ist.

Am Ende ist grenzenloser Erfolg, ultimative Freude und maximale Zufriedenheit ein ständiger Prozess des Lernens, Wachsens und Anpassens. Es ist ein Prozess, der sowohl nach innen als auch nach außen gerichtet ist, ein Prozess, der durch die Klarheit der Wertformel erleuchtet wird. Indem wir die vorgestellten Prinzipien anwenden und unser Leben danach ausrichten, können wir nicht nur unseren eigenen Horizont erweitern, sondern auch einen positiven Beitrag für die Menschen um uns herum leisten.

Und mit dieser Erkenntnis schließe ich dieses Kapitel meines Lebens und öffne mich für das nächste, bereit, die Lektionen, die ich gelernt habe, in die Praxis umzusetzen und ein Leben voller grenzenlosem Erfolg, ultimativer Freude und absoluter Zufriedenheit zu führen. Denn am Ende ist das, was zählt, der Wert, den wir schaffen und teilen, sowie der Preis, den wir dafür zahlen.

Ob es das Multimilliarden-Unicorn, die Million Euro, die tolle Ehe, die besondere Zeit mit den Kindern oder der nächste Traumurlaub ist … Die Formel zeigt den Weg, wie richtig angewandtes Wissen außergewöhnliche Resultate bringt:

Wert = Nutzen × Menschen × Seltenheit

ANMERKUNGEN

1 https://www.youtube.com/watch?v=aVN_oIhYDVM

2 https://www.finanzen.at/aktien/kal_energy-aktie

3 https://www.fool.com/investing/2023/01/27/how-much-warren-buffett-earned-coca-cola-dividend/

4 https://de.wikipedia.org/wiki/Maslowsche_Bed%C3%BCrfnishierarchie

5 https://www.youtube.com/watch?v=cFdS2HHnULY

6 https://youtube.com/julianhosp

7 https://newsletter.julianhosp.com/

8 https://blog.crisp.se/2016/01/25/henrikkniberg/making-sense-of-mvp

9 https://tech.deliveryhero.com/minimum-viable-product-why-do-you-really-start-with-the-mythical-skateboard/

10 https://www.wsj.com/articles/prenetics-a-covid-testing-startup-to-go-public-in-spac-merger-11631745000

11 https://de.wikipedia.org/wiki/Rat_Park

12 https://www.leadersnet.at/news/72754,so-hoch-muss-das-jahreseinkommen-sein-damit-man-gluecklich-ist.html

13 https://www.adultdevelopmentstudy.org/

14 https://www.coursenvy.com/post/90-percent-of-the-time-you-spend-with-your-parents-is-over

15 https://www.researchgate.net/publication/43607236_Business_networking_relationships_for_business_success

16 https://protocol.bryanjohnson.com/

ÜBER DEN AUTOR

Dr. Julian Hosp, Jahrgang 1986, ist Profisportler, Arzt, Unternehmer, Blockchainexperte, Speaker und Bestsellerautor.

Nach seiner Highschool-Zeit in Nashville, Tennessee, USA, studierte er Medizin in Innsbruck. Währenddessen war Julian fast zehn Jahre lang Profikitesurfer und gehörte zu den Top 10 der Welt. 2011 schrieb er das Nr. 1 Fachliteraturbuch namens *Kiteboarding Tricktionary*. Nach dem Medizinabschluss wollte er eigentlich Unfallchirurg werden, doch nachdem er das Leben im Krankenhaus kurz angetestet hatte, entschloss er sich, seinen unternehmerischen Träumen nachzugehen. 2015 veröffentlichte er seine damaligen Erlebnisse mit dem Bestseller *25 Geschichten für mein jüngeres Ich*, gefolgt von *Grenzenlos erfolgreich* im Jahr 2016, *Kryptowährungen* im Jahr 2017, *Blockchain 2.0* im Jahr 2018 und *Das Timehorizon Prinzip* im Jahr 2019.

2015 gründete er in Singapur sein erstes Fintech-Start-up, bei welchem er sich nach vier Jahren entschloss auszusteigen, nachdem er für knapp 100 Millionen US-Dollar Funding und 100 Mitarbeiter verantwortlich gewesen war. 2019 gründete Julian dann die Cake Group, welche eines der wichtigsten Kryptounternehmen weltweit ist. Er wurde außerdem zu einem der besten Blockchain- und Kryptowährungsexperten der Welt ernannt. Er ist ein häufig eingeladener Keynote-Speaker bei Veranstaltungen auf der ganzen Welt und ein regelmäßiger Gast in Fernsehen, Radio und Printmedien zu Themen wie aktuelle Blockchain-Trends, die Zukunft von Kryptowährungen und Unternehmertum.

Er lebt mit seiner Frau Bettina und seinen drei Kindern in Singapur, ist jedoch viel für geschäftliche und teilweise private Zwecke auf der ganzen Welt unterwegs. Alle Updates und weitere Informationen findet man auf seiner Website und den gängigsten Social-Media-Kanälen: www.julianhosp.com

WEITERE LITERATUR

DAS TIMEHORIZON PRINZIP (2019)

https://geni.us/timehorizon
Wie schaffen es die **erfolgreichsten Leute** der Welt, **Work-Life-Balance** zu kreieren? Wie schaffen sie es scheinbar mühelos, all die tollen Erfolge in den Bereichen **Business, Geld, Familie** oder **Gesundheit** zu erzielen? Wie teilen sich diese Menschen ihre 24 Stunden auf, die ihnen täglich zur Verfügung stehen?

Diesen und vielen weiteren Fragen geht der Spiegel-Bestseller-Autor Dr. Julian Hosp nach, indem er sich selbst den Fragen und Antworten seines Timehorizon-Mentors stellt. Wie ein **geheimes Elixier** wendet er es im Businessleben an und vermehrt den Wert seiner Firma binnen **weniger Jahre um mehrere Hundert Millionen Dollar**. Sein professionelles Netzwerk zählt nun zu den erfolgreichsten Menschen der Welt und seine Beziehung zu seiner Frau Bettina und seiner Familie ist liebevoller denn je zuvor. Er läuft Marathon, ist fitter denn je, lernt Chinesisch und Programmieren. Mit Timehorizon geht alles plötzlich ganz einfach von der Hand.

In diesem Meisterwerk taucht der Leser in eine **Welt voller Produktivität** ein, wie er es noch nie zuvor erlebt hat. Falls du dich immer schon gefragt hast, **wie du die Stunden am Tag für dein Einkommen**, **deine Familie** und **dich selbst** nur **aufteilen** solltest, um das Optimum herauszuholen, wirst du es nach diesem Buch wie **viele der anderen erfolgreichen Menschen** meistern.

BLOCKCHAIN 2.0 – MEHR ALS NUR BITCOIN (2018)

http://geni.us/blockchain_einfach
Was wäre, wenn deine **Daten absolut sicher und unhackbar gespeichert** werden könnten?

Mittlerweile sind »Bitcoin« und »Kryptowährungen« in aller Munde – doch hinter dem Begriff Blockchain steckt weitaus mehr. So sind **Datenschutz, Tokenisierung, Smart-Contracts und Besitz nur einige ihrer Anwendungsbereiche**. Dieses Buch beinhaltet alles zu den **Möglichkeiten, Potenzialen und Gefahren dezentraler Anwendungen**.

Nach seinem Bestseller »Kryptowährungen – Bitcoin, Ethereum, Blockchain, ICOs & Co. einfach erklärt« widmet sich Spiegel-Bestseller-Autor Dr. Julian Hosp nun der Erklärung der Blockchain auf simple Art und Weise. Daher ist dieses Buch sowohl für Einsteiger als auch Fortgeschrittene geeignet.

KRYPTOWÄHRUNGEN (2017)

http://geni.us/krypto_einfach
Bitcoins, Blockchain und Kryptowährungen begegnen uns nahezu täglich in den Medien, doch was steckt eigentlich hinter all diesen Buzzwords? Wer sich kundig machen will, steht sofort vor der größten Herausforderung, nämlich der Frage: »Wo fange ich überhaupt an?« **Dieser Spiegel-Bestseller ist nun über 1 Million Mal in 15 Sprachen weltweit gelesen worden.**

Julian Hosp, einer der bekanntesten Blockchain- und Kryptowährungsexperten der Welt, fasst in diesem Bestseller das grundlegende

Wissen zum Thema digitale Währungen für Einsteiger kompakt zusammen – über Blockchain bis hin zu ICOs. Er zeigt auf, was im Zuge der Digitalisierung und Dezentralisierung auf die Menschen zukommt und welche Technologien das Potenzial haben, die Welt in einer Weise zu verändern, wie es das **Internet in den vergangenen 20 Jahren** getan hat.

GRENZENLOS ERFOLGREICH (2016)

http://geni.us/grenzenlos

Höher, schneller, größer, weiter – das fordert unsere Gesellschaft. Wer kümmert sich bei solch hohen Anforderungen darum, dass DU vollkommene Zufriedenheit, absolutes Glück und ultimativen Erfolg erlebst?

Begib dich mit **Dr. Julian Hosp** auf den Weg zu deinem grenzenlosen Erfolg! Du lernst aus erster Hand von seinen Erfahrungen als Arzt, Profikitesurfer, Blockchain-Experte und Top-Unternehmer.

Dieses **30-Tage-Programm** bringt dich in den Bereichen **Beziehung, Gesundheit, Finanzen, Business und Lernen** auf das übernächste Level.

Es unterstützt dich Tag für Tag dabei, alte Muster loszulassen und deinen Durchbruch zu kreieren! Es behandelt die Ursache, nicht die Symptome.

Bist du bereit, dein Leben für immer nachhaltig zu verändern? Dann starte **JETZT**!

25 GESCHICHTEN FÜR MEIN JÜNGERES ICH (2015)

http://geni.us/25geschichten

»Dieses Buch motiviert jeden, seinen Purpose im Leben zu finden!« – Tirol TV

Fühlst du dich gerade ein wenig verloren und **suchst nach neuer Inspiration**? Wolltest du schon immer die **absolute Motivation in deinem Leben** finden? Lernst du besonders gut durch aufregende **reale Erlebnisse erfolgreicher Leute**?

In diesem Top-Bestseller beschreibt Spiegel-Bestseller-Autor Dr. Julian Hosp in **25 aufmunternden, inspirierenden, aber auch schockierenden Geschichten** aus seinem Leben, wie er Antworten auf all diese Fragen gefunden hat und welche **75 essenziellen Lektionen** er seinem jüngeren Ich heute noch einmal geben würde, um deutlich rascher ans Ziel zu gelangen und **finanzielle Freiheit** zu erlangen.

Er berichtet über schillernde **Partys** und all die Erlebnisse, die er zehn Jahre als **Profikitesurfer** auf der ganzen Welt erlebt hat und was dies heute für ihn noch bedeutet.

Er nimmt den Leser mit in die Entscheidung, warum er zwar Medizin fertig studiert hat, dann jedoch nicht als **Arzt** arbeitete und ob er dies rückblickend bereut.

Er beschreibt seine ersten **Businesses** aus der Kindheit und wie diese es ihm erlaubten, zum **Serial-EntreprenEuro** zu werden.

Und er bricht die Details herunter, wie er voller Schulden in nur wenigen Jahren zum **Millionär** wurde und wie er es heute noch einmal schneller machen würde.